자료를 통해서 본 국민연금제도 발전

제도 도입 준비부터 현재까지(1963~2021년)

불평등 해소정책 DB구축 사업단

자료를 통해서 본 국민연금제도 발전

제도 도입 준비부터 현재까지(1963~2021년)

조윤직 · 손연우

문우사
MoonWoo

이 저서는 2019년 대한민국 교육부와 한국연구재단의 지원을 받아 수행된 연구임
(NRF 과제번호: NRF-2019S1A5C2A02082650)

발간사

이 책은 사회보험제도 도입 논의부터 최근까지 국민연금제도의 시작 배경과 발전 과정을 보여주는 약 60년간의 자료를 정리한 것입니다. 국민연금제도 발전 과정을 크게 네 시기로 구분하고 관련 법률, 정부 문서, 연구물, 시민사회 성명서, 신문 기사, 통계집 등의 원자료 일부와 관련 설명을 제시합니다.

국민연금제도를 포함한 사회보험제도는 전문용어와 경제학적 계산을 요하는 까닭에 그 중요도에 비해 제도를 이해하기 위한 접근이 용이하지 않은 분야입니다. 또한 국민연금제도 관련 자료가 적지 않음에도 불구하고 자료와 설명을 한자리에 모은 책을 찾기 쉽지 않습니다. 그래서 필자들은 국민연금제도와 관련해서 어떤 종류의 자료가 생산되어 왔는지를 보여주고, 교과서 형식의 설명 대신 개별 자료에 대한 설명과 때로는 확장된 설명을 통해 제도 전반을 이해할 수 있도록 구성하는 데 목적을 두고 책을 집필했습니다. 관련 부처와 전문가들이 국민연금제도를 두고 진행하는 논의와 개선방안을 마련하는 과정을 샅샅이 담아내지는 못하더라도 주요 장면과 내용을 전달하고자 했습니다.

국민연금제도 자체에 대한 이해만이 아니라 제도를 둘러싼 정치환경에 대한 설명이 더해지면 제도 변화를 조금 더 역동적으로 파악할 수 있다고 봅니다. 국민연금제도는 권위주의 정권에서 제안·구체화하였고 우여곡절 끝에 제도를 시행하기 시작했습니다. 민주화 이후 국민연금 적용 대상을 확대하고 커진 규모에 맞게 관리·운영제도를 정비해 왔습니다. 그리고 김대중 정부와 노무현 정부에서 두 차례 국민연금제도 개혁을 수행했고, 입법운동 시민단체가 제도 운영에 미치는 영향이 커져왔습니다. 이러한 정치 변화를 염두에 두고 자료의 생산 연도와 해당 정부를 기재하고 필요한 경우 관련 정치사회적 맥락을 서술했습니다.

여러 측면에서 국민연금제도에 대한 이해가 요구되는 시점이라고 봅니다. 국민연금이 주요 노후소득보장 수단으로 갖는 중요성과 제도적 관심이 점차 커질 것으로 예상됩니다. 2020년 12월 말 기준 국민연금 수급자는 500만 명을 넘었고 2021년 6월 들어 기금 규모는 900조 원을 넘겼습니다. 수급자와 기금 규모는 일정 기한 지속적으로 증가할 것입니다. 그리고 잘 알려져 있듯이 급속한 고령화와 인구 감소 속도로 인해 국민연금에 대한 미래세대의 부담과 기금 고갈 우려도 존재합니다. 동시에 기술 발전과 노동시장 구조의 변화에 따라 소득보장제도를 둘러싼 정책 논쟁도 뜨겁습니다. 사회보험을 골간으로 하는 기존 복지제도를 보완·발전시켜 나가자는 측과 기존 사회보장제도를 유지 또는 조정하고 보편적 기본소득제도를 점진적으로 수용해야 한다는 측이 경쟁하며 학술적·정책적 연구를 진행하고 있습니다.

이 책은 한국연구재단 지원으로 진행 중인 '불평등 해소정책 DB구축 사업단'의 연구 결과물입니다. 기초자료 수집에 애써준 여러 석·박사 연구원생들에게 감사합니다. 이 책이 국민연금제도에 대한 관심을 제고하고 이해를 돕는 데 다소나마 보탬이 되기를 바랍니다.

2021년 8월

인문사회연구소 사업단

연구책임교수 조윤직

차례

서론

서른 해를 넘긴 국민연금제도는 노후소득 보장제도의 중추로 자리 잡았다. 국민연금제도는 비록 때로는 국민 불신과 정치적 갈등 속에 개혁 대상이 되기도 했지만 그 짧은 역사에 비해 비교적 안정적인 사회보장제도 중 하나로 자리 잡았다. 국민연금은 2020년 통계 결과 가입자 수 2,211만 명, 수급자 수 562만 명에 이른다. 현재는 기금을 적립하는 단계로, 적립기금이 800조 원을 넘는 세계 3위 규모의 연기금으로서 해외투자금만도 300조 원이 넘는다.

그렇지만 일반적으로 복지제도라고 하면 대개 돌봄, 재활 등의 사회서비스를 떠올린다. 사회서비스의 중요성은 부정하기 어려우나 복지국가의 가장 큰 틀은 사회보험제도이며, 그 중에서도 건강보험제도와 국민연금제도가 주요하다. 우리나라 소득보장 시스템을 다층구조로 볼 때 빈곤선 이하의 저소득 계층을 대상으로 하는 사회적 보호장치인 공적부조가 0층이라면 국민연금은 1층, 퇴직연금은 2층, 개인연금은 3층으로 단순화해서 이해할 수 있다. 이때 공무원, 군인, 사립학교 교직원 대상의 특수직역연금은 1, 2층에 해당한다. 달리 말하면, 직업군이 특수직역에 속하지 않는 사람들의 소득보장제도가 국민연금제도인 것이다. 국민연금은 노후소득보장제도로 기능하는 노령연금뿐만 아니라 장애연금과 유족연금이 있어 장애를 입은 가입자에 대한 소득 보전 기능 및 가입자 사망 시 그 유족에 대한 생활보장 기능도 가지고 있다.

국민연금제도를 개략적으로 살펴보자면, 먼저, 만 18세 이상 60세 미만의 국민을 대상으로 하며 사업장의 경우 근로자와 사용자가 각각 4.5%씩의 보험료를 부담하고 지역가입자와 임의가입자의 경우 9%의 기여율이 적용된다. 국민연금은 지금까지 두 차례 제도개혁을 거치면서 보장수준이 차츰 낮아졌다. IMF 외환위기 상황이었던 1997년 김대중 정부에서 첫 개혁을, 2007년 노무현 정부에서 두 번째 개혁을 거치면서 소득대체율, 연금개시연령 등이 변경되었다. 소득대체율은 생애평균소득과 비교할 때 연금이 얼마나 되는지를 나타내는데 당초 70%에서 40%대로 낮춰졌다. 또한, 노령연금 개시연령도 조정되었는데 2012년까지는 이전과 동일하게 60세부터 연금을 지급받았지만, 2013년부터 5년마다 1세씩 상향 조정하여 20년 후인 2033년에는 65세가 개시연령이 된다(보건복지부 홈페이지).

선진복지국가와 한국은 사회보험의 도입과 발전의 궤적에 다소 차이가 있다(김태성·김진수, 2015). 예를 들어 우리나라에서는 직역연금인 공무원연금이 1960년 처음 도입된 사회보험이었다. 이후 1963년에 비록 500인 이상 사업장으로 한정 적용했지만 전 국민 포괄적 사회보험제도인 산업재해보상보험제도가 도입되었다. 제도 도입 시기상 이 두 사회보험은 산업화 이전에 도입된 제도로 간주된다. 기실 복지국가는 시장 실패에 대해 국가가 개입하는 것이고, 개인과 가족이 대응하기 어려운 사회적 위험에 대해 국가가 관리하고 책임지는 것을 의미한다는 점에서(이태수, 2015) 이 두 제도는 사회적 상황보다 앞서 시행된 제도로 볼 수 있다. 즉, 선진복지국가의 경우 산업화와 자본주의 확대에 따른 문제점을 해결하기 위해 사회보험이 도입·발전된 반면, 우리나라는 문제 발생 이전에 도입한 제도와 뒤늦게 도입한 제도가 혼재한다.

국민연금의 처음 명칭은 '국민복지연금'이었다. 1986년 국민연금으로 이름이 바뀌기 전 1973년 제정되었지만 시행되지 못한 법이 「국민복지연금법」이었다. 지금 생각하기에는 성공적인 산업화를 목표로 온 나라가 달려가던 시기에 복지나 연금 같은 것을 떠올렸을까 싶지만 대통령이 나서서 복지사회로의 비전을 밝히며 「국민복지연금법」을 제정·공포한다. 동시에 경제개발자금 조달이라는 현실적 문제를 풀기 위한 수단으로 모색된 바이기도 하다(전남진, 1988).

그런데 1970년대 세계적 오일쇼크에 의한 국내 경제 불안정으로 「국민복지연금법」 시행은 연기에 연기를 거듭한다. 보험료를 부담해야 하는 기업인들에게뿐만 아니라, 가처분소득이 낮아지고 연금혜택을 경험해 보지 않은 일선 근로자들에게 연금보험료는 세금과 다름없었다. 정치사회적 변화 속에 1986년 전두환 정부에서 국민복지연금을 다시 적극적으로 논의하면서 법은 전면개정되었고 명칭도 국민연금으로 변경되었다. 새 법에 따라 1988년 먼저 근로자 10인 이상 사업장을 대상으로 국민연금제도를 시행했다. 공무원연금, 군인연금, 사립학교교직원연금제도는 1960~1970년대에 이미 시작된 반면 국민연금제도는 이보다 20~30년 정도 늦은 시작이었던 셈이다.

이후 1992년 5인 이상 사업장을 대상으로 시작하여, 1995년 농어업인 및 군지역 자영자로, 1999년 도시지역 자영자로 그 가입 범위가 확대되면서 전 국민 연금시대가 시작됐다. 이후 2003년 5인 미만 사업장 중 법인 또는 전문직종 사업장과 비정규직 근로자를 대상으로 확대되었다. 국민연금제도는 선언적으로는 1994년 전 국민 연금시대가 열렸다고 하지만 국민연금 사각지대가 여전히 크고 이를 개선하려는 제도정책적 노력이 최근까지도 지속되고 있다는 점에서 여전히 제도 확대과정을 지나고 있다고 보아야 할 것이다.

〈표 1〉 국민연금제도 발전과정

일자	제도변화 내용
1973. 12. 24.	「국민복지연금법」(「국민연금법」 전신) 제정, 1974년 1월 시행 예정이었으나 연기
1986. 12. 31.	「국민연금법」(「국민복지연금법」 전부개정), 1988년 시행 예정
1988. 1. 1.	국민연금제도 시행(10인 이상 사업장)
1992. 1. 1.	당연적용 대상 사업장 확대(5인 이상 사업장)
1995. 7. 1.	농어업인 및 군지역 자영자로 당연적용 확대
1999. 4. 1.	도시지역 자영자 등에 대한 당연적용 확대(전 국민 연금시대)
2003. 7. 1.	사업장 가입자 당연적용 범위 확대(5인 미만 사업장 중 법인 또는 전문직종 사업장, 비정규직 근로자)
	1개월 이상 고용 임시·일용직 근로자, 월 80시간 이상 시간제 근로자 대상

출처: 국민연금공단(2021) 수정 인용.

본서는 국민연금제도의 도입에서 발전과정을 「국민복지연금법」 제정과 시행 보류(1963~1979년), 국민연금제도 재논의와 시행(1980~1988년), 국민연금제도의 확대(1989~1999년), 국민연금제도의 조정과 변화(2000~2021년)의 네 시기로 구분했다. 「사회보장에관한법률」과 「산업재해보상보험법」 등이 1963년에 제정·공포되었다는 점에서 첫해를 1963년으로 잡았다. 각 시기마다 선별한 원자료와 자료에 대한 설명을 제공하는데, 역사적 자료를 주로 다루었고 통계 연·월보 자료를 추가했다. 자료 배열 순서는 생산 연도 순이며 월일을 확인하기 어려운 자료는 당해 자료에 후순 배치했다.

제 I 부

국민복지연금법 제정과 시행 보류
(1963~1979년)

자료 번호 1

자료 제목 사회보장에관한법률(법률 제1437호)

자료 유형 법률

생 산 자 국회

생성 연도 1963년 11월 5일

정　　부 박정희 정부

비　　고 국가재건최고회의(1961. 5. 19.~1963. 12. 16.)

주요 내용

이 문서는 1963년 제3공화국에서 제정한 사회보장 관련 종합 법령이다. 본 법은 사회보장을 "사회보험에 의한 제급여와 무상으로 행하는 공적부조"로 정의한다. 정부는 사회보장사업을 수행하되 국민의 자립정신을 약화시키지 않아야 하고, 사회보장심의위원회를 보건사회부 장관 소속하에 두고 사회보장에 관한 계획에 대한 자문을 받도록 했다. 이 법의 제정에 대해 당시 정치적 상황은 사회보장의 이상을 공론화하기 역부족인 상황이었다고 본다(전광석, 2018). 구체적인 규정 대신 사회보장 대원칙만을 제시하고 있다는 이유로 본 법은 폐지되고 1995년 「사회보장기본법」으로 대체되었다. 「사회보장기본법」에서는 사회보장을 "출산, 양육, 실업, 노령, 장애, 질병, 빈곤 및 사망 등의 사회적 위험으로부터 모든 국민을 보호하고 국민 삶의 질을 향상시키는 데 필요한 소득·서비스를 보장하는 사회보험, 공공부조, 사회서비스를 말한다."라고 규정한다. 사회보장을 공적부조로 정의했던 「사회보장에관한법률」과는 달리 「사회보장기본법」에서는 사회보험을 사회적 위험 발생 시 보험 방식으로 국민의 건강과 소득을 보장하는 제도로, 공공부조는 생활 유지 능력이 없거나 생활이 어려운 국민의 최저 생활을 보장하고 자립을 지원하는 제도로 구분한다. 참고로 1963년은 「사회보장에관한법률」과 더불어 「의료보험법」과 「산업재해보상보험법」까지 제정되면서 사회보장 3법이 마련된 시기이기도 하다.

자 료

社會保障에관한法律
[제정 1963.11.5 법률 제1437호]

第1條 (目的) 이 法은 國民의 人間다운 生活을 도모하기 위한 社會保障制度의 확립과 그 效率的인 발전을 기함을 目的으로 한다.

第2條 (社會保障의 定義) 이 法에서 "社會保障"이라 함은 社會保障에 의한 諸給與와 無償으로 행하는 公的扶助를 말한다.

第3條 (社會保障事業의 管掌 및 그 內容) ①政府는 社會保障事業을 행하며 필요하다고 인정할 때에는 그 一部를 地方自治團體 또는 기타의 法人으로 하여금 행하게 할 수 있다.
②政府는 社會保障事業을 행함에 있어서 國民의 自立精神을 阻害하지 아니하도록 하여야 한다.
③社會保障事業은 國家의 經濟的 實情을 參酌하여 順次的으로 法律이 정하는 바에 의하여 행한다.
④第1項의 規定에 의하여 社會保障事業을 地方自治團體 또는 法人으로 하여금 행하게 할 경우에는 그 費用은 國庫가 負擔한다.

第4條 (社會保障審議委員會) ①社會保障에 관한 중요事項에 대한 諮問에 응하게 하기 위하여 保健社會部長官소속하에 社會保障審議委員會(이하 "委員會"라 한다)를 둔다.
②保健社會部長官은 社會保障에 관한 計劃을 樹立하고자 할 때에는 미리 委員會의 諮問을 거쳐야 한다.

第5條 (委員會의 構成) ①委員會는 委員長 1人과 副委員長 2人을 포함한 委員 11人이내로 構成한다.
②委員長은 保健社會部次官이 되고, 副委員長은 委員중에서 互選한다.
③委員은 다음 각號의 者중에서 保健社會部長官이 위촉한다.
1. 關係行政部處의 2級公務員이상의 者
2. 勤勞者를 代表하는 者 및 使用者를 代表하는 者
3. 社會保障에 관한 學識과 經驗이 있는 者
④委員의 任期는 2年으로 한다. 다만, 公務員인 委員의 任期는 그 在職期間으로 한다.
⑤補缺委員의 任期는 前任者의 殘任期間으로 한다.
⑥委員會의 運營에 관하여 필요한 事項은 閣令으로 정한다.

第6條 (關係行政機關의 協力) ①委員會는 行政機關에 대하여 社會保障에 관한 資料의 제출과 委員會의 業務에 관하여 필요한 協力을 要請할 수 있다.

②關係行政機關은 委員會로부터 前項의 要請을 받은 때에는 이에 응하여야 한다.

第7條 (施行令) 이 法 施行에 관하여 필요한 事項은 閣令으로 정한다.

附則 <제1437호,1963.11.5>

이 法은 公布한 날로부터 施行한다.

자료 번호 2

자료 제목 퇴직금제도 관련 정책건의 및 입법활동

자료 유형 노동단체 건의

생 산 자 한국노동조합총연맹

생성 연도 1964년

정 부 박정희 정부

비 고 한국노총 사업보고(1964), 63~65쪽

주요 내용

이 문서는 한국노동조합총연맹(한국노총)에서 내놓은 퇴직금제도 관련 정책건의를 담고 있다. 한국노총은 1945년 만들어진 '대한독립촉성전국노동총연맹(대한노총)'이 그 전신으로, 1961년 5월 군사쿠데타로 모든 정당과 노조에 대한 해체령이 내려졌다가 당해 8월에 한정적으로 노조활동이 재개되었다(한국노동조합총연맹, 2011; 최인이, 2011). 비록 제한적이었으나 노동조합은 그 기능상 일정한 정치변화의 동력을 가지고 있었고(황석만, 2006), 해당 문서에서는 국민복지연금제도 시행과 관련해서 퇴직금제도를 조정하려는 시도에 대해 강하게 비판한다. 유관 논의는 기실 최근까지도 이어진다. 2019년 사회적 대화기구인 경제사회노동위원회 산하 조직인 '국민연금 개혁과 노후소득보장 특별위원회'에서 퇴직금 일부의 국민연금 전환제에 대해 논의했는데, 노동계 대표로 참여한 한국노총은 이 안을 수용하기 어렵다고 밝힌 바 있다(경제사회노동위원회, 2019).

보완) ③ 노동쟁의 조정법 (냉각기간 단축, 임의중재제도 도입, 긴급조정의 합리화 등) ④ 노동위원회법 ⑤ 외국인 투자기업의 노동조합 및 노동쟁의 조정에 관한 임시특례법

라. 노동복지 정책

(1) **사회보장제도의 확충** : ① 산재보험, 의료보험제도의 문제점 개선 ② 국민복지 연금제도의 개선 및 조속실시 ③고용보험제도의 도입, 시행

(2) **기업내 복지후생 개선** : ① 시설개선 ②관리체계 방식 개선 ③근로자 재산형성을 위한 효율적 방책강구 ④사내 복지기금 제도의 효율적 시행

(3) **노동조합 복지활동에 대한 적극적 지원** : ①필요한 제도의 확립과 세제, 금융의 지원 ② '근로자 협동조합법'(가칭) 제정 (노동금융,소비조합, 공제조합등 각종 협동조합의 종합적 체계 수립을 목적) ③ 협동사업 투자기금의 설치 (정부, 경영자 단체 및 노조에 의한 기금조성, 활용)

마. 노동외교 강화 대책

(1) **노동외교강화의 필요성** : ① 국가외교 목표인 안보외교, 경제외교, 평화통일 기반 조성 외교, 문화외교의 추진을 위한 민간 레벨에서의 중요역할 담당 ② 각국 노동조합과의 국제적 유대강화 ③각국 노동정보 조사 및 노동정책 비교연구

(2) **노동조합간 교류의 능동적 추진** : ①국제자유노련(ICFTU)과 국제산별노련(ITS)을 통한 각 회원 조직간의 교류 증진 ②국제노동기구(ILO)가입 추진 및 ILO를 통한 관계국과의 이해 증진 ③국제회의에의 적극적 참가와 각지역에의 대표단 또는 연수단 파견 ④노동정보 수립체계의 확대

(3) 노동조합의 외교활동 추진을 위한 정부의 재정지원 및 각종 편의 제공이 절실하게 요청되고 있음.

Ⅴ. 퇴직금제도 개선건의(6.13)

1. 우리나라 퇴직금제도의 성격

①우리나라에서의 퇴직금제도는 근로기준법 제28조의 '사용자는 계속 근로년수 1년에 대하여 30일분 이상의 평균임금을 퇴직금으로서 퇴직하는 근로자에게 지급할 수 있는 제도를 설정하여야 한다'는 규정에 의하여 시행되고 있음. 이와 같이 우리나라에서의 퇴직금제도는 법정퇴직금제이며 일시금제라는데 그 특색이 있음.

②퇴직금의 성격에 관한 판례나 학설의 기본입장은 우리나라의 경우 임금후불설이 지배적인 것으로 되어 있음. 즉 퇴직금은 임금의 미지불분이 퇴직시에 일괄해서 청산되는 것으로서 그것의 지급이 확고하게 보장되어야 하는 것임. 왜냐하면 퇴직금의 본질은 임금이고 그것의 지급보장은 근로자의 당연한 권리이기 때문임.

2. 현행 퇴직금제도의 문제점

가. 국민복지연금제도의 시행 또는 고용보험제도의 도입과 관련지워 사회보장제도와의 조정시도에 따른 문제점 : ① 이같은 주장이나 시도는 장기간에 걸쳐 정착된 퇴직금의 본질과 성격을 부인하려는 처사임 ②퇴직금제도의 형성, 정착에 관한 근거와 배경을 도외시하려는 태도임. ③ 사회보장제도와 관련지워 퇴직금을 조정하려는 시도

—63—

는 기득권의 침해에서 오는 근로자들의 큰 불만을 야기시키게 될 것이고 제도상의 혼란을 가져오게 될 것임.

나. 퇴직급여 충당금의 적립에 관한 문제 : ① 현행 제도상 퇴직금의 적립에 관한 사항이 미비된 상태에 있고 대부분의 기업들이 사내에 유보하여 운전자금으로 활용하고 있음 ③ 기업도산시 종업원이 일시에 퇴직할 경우·퇴직금으로 지불할 재원이 없어 근로자들이 퇴직금을 청산받지 못하는 사례가 나타나고 있음

다. 퇴직금에 관련되는 세제상의 문제 : ① 법인세법상으로 산입하는 퇴직급여충당금은 1년간 계속 근로한 사용인에게 지급한 총급여액의 10분의 1에 상당하는 금액을 한도로 하여 계산하도록 되어 있고 또한 손금에 산입하는 퇴직급여충당금의 누적액은 당해 사업년도 종료일 현재 사용인의 전원이 퇴직할 경우에 퇴직급여로 지급되어야할 금액의 추계액의 100분의 50을 한도로 하도록 되어 있음. 이같은 세제상의 규정은 퇴직급여충당금의 적립을 제한하고 있음. ② 소득세법상으로 업무상의 부상, 질병 또는 사망으로 인하여 퇴직하는 근로자나 그 유족이 받는 퇴직금도 과세대상이 되고 있는데 이에 대한 과세는 부당하다고 할것임

라. 퇴직금제도의 적용대상에 관한 문제 : ①근로기준법상 퇴직금제도의 규정은 16인 미만 근로자를 사용하는 사업장에 고용되어 있는 근로자는 제외되고 있음 ②근로년수 1년 미만인 근로자의 경우엔 퇴직금제도가 적용되지 않고 있는데, 여기에는 회사사정에 의한 퇴직이나 업무상의 상병 또는 사망으로 퇴직하는 경우에도 동일하게 퇴직금의 지급이 제외되고 있음

마. 퇴직적립금의 관리방법 및 관리기구에 관련된 문제 : ① 퇴직급여충당금의 적립이나 운영관리에 관한 구체적인 제도가 확립되어 있지 못함 ② 특히 중소기업에서의 퇴직금제도의 효율화와 합리화가 도모되지 못하였음

3. 퇴직금제도의 개선건의

가. 현행 퇴직금제도는 국민복지연금제도의 시행이나 고용보험제도의 도입과는 관계없이 독자적인 제도로서 존속, 운영되어야할 것임. 단, 공적연금제도와 고용보험제도가 매우 성숙되었을 단계에 있어서는 기업연금제도로의 합리적인 전환도 검토되어야 할 것임

나. 퇴직금의 지급보장을 위한 합리적이고 구체적인 대책이 강구되어야할 것임. 이를 위해서는 사용자가 퇴직금을 의무적으로 사외에 적립토록 하는 제도적 장치를 설치할 필요가 있음. 이는 '제5차경제사회발전5개년계획수정계획' 에서도 정책과제의 하나로 제시되고 있음.

다. 퇴직금에 관련되는 세법상의 규정을 개정할 필요가 있음. 여기에 있어서는 퇴직금의 사외적립을 적극 유도하고 사내유보를 억제하기 위해 사외적립에 대한 손비인정 범위를 최대한 확대하고 사내유보에 대해서는 세제상의 혜택을 대폭 축소해야 할 것임. 또한, 업무상의 상병 또는 사망으로 인하여 퇴직하는 근로자나 그 유족이 받는 퇴직금에 대해서는 과세대상에서 제외시켜야 할 것임.

라. 퇴직금제도의 적용대상을 확대해야할 것임. 퇴직금제도의 적용대상을 5인이상 사업장에 고용되어 있는 근로자에 대해서까지 확대해야할 것이며, 그리고 근속년수 1년미만인 근로자의 경우에 있어서도 회사사정에 의한 퇴직이나 업무상의 상병 또는 사망으로 인해 퇴직하는 경우에는 퇴직금의 지급이 보장되도록 개선되어야할 것임.

마. 퇴직금의 관리방법 및 관리기구에 대한 개선대책이 요구되고 있음. 퇴직금의 사외적립을 의무화하거나 적극적으로 유도해 나갈 경우에 있어서는 정부가 수탁기관을 정하고 필요할 경우엔 정부가 감독할 수 있어야 할 것임. 그리고 관리의 효율화와 합리화를 도모하기 위해서는 별도의 관리기구를 설치할 필요가 있고 특히 중소기업에 대해서는 공제제도와 같은 새로운 제도의 구상도

-64-

있어야 할 것임.

이상과 같은 국민복지연금제도와 관련한 퇴직금제도 개선 건의에 대한 경제기획원, 노동부, 보건사회부 회시내용은 다음과 같다.

〔경제기획원 회신〕『가. 국민복지 연금제도의 준비작업은 보사부에 당원, 보사부, 노동부등관계부처와 근로자 및 사용자단체, 학계, 언론계등으로 구성되는 국민복지연금준비위원회를 설치, 운영함으로써 각계의견을 폭넓게 수렴하여 추진될 것임.

나. 퇴직금등 근로자의 기득권이 최대한 존중되는 방향으로 추진될 것이며 동 제도준비작업시 귀연맹에서 건의한 내용을 최대한 감안하여 퇴직금제도의 개선방안도 함께 검토될 것임.』

〔노동부 회신〕『당부에 직접 제출하고 또한 국무총리 비서실에 제출하여 정부합동민원실을 경유, 당부에 이첩된 "퇴직금제도 개선 건의" 사항에 대하여는 근로자의 기득권이 보호됨과 동시 퇴직금을 지급보장하는 방향으로 개선키 위하여 각계의 의견을 수렴, 연구 검토중임을 알려드리니 차후라도 계속 좋은 의견을 보내주시기 바랍니다.』

〔보사부 회신〕『국민복지연금제도는 귀연맹등을 비롯한 이해관계 당사자 대표들의 참여하에 신중하고도 충분한 심의 조정 과정등을 거쳐 보다 합리적이고 효율적인 제도를 도입 개발한 후 시행할 계획으로서, 동제도 마련 과정에서 퇴직금 관련문제등 귀 연맹의 의견 반영기회가 충분히 부여되도록 할것이오니 이에 적극 협조하여 주시기 바랍니다.』

Ⅵ. 진폐법 및 공인노무사법 제정

1. 「진폐의 예방과 진폐근로자의 보호등에 관한 법」 제정

노총과 광산노련이 수년간에 걸쳐 정책 활동을 통해 추진해 오던 「진폐의 예방과 진폐근로자의 보호등에 관한 법률」이 제 123회 정기국회에서 통과되어 1985년 4월 1일부터 시행하게 되었다. 지금까지 적용받고 있었던 산업재해보상보험법만으로는 진폐이환자와 유족에 대한 보호대책이 만족하지 못한 실정에서 특별법의 제정은 진폐환자는 물론 7만여 광산노동자를 비롯한 분진작업에 종사하는 노동자에 대한 건강관리를 강화하고 진폐노동자와 그 유족에 대한 위로금의 지급에 관한 사항을 정함으로써 노동자의 건강보호와 복지증진을 도모하게 되었다. 진폐특별법제정을 목표로 광산노련은 1976년 진폐이환자에 대한 실태조사를 착수했고, 이를 토대로 1979년 진폐특별법제정 건의를 각계에 제출하면서 입법활동을 본격화하게 되었으며 1981년 국회에 진폐특별법 제정 청원을 내는등 이후 수차에 걸쳐 촉구건의를 통해 제정하게 된것이다. 진폐특별법의 내용을 보면 사용자도 분진작업에 종사하는 노동자에 대하여 취업전 건강진단, 매년 1회이상 정기건강진단을 실시하고 합병증으로 1년이상 요양을 위하여 휴직했던 노동자의 복직을 위한 건강진단, 일정기간 분진작업에 종사했던 노동자가 이직후 신청하는 이직자 건강진단을 실시할 의무를 부과받고 있다. 한편 진폐노동자의 보호조치로서 진폐에 관한 건강진단결과는 본인에게 반드시 통지하고 진폐에 이환된 노동자에게는 작업장소의 전환 및 근로시간의 단축등의 필요한 조치가 강구되고 해당 노동자가 작업전환조치 이전의 근무기간에 대한 퇴직금청구가 있는 경우 노동자를 해고시키지 않고 퇴직금을 지급하도록 되어 있다. 또한 사용자의 부담금과 기금의 운용에 의하여 생기는 수익금과 기타의 수입금을 재원으로 하여 진폐위로금을 조성, 진폐이환으로 인한 작업전환

—65—

자료 번호 3

자료 제목 인내와 예지로 복지사회를…

자료 유형 대통령 치사(致謝)

생 산 자 박정희 대통령

생성 연도 1970년 4월

정 부 박정희 정부

비 고 『월간경기』, 제28호, 12~16쪽

주요 내용

이 문서는 1970년 제12회 근로자의 날을 기념한 박정희 대통령 치사 전문이다. 1970년대 두 차례 오일쇼크로 인한 경제 충격 전으로 박 대통령은 1960년대 경제성장에서 얻은 자신감으로 복지사회로의 지향을 부각시키고 있다. 대한민국 정부 수립 직후인 1949년 수출액은 700만 달러에 불과했는데 정부의 경제개발 5개년계획과 수출주도 공업화를 추진으로 1977년에는 수출액 100억 달러를 넘기는 큰 경제적 성공을 거두었다. 이 치사는 복지사회에 대한 구체적인 방안을 제시하기보다 수출 증대와 저임금정책을 통한 경제성장정책이 장기적으로 유리한 선택이며 고용 증대와 임금 향상을 기반으로 복지와 생활 향상으로 나아갈 수 있다는 내용을 골자로 한다. 박정희 정부가 사회보장정책의 제도화를 시도한 이유에 대해서는 크게 세 가지 분석 흐름이 있어 왔다. 군사 정권의 정통성 문제로 인해(권문일, 1989), 또는 사회정책 정비로 경제발전 조건을 강화하기 위해(양재진, 2008; Kwon & Holliday, 2007), 아니면 반공 개발국가체제인 박정희 정부가 분배 기제를 보완하기 위해 필요했다는 주장(윤홍식, 2018)이 그것이다.

하고 심심한 감사를 드리는 바입니다。

지난 六○년대에는 우리 주변에 여러분까지 시련이 있었읍니다만 우리는 이를 모두 극복하고 여러 분야에서 많은 일을 성취했읍니다。

이러한 성과를 경제적인 측면에서 본다면、 빈곤과 폐허위에 자립과 번영의 토대를 세운 개발의 연대라고도 볼 수 있을 것이고、

사회적인 측면에서 본다면 五○년대의 혼란에 막을 내리고 낡은 제도에 근본적인 수술을 가한 안정과 개혁의 연대였다고도 볼 수 있겠지만 이 모든 것을 가능하게 만든 정신적인 측면에서 본다면 수난과 체념속에 오랫동안 잠자던 우리 국민이 일대 각성을 해서 크게 분발한 민족 자각의 연대였다고 할 수 있읍니다。

이제 우리는 이러한 자각과 분발로 이룩한 一○년성장의 경험과 성과를 보다 큰 약진의 발판으로 삼아 조국근대화 과업을 완수하고 우리의 숙원인 국토통일의 준비를 완료해야 할 사명의 七○대에 들어섰읍니다。

우리는 어떠한 일이 있더라도 이 七○년대의 과업을 성취해야 합니다。

이 과업을 성취해야 할 우리 앞에는 국내외로 여러 가지 벅찬 도전과 시련이 가로놓여 있지만 우리들이 지난 八·九년동안 발휘했던 굳센 의지와 인내와 용기와 노력으로 자립경제、 자주국방 건설에 계속 박차를 가해 나간다면 우리는 능히 소기의 목표를 달성할 수 있다고 믿습니다。

문제는 우리 국민들 각자가 맡은바 자기 직분에 얼마나 충실한가에 달렸지만 조국 근대화의 성패가 수출증대에 크게 좌우되고 있는 우리의 현실을 생각한다면 수출신장의 열쇠를 쥐고 있는 우리 근로자 여러분들의 가일층의 분발과 노력이야 말로 七○년대 국가 목표 달성의 관건이라고 아니할 수 없읍니다。

지난 六○년대에 우리의 수출실적은 매년 四○%씩 증가했는데 이것은 우리가 다른 나라 상품에 비하여 품질이 좋고 값싼 물건을 생산하여 국제경쟁에서 이길 수 있었기 때문이지만 그 근본을 좀더 깊이 생각한다면 우리 근로자들이 값싸고 품질 좋은 상품을 생산하기 위하여 피땀흘려 일하여 온 것이 바로 획기적인 수출증대의 원동력이 된 것입니다。

만일 우리에게 어려운 여건 속에서도 오직 국가의 번영만을 생각하며 부지런하고 성실하게 땀흘려 일한 三백만 근로자가 없었더라면 우리는 작년도의 七억「달러」 수출목표를 달성할 수 없었을 것입니다。

나는 우리 근로자들이 여기에 내해서 커다란 긍지와

— 13 —

인내와 예지로 복지사회를…

제12회 「근로자의 날」을 맞이하여

「박 정희 대통령」 치사 전문

〈박 정희 대통령〉

친애하는 전국의 三백만 근로자 여러분! 오늘 제一二회 「근로자의 날」에 즈음하여 나는 근로자 여러분과 함께 자립경제의 건설과 국토통일의 역사적 과업을 위한 우리들의 결의를 새로이 하고자 합니다。

또한 이 자리를 빌어 생산과 건설의 일터에서 온갖 어려움과 시련을 극복하고 조국근대화 과업에 앞장을 서서 많은 성과를 쌓아올린 여러분의 헌신적인 노력과 공헌에 대해서 이를 높이 치하

－12－

요는 근로자와 사용주 즉 노사가 서로 협조하고 깊은 이해를 할 줄 알아야만 우리 경제가 급속히 발전할 수 있는 것입니다.

경영주들도 대오 각성해서 기업의 경영관리를 개선하고 낭비를 없애고 경비를 절약해서 점진적으로 근로자들의 임금을 향상시키고 처우를 개선하는데 성심성의를 다해야 합니다.

이러한 정신을 구비한 사람만이 오늘날 진정한 의미에서 기업가 또는 경영주라고 불리울 수 있읍니다.

모든 기업인들은 자기가 운영하는 기업체가 단순히 자기 개인의 소유물이라는 관념을 떠나서 국가와 민족의 기업체를 자기가 맡아서 운영하고 있다는 소유기업의 윤리성 기업의 사회성을 철저히 인식해야 할 것입니다.

하나의 기업을 잘 운영함으로써 거기에서 양질의 물품을 많이 생산하고 많은 근로자들에게 일자리를 제공하고 또한 그들에게 근로의 대가로서 노임을 지불함으로써 그들의 생활을 보장해 주고 이렇게 해서 국가경제의 일익을 담당하는 자부심과 보람을 느껴야 할 것입니다.

그것이 항상 우리기업인들에게 당부하는 말입니다.

근로자들도 마찬가지 입니다.

여러분도 여러분이 근무하는 그 공장이 국가와 민족의 기업체인 동시에 여러분 자신들의 공장이라는 관념을 가져야 합니다.

단순히 노동을 제공하고 대가로 노임만 받으면 된다는 생각을 버려야 합니다.

보다 좋은 물품을 생산하기 위해서 항시 기술향상에 노력하고 보다 더 노동생산성을 향상시키는데 성심성의를 다해야 합니다.

그렇게 해서 여러분들의 노력으로서 노동생산성이 향상된 만큼의 정당한 임금을 요구할 권리가 여러분에게 있는 것입니다.

공장이야 문을 닫든 말든 우리의 임금만 많이 받으면 그만이다 하는 생각은 버려야 합니다.

기업인은 기업인으로서의 윤리관이 서 있어야 하는 것과 마찬가지로 근로자는 근로자로서의 윤리관이 서 있어야 된다는 것입니다.

회사나 공장이 잘 되어서 근로자도 득을 보고 기업주도 득을 보고 또 국가도 득을 봐야 합니다.

누구 하나만 득을 보고 남은 희생이 되어서는 안 된다는 것입니다.

특히 지금 여러분이 근무하고 있는 기업체의 거의 대부분이 외국에서 차관을 했거나 은행에서 대부를 받자부심을 가져도 좋다고 생각합니다。

아울러 근로자 여러분의 앞으로의 꾸준한 노력이야말로 중단없는 경제건설과 금년도 수출목표 一〇억「달러」달성을 좌우하는 열쇠라는 것을 깊이 명심하고 인내와 용기로서 계속 분발해 줄 것을 당부하는 바입니다。

근로자 여러분!

나는 오늘 이 자리를 빌어 여러분의 가장 큰 관심사인 동시에 경제발전 과정에 있어서 부단히 제기될 수 있는 임금문제에 관한 평소의 생각을 밝혀두고자 합니다。

현 시점에서 우리가 항상 명심해야 할 것은 노동생산성을 넘지 않는 적정수준의 임금이야 말로 급속한 경제발전의 첩경인 동시에 궁극적으로는 근로자 여러분의 생활향상에 직결될 수 있다는 사실입니다。

만일 노임을 노동생산성을 훨씬 넘게 비싸게 올린다고 생각해 봅시다。

당장은 근로자 여러분들이 환영할 겁니다。 그러나 이렇게 된다면 상품의 가격이 또다시 올라가게 될 것이고 상품가격이 따라서 오르면 수출증대가 어려워질 것입니다。

수출이 감소되면 우리의 공업발전이 어려워질 것이고 따라서 우리의 경제성장이 둔화될 것입니다。

이렇게 되면 자연적으로 실업자가 늘어나고 실업자가 늘어나면 결국 얼마 안가서 자연적으로 근로자 여러분의 생활자체가 위협을 받게 될 것입니다。

이러한 연쇄반응이 반드시 온다는 것을 알아야 합니다。

반대로 임금이 노동생산성을 넘지 않는 적정수준으로 유지된다면 어떻게 되겠느냐、당장은 근로자들이 불만스럽게 생각할 것입니다。

그러나 이렇게 됨으로써 우리는 값싼 상품을 많이 생산하여 수출증대에 이바지 할 수 있을 것이고 따라서 공업발전과 경제성장을 촉진할 것이며 나아가서는 고용증대와 임금향상을 가져옴으로써 근로자 여러분들의 복지와 생활향상을 기할 수 있을 것입니다。

우리 근로자들은 오늘을 참고 내일의 열매를 기다리는 현명을 잊어서는 안 됩니다。

오늘을 못 참아서 내일의 고난을 자초하는 어리석은 짓은 우리 서로가 삼가해야 할 줄 압니다。

나는 우리 경제를 건설하는데 근로자 여러분만 희생을 감수하고 참아 달라는 요구는 하지 않습니다。

우리 나라의 기업가나 경영주들도 반성할 점이 많다는 것을 나는 항상 강조하고 있읍니다。

— 14 —

북괴의 세균전에 대비한 우리의 각오

北傀의 細菌戰에 対備한 우리의 각오

김 주 환

〈京畿道保健課長〉

一、緒 論

온 國民의 反共意識과 철통같은 休戰線 및 海岸線의 警備는 北傀의 武裝共匪 侵透를 防止하고 있음은 周知의 事實이며 그들의 武裝侵透 企圖의 失敗는 一·二一 事態以後 東海岸 및 西海岸에서 역역히 나타났다。

그들의 武裝侵透 企圖가 번번히 失敗하고 있는 이즘 그들의 日本에 對한 細菌發注 等으로 미루어 보아 細菌戰을 試圖할 可能性이 農厚하여지고 있을 뿐더러 昨年 群山地區에서 初發되어 全國 海岸에 傳播된 「코레라」도 그 傳染 經路가 模糊하여 學者間에는 北傀 間諜의 所行이라고 主張하는 者들도 있어 이러한 北傀의 細菌戰에 對備해서 萬般의 態勢가 要求되고 있다。

萬若 그들이 細菌戰을 試圖한다면 우리의 心理的인

— 17 —

아서 건설한 공장들입니다.

따라서 거의가 빚을 많이 지고 있는 기업체라는 점을 생각해서 노사가 서로 보다 깊은 이해와 협조로서 기업을 빨리 건실하게 육성하는데 힘을 합치고 그래서 기업이 잘 운영돼 나가면 여러분의 임금도 그만큼 향상이 되게끔 노력을 해 주기 바랍니다.

지난 六〇년대의 후반은 발전하는 우리 경제가 근로자의 생활향상에 미치는 점진적인 혜택의 이모 저모를 입증하기 시작 했읍니다.

우리 근로자들은 인내와 예지를 발휘하여 점진적으로 개선 향상될 근로활동과 복지생활에 대한 희망과 자신을 가지고 노사가 협조해서 노동생산성 향상에 가일층 노력을 경주하고 따라서 여러분들의 임금도 향상되고 처우도 개선이 되게끔 해야 합니다.

이것은 오로지 여러분과 기업주 간의 노력과 협조에 달려 있는 것입니다.

덮어 놓고 노동쟁의만 벌이면 만사가 해결이 된다는 사고방식은 지양을 해야 합니다.

우리의 경제는 나날이 성장하고 있읍니다.

지금과 같은 노력을 계속한다면 멀지 않아 우리도 완전 자립할 수 있는 전망이 뚜렷이 보이기 시작했읍니다.

우리는 지금 자립경제, 자주국방이란 벅찬 국가목표와 과업완수를 위해 총진군을 하고 있읍니다.

三백만 근로자 여러분에게도 밝은 내일이 약속되고 있읍니다.

여러분들의 가일층의 분발을 당부하는 바입니다.

一九七〇年 三月 一〇日

대통령 박 정 희

□박대통령 어록에서□

앞날에 부푼 희망을 걸고 용기로써 괴로움을 이겨 나갑시다. 비록 오늘 우리가 흩어져 고난을 당할지라도 우리의 뜻이 하나이며 서로의 힘이 함께 용솟음 칠때 하느님도 스스로 돕는 이 겨레를 도울 것입니다. <1968년 1월 1일 북한 및 공산지역 동포에게 보내는 메시지에서>

우리는 우리의 자유를 보호하며 그 물결을 공산주의 지배 지역으로 넘치게 해야 합니다. 그러기에 우리에게는 실력배양이 당면과제로 제기되는 것입니다. <1968년 1월 23일 제14주년 자유의 날 담화문에서>

이제 우리에게는 다시한번발전의 기회가 찾아 왔읍니다. 그리고 이 기회는 우리의 피땀과 온 국민의 정성으로 만든 더 없이 고귀한 실로 마지막 기회라고도 하겠읍니다. <1967년도 대통령 연두교서에서>

우리의 근대화는 합리적이고 균형있는 산업구조, 국토구조, 소득구조의 형성을 목표로 전근대적인 제반구조를 개혁해 나가자는 것이요, 공업화와 중소기업을 농업생산의 터전위에서 발전 시키는 삼위일체의 근대화 작업을 하자는 것입니다. <1967년 7월 1일 제 6대 대통령 취임사에서>

— 16 —

자료 번호 4

자료 제목 얼마나 내고 얼마나 받나

자료 유형 신문 기사

생 산 자 한국일보

생성 연도 1973년 9월 21일

정 부 박정희 정부

비 고 –

주요 내용

이 문서는 1974년 1월 1일 국민복지연금제도 시행을 앞두고, 연금보험료를 얼마나 내고 후에 연금을 얼마나 받게 될지를 다룬 일간지 기사이다. 당시 월급을 받는 직장인들의 공제내역은 각종 근로소득세, 주민세, 국민저축 등이었는데 여기에 연금갹출금이 더해질 상황이었다. 당시 제도 설계대로라면 월 4만 원을 받는 직장인의 경우 20년간 연금갹출금 1,600원을 내면 60세 이후 실수령액은 3만 5,000원이었다. 국민복지연금제도 도입 시 퇴직금제도 타격 우려가 노동자단체 등을 통해 표출되었는데 이를 존속시킨다는 점도 함께 보도하고 있다.

궁금증

國民福祉年金제도

얼마나·내고 얼마나 받나

샐러리맨 月給봉투

月給 4萬원者

실수령액 3萬5千원

국민저축등은 그대로

20년동안 百55萬원갹출

60세이후 年70만원급여

月給階層·控除內譯 (단위=원)

給與額	甲勤稅	住民稅	[illegible]	[illegible]	[illegible]
16,000	70	3	320	640	1,033
18,000	210	10	350	720	1,300
20,000	350	17	400	800	1,567
23,000	560	28	460	920	1,968
26,000	790	39	520	1,040	2,389
29,000	1,060	53	580	1,160	2,853
33,000	1,420	71	660	1,320	3,471
37,000	1,840	92	740	1,480	4,152
41,000	2,320	116	820	1,640	4,896
46,000	2,920	146	920	1,840	5,826
51,000	3,520	176	1,020	2,040	6,756
56,000	4,150	207	1,120	2,240	7,717
62,000	5,050	252	1,240	2,480	9,022
68,000	5,950	297	1,360	2,720	10,327
74,000	6,850	342	1,480	2,960	11,632
81,000	8,140	407	1,620	3,240	13,407
88,000	9,470	473	1,760	3,520	15,223
95,000	10,800	540	1,900	3,800	17,040
103,000	12,800	640	2,060	4,120	19,620

福祉年金 뉴스問答

轉職해도 카드로 自動연결

장해給與… 產災보상과 擇一해야

老齡연금 50%에 所得稅부과할듯

81년까지 6千億원

福祉年金각출 첫해 百萬명 해당

釜山水大學長에 金光玉씨

梁學長은 교수로 發令

자료 번호 5

자료 제목 연금법안 전면반대, 신민(新民) 사회보장 거리멀어

자료 유형 신문 기사

생 산 자 조선일보

생성 연도 1973년 11월 9일

정 부 박정희 정부

비 고 –

주요 내용

이 문서는 정부의 국민복지연금법안에 대한 신민당의 전면 반대를 전한 일간지 기사다. 신민당은 1967년 창당된, 제3공화국과 제4공화국의 제1야당으로 1971년 대통령 선거에 김대중 후보를 낸 정당이다. 신민당은 정부의 국민복지연금법안에 대해 전면 반대했다. 이유는 정부가 사회보장 강화 목적이 아닌 중화학공업 자금 조달 목적으로 연금제도를 구상했으며, 기왕 실시하려 한다면 갹출금의 절반은 국가가 부담해야 한다는 것이었다. 이것과 관련해서는, 박정희 정부가 국민복지연금제도를 도입하려 했던 것은 적립금을 산업자금으로 전용하기 위함이었다는 분석이 있어 왔다(박이택·이헌창, 2015). 이와 더불어 정부는 내자동원 필요만이 아니라 제9대 총선(1973년) 과정에서 복지사회의 구체적인 상을 제시하고자 한 정치적 차원이 이유도 있다는 연구도 있다(양재진, 2007).

年金法案 전면반대

新民 社會保障 거리멀어

신민당은 8일 정부가 마련한 國民福祉年金法案은 重化學工業育成을 위한 자금조달을 목적으로하고있고 社會保障제도와는 거리가 먼 법안이라고 주장, 이에 全面반대키로 했다.

鄭雲甲정책심의회 의장은 이날 「이왕 福祉年金法을 만들어 근로자에게 도움을 주려한다면 保險제도에 상응한 법안을 만들어야하며 國家부담이 전혀 없는 것은 부당하다」고 지적, 각출금의 절반이상은 국가가 부담해야 한다고 주장했다.

유엔代表 2陣向美

朴東奎(統一主體國民會議代議員) 秦斗玩(TBC論評委員) 權寧百(國際問題硏究所理事)씨등 유엔代表團2陣이 8일 오후6시 KAL편으로 뉴욕으로 떠났다.

변 收買실적보다 48만섬이 많은 4백만섬으로 잡고 내년 2월말까지 全量을 매입하겠다고 말했다.

鄭장관은 특히 금년 秋穀收買대금은 절반을 年利6%의 새농민預金通帳으로 지급하며 새로 米麥交換制를 신설, 정부가 보유한 2백만섬의 보리쌀을 쌀과 교환해주겠다고 말했다. 쌀과 보리쌀의 교환비율은 쌀收買가격과 보리쌀 放出價格(가마당 4천8백원)에 따른다고 밝혔다. 이밖에 올해 段當수확량 6백kg을 넘은 多收穫농가에는 2억6천만원의 施賞을 하며 내년부터는 이 施賞制를 보리에까지 확대하겠다고 말했다.

코트디브와르도 이스라엘과 斷交

【아비잔=AP聯合】 이스라엘

위원에게 스스로 물러가달는것」이라고 말하고 「解은 他意에의해 免職되는것머 辭退는 스스로 결단, 그을 물러나는것으로 다르다고 말했다. 이들은 「만일司委가 이결의안이 입반議으로서 성립될수 없다는결을 내린다면 이는 의원20이상의 동의로 의안을 발할수있다고 규정한 國會法조에 대한 例外立法을 하것으로서 重大한문제」라주장하고 「法73조에 國務員의 경우는 다르다는 明규정이 없는것을 法司委가석을 통해 明文을 만드는파가 될것」이라고 말했다

이에 대해 韓泰淵의원(정)은 「憲法규범은 政治규범으로서 분명치않은 규은 兩論이 있게마련」이라전제, 「憲法97조의 解任규은 대통령의 任命權에 따제한규정인데 사퇴권고안대상이 대통령은 아니지만

자료 번호 6

자료 제목 「국민복지연금법」 공포법률

자료 유형 법률

생 산 자 제9대 국회

생성 연도 1973년 12월 24일

정 부 박정희 정부

비 고 제9대 국회(1973. 3. 12.~1979. 3. 11.)

주요 내용

이 문서는 1973년 제정된 「국민복지연금법」으로 1974년 1월 1일부터 국민복지연금제도 시행을 명시하고 있다. 제1차 오일쇼크(1973~1974년) 이후 대통령긴급조치로 이 「국민복지연금법」 시행을 1년 유보하게 되는가 했는데 그 후로도 줄곧 경제상황이 개선되어야 한다는 이유로 시행되지 못하다가 1988년에야 국민연금제도로 법명을 바꾸고 시행되었다. 그럼에도 불구하고 국민연금에 대한 최초의 자세한 규정을 담은 법률이라는 점에서 중요하다. 「국민복지연금법」은 법의 목적을 "노령·폐질 또는 사망 등"의 상황에 대해 "국민의 생활안정과 복지증진에 기여"하는 것을 목적으로 한다고 규정한다. 법은 연금가입자의 자격, 기간, 표준보수, 노령급여, 장해연금, 유족연금, 반환일시금, 급여의 제한, 복지시설, 재정에서의 정부부담, 갹출료 등과 관련된 사항을 담고 있다. 현 「국민연금법」과 비교할 때 그 내용 면에서 많은 부분이 달랐는데, 우선 가입자 분류나 용어에서도 차이가 난다. 현재는 가입자를 사업장가입자, 지역가입자, 임의가입자, 임의계속가입자로 구분하는 반면, 당시에는 제1종, 제2종 가입자로 분류한다. 현재는 '장애연금'이라는 용어를 쓰지만 당시에는 '장해연금'이라는 용어를 쓰고 있는데, 보다 자세하게는, 현재 「산업재해보상보험법」에서는 '장해급여'로, 「국민연금법」에서는 '장애연금'으로 부르고 있다.

국민복지연금법

[시행 1974. 1. 1] [법률 제2655호, 1973. 12. 24, 제정]

보건복지부(국민연금정책과) 044-202-3604

제1장 총칙

제1조 (목적) 이 법은 국민의 노령·폐질 또는 사망등에 대하여 연금급여를 실시함으로써 국민의 생활안정과 복지증진에 기여함을 목적으로 한다.

제2조 (관장) 이 법에 의한 국민복지연금사업은 보건사회부장관이 이를 관장한다.

제3조 (용어의 정의) ①이 법에서 사용하는 용어의 정의는 다음과 같다.

1. "근로자"라 함은 직업의 종류에 불구하고 근로의 대가로서 보수를 받아 생활하는 자를 말한다.
2. "사용자"라 함은 사업주 또는 사업경영주를 말한다.
3. "보수"라 함은 사용자가 근로의 대가로 근로자에게 임금·봉급·수당 기타 여하한 명칭으로든지 지급하는 일체의 금품을 말한다. 다만, 대통령령으로 정하는 것은 그러하지 아니하다.
4. "평균보수월액"이라 함은 매년의 제1종가입자 전원의 표준보수월액의 평균치를 말한다.
5. "각출료"라 함은 제1종가입자의 경우에 있어서는 부담금과 기여금의 합산액을, 제2종가입자에 있어서는 본인의 기여금액을 말한다.
6. "부담금"이라 함은 각출료중 제1종가입자의 사용자가 부담하는 액을 말한다.
7. "기여금"이라 함은 각출료중 제1종가입자가 기여하는 액을 말한다.

②이 법의 적용에 있어서 배우자 부 또는 처에는 사실상 혼인관계에 있는 자를 포함한다.

제4조 (연금액의 조정) 이 법에 의한 연금액은 국민의 생활수준·임금·물가 기타 경제사정에 현저한 변동이 생긴 때에는 그 사정에 맞도록 지체없이 조정조치하여야 한다.

제5조 (국민복지연금심의위원회) ①보건사회부장관의 자문에 응하여 국민복지연금사업에 관한 중요사항을 심의하게 하기 위하여 보건사회부에 국민복지연금심의위원회(이하 "審議委員會"라 한다)를 둔다.

②심의위원회는 근로자·사용자 및 공익을 대표하는 자로 구성하되 각각 동수로 한다.

③심의위원회의 조직과 운영에 관하여 필요한 사항은 대통령령으로 정한다.

제2장 연금가입자

제1절 자격

제6조 (가입대상) 국내에 거주하는 18세이상 60세미만의 국민은 국민복지연금의 가입대상이 된다. 다만, 공무원연금법·군인연금법 또는 다른 법률에 의하여 연금에 가입한 자 및 대통령령으로 정하는 자는 제외한다.

제7조 (가입자의 종류) ①국민복지연금가입자는 제1종가입자와 제2종가입자로 구분한다.

②제1종가입자는 제8조 및 제9조의 규정에 의한 사업장의 근로자중 보수월액이 만5천원을 초과하는 자와 제8조 및 제9조의 사업장중 대통령령으로 정하는 사업장의 사용자가 된다. 다만, 보수월액이 만5천원이하인 자도 보건사회부장관의 인가를 받아 제1종가입자로 될 수 있다.

③제2종가입자는 농업·어업·상업등의 자영자 기타 제1종가입자외의 자로서 보건사회부장관의 인가를 받아 가입한 자가 된다.

제8조 (당연적용사업장) 사업의 종류, 근로자의 수등에 따라 대통령령으로 정하는 사업장(事業 및 事務所를 包含한다. 이하 같다)은 이 법의 적용사업장(이하 "當然適用事業場"이라 한다)으로 된다.

제9조 (임의적용사업장) ①제8조의 규정에 의한 당연적용사업장이 아닌 사업장의 사용자는 보건사회부장관의 인가를 받아 당해 사업장을 이 법의 적용사업장(이하 "任意適用事業場"이라 한다)으로 할 수 있다.

②사용자는 당해 사업장의 근로자중 보수월액이 만5천원을 초과하는 자의 3분의 2이상의 요청이 있는 때에는 보건사회부장관에게 신청하여야 한다.

③제1항의 인가를 받아 임의적용사업장으로 된 사업장의 사용자는 보건사회부장관의 인가를 받아 당해 사업장을 적용사업장으로 하지 아니할 수 있다. 이 경우에는 제2항의 규정을 준용한다.

제10조 (의제적용) 제8조의 규정에 의한 당연적용사업장이 기준에 미달하게 된 경우에도 그 사업장에 대하여는 제9조의 규정에 의한 임의적용사업장으로 보고 이 법을 계속적용한다.

제11조 (가입자자격의 취득시기) ①제1종가입자는 다음 각호의 1에 해당하는 날에 그 자격을 취득한다.
1. 제7조제2항 본문에 해당하는 자의 경우
 가. 당연적용사업장 또는 임의적용사업장에 보수월액이 만5천원을 초과하는 근로조건으로 사용된 날
 나. 사업장이 당연적용사업장 또는 임의적용사업장으로 된 날
 다. 당연적용사업장 또는 임의적용사업장에 사용되고 있는 자로서 보수월액이 만5천원을 초과하게 된 날
2. 제7조제2항 단서에 해당하는 자의 경우에는 보건사회부장관의 인가를 받은 날
②제2종가입자는 제7조제3항의 규정에 의한 보건사회부장관의 인가를 받은 날에 그 자격을 취득한다.

제12조 (가입자자격의 상실시기) ①제1종가입자는 다음 각호의 1에 해당하게 된 날의 익일에 그 자격을 상실한다.
1. 사망한 때
2. 국적을 상실한 때
3. 사용관계가 종료된 때
4. 제7조제2항 본문에 해당하는 근로자의 보수월액이 만5천원이하로 된 때
5. 제7조제2항 단서에 해당하는 자가 자격상실의 인가를 받은 때
6. 제9조제3항의 인가가 있은 때
7. 60세에 달한 때
②제2종가입자는 다음 각호의 1에 해당하게 된 날의 익일에 그 자격을 상실한다.
1. 사망한 때
2. 국적을 상실하거나 국내에 주소가 없어진 때
3. 자격상실의 인가를 받은 때
4. 60세에 달한 때

제13조 (임의계속가입자) ①제1종가입자가 노령연금을 받을 수 있는 법정가입기간의 만료전에 그 자격을 상실하게 된 경우에는 보건사회부장관의 승인을 얻어 그 자격을 계속유지할 수 있다.
②제1항의 규정에 의한 가입자는 언제든지 보건사회부장관에게 신고함으로써 제1종가입자가 되지 아니할 수 있다.

제14조 (임의계속가입자의 자격상실시기) 제13조의 규정에 의한 가입자는 다음 각호의 1에 해당하게 된 날의 익일에 제1종가입자의 자격을 상실한다.
1. 사망한 때
2. 국적을 상실하거나 국내에 주소가 없어진 때
3. 제37조제1항의 규정에 의한 가입기간이 만료된 때
4. 제13조제2항의 신고가 수리된 때
5. 갹출료를 체납하고 제72조제1항의 규정에 의한 독촉을 3회받고도 지정기한까지 그 갹출료를 납부하지 아니한 때

제15조 (자격의 확인) ①가입자의 자격의 취득 및 상실은 보건사회부장관의 확인으로써 그 효력을 발생한다.
②제1항의 확인은 제21조의 규정에 의한 신고, 가입자의 청구 또는 직권에 의하여 행한다.
③가입자 또는 가입자이었던 자는 언제든지 보건사회부령이 정하는 바에 의하여 자격의 취득·상실 및 가입자 종별의 변경에 관한 확인을 청구할 수 있다.

제16조 (가입자의 증서) ①보건사회부장관은 가입자에 대하여 국민복지연금가입자증서를 교부하여야 한다.
②제1항의 증서의 서식과 교부방법 및 기타 필요한 사항은 보건사회부령으로 정한다.

제2절 연금가입기간

제17조 (연금가입기간의 계산) ①연금가입기간은 월에 의하여 계산하되 가입자의 자격을 취득한 날이 속하는 월로부터 그 자격을 상실한 날이 속하는 월의 전월까지로 한다.
②가입자가 그 자격을 취득한 날이 속하는 월에 그 자격을 상실한 때에는 그 월을 1월로 계산한다.
③연금가입기간의 계산에 있어서는 갹출료를 납부하지 아니한 기간은 이에 산입하지 아니한다.

자료 번호 7

자료 제목 국민생활의 안정을 위한 대통령 긴급조치

자료 유형 대통령긴급조치

생 산 자 박정희 대통령

생성 연도 1974년 1월 14일

정　　부 박정희 정부

비　　고 대통령긴급조치 제3호

주요 내용

이 문서는 1974년 1월에 나온 박 대통령의 세 번째 긴급조치로, 1차 오일쇼크로 인한 국민경제 위기에 대한 신속한 조치를 목적으로 한다고 밝히고 있다. 1972년 유신헌법 제53조는 국가적 위기 상황 대응 목적의 긴급조치 권한을 대통령에게 부여하고 있다. 국민생활 안정을 위한 긴급조치 주요 내용은 세금 특례와 근로조건 개선을 골자로 한다. 제3장 '국민복지년금법등의 효정지' 부분에서 1974년 12월 31일까지 「국민복지연금법」과 「사립학교교원연금법」의 효력을 정지시키는 것을 주요하게 공지하고 있다. 두 연금 관련 법은 1973년 12월에 제정되었으나 이 긴급조치로 1년간 시행 보류되었다. 그런데 사립학교교직원연금은 긴급조치 효정지 기간 이후 시행되었지만 국민복지연금은 이후 두 차례 더 시행을 보류했다.

국민생활의안정을위한대통령긴급조치

제정 1974.1.14 대통령긴급조치 제3호

제1장 총칙

제1조 (목적)이 긴급조치는 저소득자에 대한 조세부담의 경감등 국민생활의 안정을 위하여 필요한 조치와 사치성 소비의 억제, 자원의 절약과 개발 및 로사간의 협조강화등 건전한 국민생활 기풍의 진작을 위하여 필요한 조치를 신속히 취함으로써 격동하는 세계경제의 충격에 따른 국민경제의 위기를 국민의 총화적 참여에 의하여 극복함을 목적으로 한다.

제2장 조세의 특례

제2조 (소득세의 감면)①국내에 주소를 두거나 6월이상 거소를 둔 개인(이하 "거주자"라 한다)으로서 소득세법 제4조제3호의 사업소득이 있는자에 대하여는 다음 각호의 규정에 의하여 산출한 금액의 소득세를 감면한다.
1. 소득세법에 의한 1과세기간의 사업소득의 금액(각기중의 총수입 금액에서 필요경비를 공제한 금액을 말한다. 이하 "사업소득금액"이라 한다)이 30만원 이하인 경우에는 동법 제27조의 규정에 의한 분유과세 산출세액(이하 "분유소득세액"이라 한다)의 100분의 100.
2. 사업소득금액이 30만원 초과 42만원 이하인 경우에는 분유소득세액의 100분의 50.
3. 사업소득금액이 42만원 초과 60만원 이하인 경우에는 분유소득세액의 100분의 30.
②거주자로서 소득세법 제4조제4호의 근로소득이 있는 자에 대하여는 다음 각호의 규정에 의하여 산출한 금액의 소득세를 감면한다.
1. 갑종근로소득
가. 소득세법에 의한 월급여액(퇴직급여를 제외한다. 이하 "월급여액"이라 한다)이 5만원 이하인 경우에는 분유소득세액의 100분의 100.
나. 월급여액이 5만원 초과 7만원 이하인 경우에는 분유소득세액의 100분의 50.
다. 월급여액이 7만원 초과 10만원 이하인 경우에는 분유소득세액의 100분의 30.
2. 을종근로소득
가. 소득세법에 의한 1과세기간의 급여액이 15만원 이하인 경우에는 분유소득세액의 100분이 100.
나. 1과세기간의 급여액이 15만원 초과 21만원 이하인 경우에는 분유소득세액의 100분의 50.
다. 1과세기간의 급여액이 21만원 초과 30만원 이하인 경우에는 분유소득세액의 100분의 30.
3. 일급 또는 시간급
가. 일정한 고용주에게 계속하여 고용되어 있지 아니하고 일급 또는 시간급으로 지급받는 자의 일급여액(이하 "일급여액"이라 한다)이 3천4백원 이하인 경우에는 분유소득세액의 100분의 100.
나. 일급여액이 3천4백원을 초과하는 경우에는 분유소득세액의 100분의 50.
③소득세법 제17조 제9항 또는 제10항의 규정에 의하여 주된 근무지 또는 주된 사업장에서

기초공제를 받는 자에 대하여는 그 주된 근무지 또는 주된 사업장에 대한 분유소득세액에 한하여 전2항의 규정을 적용한다.
④거주자가 근로소득에 해당하는 상여의 성질이 있는 급여를 받음으로서 월급여액 또는 본조 제2항제2호의 급여액의 변동이 있는 때에는 소득세법 제17조제3항 또는 제5항의 규정을 적용하여 본조 제2항제1호 또는 제2호의 규정에 의한 감면세액을 계산한다.
⑤소득세법에 의한 종합소득세의 납세의무자가 본조의 규정에 의하여 분유소득세의 감면을 받은 경우에는 그 감면받은 세액은 종합과세 산출세액에서 이를 공제하지 아니한다.

제3조 (통행세의 감면)①기차, 전차, 궤도전차, 승합자동차, 합승자동차, 좌석제승합자동차(고속버스를 제외한다) 또는 기선에 대하여는 통행세법에 의한 통행세를 면제한다.
②택시에 대하여는 통행세법에 의한 통행세의 세률을 100분의 10으로 한다.

제4조 (석유류세 세률의 특례)휘발유에 대하여는 석유류세법에 의한 석유류세의 세률을 100분의 300으로 한다.

제5조 (주세 세률의 특례)다음 각호에 게기하는 주류에 대하여는 주세법에 의한 주세의 세률을 각각 다음과 같이 한다.
1. 맥 주 100분의 150.
2. 청 주 100분의 120.
3. 명약주 100분의 100.
4. 위스키 100분의 250.
5. 브랜듸 100분의 160.

제6조 (물품세 세률의 특례)①다음에 게기하는 물품에 대하여는 물품세법에 의한 물품세의 세률을 다음과 같이 한다.
1. 보석(공업용 다이야몬드를 제외한다)과 이를 사용한 제품
물품가격의 100분의 200.
2. 진주와 이를 사용한 제품 물품가격의 100분의 160.
3. 별갑·산호·호박 및 상아와 이를 사용한 제품 물품가격의 100분의 160.
4. 귀금속 제품 물품가격의 100분의 30.
5. 가구와 금고 1개 또는 1조의 가격이 20만원 이상의 것
물품가격의 100분의 40.
6. 칠기 1개 또는 1조의 가격이 20만원 이상의 것
물품가격의 100분의 40.
7. 투전기와 오락용 사행기구 및 기타 오락용구 물품가격의 100분의 200.
8. 오락용 표적사격기 물품가격의 100분의 200.
9. 수렵용 총포류와 동부분품 및 부속품 물품가격의 100분의 150.
10. 수렵용 약협 및 탄환 물품가격의 100분의 150.
11. 골패와 화투류 물품가격의 100분의 200.
12. 당구와 골프용품 물품가격의 100분의 150.
13. 모타뽀오드와 욧트 물품가격의 100분의 200.

14. 모피와 모피 및 우모의 제품(토모피와 그 제품을 제외한다)
물품가격의 100분의 200.
15. 끽연용구 1개 또는 1조의 가격이 1만원 이상의 것
물품가격의 100분의 60.
16. 시계 1개의 가격이 3만원 이상의 것 물품가격의 100분의 30.
17. 공기조절기와 동부분품 및 부속품 물품가격의 100분의 70.
18. 테레비죤수상기와 동부분품 및 부속품
가. 대형 테레비죤수상기와 동부분품 및 부속품 물품가격의 100분의 70.
나. 소형 테레비죤수상기와 동부분품 및 부속품 물품가격의 100분의 50.
19. 전기랭장기와 동부분품 및 부속품 물품가격의 100분의 70.
20. 전기세탁기와 동부분품 및 부속품 물품가격의 100분의 70.
21. 전기소제기와 동부분품 및 부속품 물품가격의 100분의 70.
22. 까스·유류 또는 전열이용기구
가. 전기오븐 물품가격의 100분의 70.
나. 기타 까스·전열이용기구 물품가격의 100분의 60.
다.석유류이용기구(1개의 가격이 1만원 이상의 것에 한한다)
물품가격의 100분의 30.
23. 전기모포 물품가격의 100분의 70.
24. 축음기와 동부분품 및 부속품 물품가격의 100분의 60.
25. 녹음기(음성재생기를 포함한다)와 동부분품 및 부속품
물품가격의 100분의 60.
26. 승용자동차, 자동이륜자동차와 동부분품 및 부속품
가. 승용자동차(사륜구동의 짚형의 것을 제외한다)와 동부분품 및 부속품
배기량이 1,700씨씨 이하의 것
물품가격의 100분의 40.
배기량이 1,700씨씨 초과 2,000씨씨 이하의 것 물품가격의 100분의 50.
배기량이 2,000씨씨를 초과하는 것 물품가격의 100분의 100.
나. 자동이륜자동차와 동부분품 및 부속품 물품가격의 100분의 10.
27. 고급 유리제기구로서 물품세법 제1조제1항중 제20호외의 각 호에 게기하지 아니한 것
물품가격의 100분의 20.
28. 대리석(인조대리석을 제외한다)
물품가격의 100분의 50.
②전항 각호에 게기하는 물품은 전항에 다른 정함이 없는 경우에는 물품세법 제1조제1항 각호에 게기하는 해당물품으로 한다.
③제1항 각호에 따로 세률을 정하지 아니한 물품에 대하여는 물품세법 제1조제1항의 해당 호의 세률에 의한다.

제7조 (입장세 세률의 특례)다음 각호에 게기하는 장소에의 입장 또는 설비이용에 대하여는 입장세법에 의한 입장세의 세률을 다음과 같이 한다.
1. 입장세법 제2조(이하 본조에서는 "동법동조"라 한다)
제1종 제3호의 장소 100분의 50.

자료 번호 8

자료 제목 국민복지연금의 발자취

자료 유형 주무부처 보고서

생 산 자 보건사회부 복지연금국

생성 연도 1974년 12월

정 부 박정희 정부

비 고 –

주요 내용

이 문서는 박정희 정부 보건사회부 복지연금국에서 만든 보고서로 국민복지연금의 도입 논의와 제도의 주요 내용까지 상세히 정리하고 있다. 특히 논의 부분 구성이 흥미로운데 주요 일간지 기사와 사설 및 각계 인터뷰에서 나타난 국민복지연금제도 도입과 제도 설계에 대한 여러 전문가와 이해관계자의 입장을 한 보고서에서 볼 수 있도록 모아두었다. 학계에서는 제도 보완을 요구하는데, 각기 운영되는 공무원연금, 군인연금, 산업재해보상보험 등을 일원화해야 한다는 건의도 있다. 그리고 기업 관계자는 정부의 연금정책을 환영하면서도 정부출연금이 없다는 데 대한 아쉬움과 단기 직접보상인 실업보험과 의료보험을 빨리 마련해야 한다고 보았다.

나) 紙上에 나타난 各界의 輿論

〈福祉年金 이렇게 본다〉

— 서울신문 —

> 각계 앙케트
>
> 政府가 来年 1月부터 実施키로 法案을 마련한 国民福祉年金制는 韓国社会保障体制의 골간이 된다는 点에서 기대가 크다 政府案 確定을 계기로 앞으로 이 制度 運営에 대한 各界의 기대와 당부를 모아본다

1. 전 保険을 統合하길

卓熙俊 교수(성균관대)

이번 政府案에서 문제점들이 많이 수정됐다 정부가 각계 의견을 이렇게 과감하게 받아 들인 것에 우선 감사한다.

国民福祉年金 実施와 함께 의료보험을 76年부터 実施한다면 失業保険도 고려하도록 努力해 주었으면 한다

현재 각기 다르게 실시되고 있는 공무원연금, 軍人年金, 産災보상보험등도 조속히 国民福祉年金과 統合 전 保険을 一元化해야 한다.

国民福祉年金 実施를 계기로 地方福祉年金管理事務所등을 이용하여 労動市場 형성에 필요한 労動人力 등을 파악하도록 했으면 좋겠다

앞으로 甲勤稅 免稅点이 변동되는데 따라 적용 하한선도 현재의 1万5千원에서 조정되어야 할 줄 안다

2. 徵收機関 問題

禹基度 교수 (한양대)

앞으로 구성하게될 기금관리위원회와 심의위원회가 保社部長官의 단순한 諮問機関이 아니라 政府와 労使 3者가 대등한 위치에서 서로의 의견을 조정할 수 있는 機関이 되기를 바란다.

여기에서 事業의 決定·利息의 증대·각출조 및 연금의 증감 등에 관한 事実上의 審議決定이

— 130 —

이루어질 수 있었으면 한다

한가지 문제는 분담금의 징수를 一般租税業務를 다루는 国税庁이 맡도록 한것인데 이것은 国民福祉年金制度가 하나의 社会保障制度인 이상 社会福祉担当機関인 保社部나 이미 産災保險을 맡고 있는 労動庁에서 맡는것이 타당하다고 본다 당장의 징수업무 편의를 위해 国税庁이 일시 맡는 것은 어쩔수 없으나 장래는 国民福祉年金을 일반조세와 분리할 必要가 있는것 같다 自由中国의 경우도 産災保險과 年金이 統合돼 있다

3 運用 만전 기하길

吳薪植 교수(서울大商大)

이번 政府案에는 학계·경제계 등 各界의 의견이 많이 반영된것 같다 각출율을 과감하게 더 낮추어 조정하지 못한것은 保險金 支給水準을 当初案대로 유지하기 위한 것인줄 안다 政府出捐이 반영되지 못한것등 몇가지 점이 아쉽기는 하지만 韓国에서는 처음 実施되는 長期保險이라는 점에서 기대도 크다

保險이라는 것은 一般国民이 알기에는 까다로운 것이어서 잘못 운용하면 加入者가 기대와 달리 실망할 때가 많다 앞으로 国民福祉年金 運用過程에서도 加入者들에게 손해가 가지 않도록 성실하게 다루어졌으면 좋겠다

현재 실시되고 있는 産業災害보상보험을 보면 혜택이 별로 없다 国民福祉年金에서는 加入者가 어려운 절차와 까다로운 수급조건 때문에 별 도움을 받지 못하는 일이 있어서는 안되겠다

4 失業保險도 빨리

金奉才 중소기업중앙회 회장

加入対象 下限線의 引上 被傭者에 대한 각출율 引下와 부녀자의 경우 55세 이전이라도 退職만 하면 연금을 탈 수 있도록 修正한 것은 크게 환영할만한 일이다 政府出捐이 없어 명실상부한 社会保障制라 볼 수는 없겠으나 国民福祉年金法 제정을 嚆矢로 보다 본격적이고 직접 보상적인 失業保險·医療保險등이 하루빨리 마련되었으면 좋겠다

정부출연이 없는것은 아쉽지만 内資동원의 극대화가 절실한 지금 이러한 아쉬움은 甘受해야 될것 같다 그리고 施行令 및 施行規則은 현실에 맞게 신축성 있는 운영을 할 수 있도록 마련돼야 할것이다

— 131 —

5. 加入나이 높여야

金鍾大 상공회의소 부회장

調整案에 저소득층 제외 장해연금의 受給 資格완화 遺子女 연금지급액의 引上등 業界의 의견이 반영된 것은 다행스러운 일이다

다만, 退職一時制度를 두어 年金과 택일하게 하는 제도, 老令年金의 支給개시연령을 일반 정년퇴직연령과 일치시키는 제도, 加入対象 年令의 引上등이 반영되지 않고 있는데 이러한 문제들도 그 중요성에 비추어 추후에라도 반영되기를 바란다

이번 조정된 내용중 부녀자에 대한 연금지급 시기를 55세로 하지 않고 퇴직후 1년으로 修正한 것은 나날이 늘어가는 여성근로자의 근로의욕을 크게 높여줄 수 있다는 点에서 이를 높이 평가하고 싶다

6. 低所得層 再考를

尹永濟 한국노총 부위원장

1万5千원 以下의 低所得者를 당연적용대상에서 제외하고 保社部長官의 허가를 받아 임의加入할 수 있게 한것은 문제가 있다

저소득층을 위한 소득재분배라는 社会保障원칙에 어긋난것 같다 이것은 기업주로 하여금 현재의 저임금을 고수 또는 유발할 여지조차 있다 앞으로의 국회 심의과정에서라도 정부나 企業主 어느쪽 부담으로든지 이들 저소득 근로자를 위한 年金対策의 길을 터놓아야 할것이다

障害年金과 遺族年金이 産災保険과 겹칠때 択一토록 한 것도 부당하다고 본다 두가지 社会保険에 加入됐으면 두가지 保険을 다 받을 수 있도록 해야 한다

그 다음 物価変動에 따른 「슬라이드・시스템」의 채택에 있어서 정부안은 5년마다 조정토록 하고 있는데 이는 每年 또는 5% 이상 物価変動이 있을 때마다 조정할것을 건의하고 싶다

7. 停年맞게 조정을

尹弘稷 금융노조 위원장

현실적으로 一般企業体의 停年이 55歳인데 비해 老令年金은 60歳가 되어야만 지급받게 되어 있다 이러한 정년과 연금지급 연령의 불일치를 현실에 맞게 통일시켜야 한다 女性勤労者의 中途退職때는 本人이 낸 부담금 원리금만 받도록 돼 있는데 企業主가 낸 부담금도

— 132 —

자료 번호 9

자료 제목 국민복지연금제의 보류연장에 관한 의견

자료 유형 이익단체 의견서

생 산 자 한국경영자협회(현 한국경영자총협회)

생성 연도 1974년

정 부 박정희 정부

비 고 한국경영자협회 사업보고서(1974), 22~23쪽

주요 내용

이 문서는 한국경영자협회(현 한국경영자총협회)가 국민복지연금제도 시행을 1년 더 보류할 것을 건의하는 내용을 포함한 사업보고서이다. 1970년 창립한 한국경영자협회는 경영계를 대표하는 조직으로서, 1974년 1월 1일에서 1975년 1월 1일로 이미 한 해 늦춰진 「국민복지연금법」 시행을 다시 한 해 더 미루자는 그들의 건의가 문서의 주요 내용이다. 오일쇼크 여파로 기업들의 사정이 여전히 어려운 불황기에 위 법을 일정대로 시행하게 될 경우 기업에 부담을 주게 될 뿐만 아니라 근로자 실질소득 역시 저하된다는 점을 그 이유로 들고 있다. 국민연금은 사용자와 근로자가 보험료를 50 대 50으로 부담하는 제도로, 경영계는 이 문서를 통해 그동안 자신들이 납부하던 퇴직금에 더하여 국민연금 보험료까지 납부하게 된다면 그 부담이 지나치게 커지게 된다는 입장을 밝히고 있다.

体의 有関下請製品의 請負単価를 合理的으로 調整하여 줌으로써 当該企業의 支払能力을 向上시켜 나가도록 할 것임.

八. 〈賃金政策具現을 위한 税制의 改善〉

賃金政策을 合理的으로 展開할 수 있게 하기 위한 勤労所得의 基礎控除制度의 現実化를 期하여 勤労者의 年齢, 性別 및 扶養家族등을 綿密히 勘案, 低賃金層의 生活賃金을 確保할 수 있는 限度에서 免税点을 随時 調整해 가는 弾力的税制를 実施함으로써 賃金政策의 側面支援을 図謀할 것임.

1974年 6月 日

4. 国民福祉年金制의 保留延長에 関한 意見

〈不況下에서 国民福祉年金制를 施行함은 그 実益보다 企業과 勤労者에게 二重의 圧迫을 주는 것이므로 그 始発에 있어 不況時期를 피하기 위하여 向後 一年間 実施를 保留할 것을 建議한 것임.〉

最近 政府는 大統領緊急措置에서 定하는바대로 国民福祉年金制를 75年 1月1日字를 期해 実施할 方針인 것으로 알려지고 있읍니다.

国民福祉年金制度는 勤労者의 老後의 生計安定을 期하려는데 그 主된 目的을 두고 있는 만큼 経済界에서도 이 制度의 導入에 原則的인 賛意를 表했던 것입니다.

그러하오나 우리 経済는 「에너지 쇼크」以来 持続되고 있는 景気後退에서 아직도 벗어나지 못하고 있을 뿐만 아니라 적어도 向後 1~2年間의 経済는 더욱 어두워져 가리라는 展望임을 勘案할 때 75年 1月1日부터 이를 施行토록 한다는 것은 百年大計를 為한 始期選択에 있어 결코 賢明을 얻는 施策이라고 하기 어려운 判断입니다.

現在 韓国経済가 解決하여야 할 緊急한 当面課題는 不景気의 深化에 따라 일어나고 있는 大量失業事態를 事前에 防止하여 社会的인 安定을 期하도록 하는데 官・民 合同의 努力이 最大限 傾注되어야 할 것으로

-22-

생각합니다. 특히 今年 下半期부터 本格的인 不況을 맞아 企業은 全般的으로 在庫가 累增되어 運營資金難과 企業收支의 惡化를 겪고 있으며 잇달은 稼動率의 低下와 交代勤務制등으로 賃金引上効果마저 相殺되어 勤労者의 実質所得이 低下될 公算이 크다고 아니할 수 없읍니다.

이러한 때에 国民福祉年金制를 明年初부터 強行하도록 한다는 것은 비단 企業뿐만 아니라 勤労者에게도 二重의 圧迫을 주게 될 것은 明白한 事実일 것입니다.

이에 國民福祉年金制는 적어도 向後 一年間은 더 施行을 留保하여야 할 것으로 思料되옵기 經済界의 意見을 모아 進達하오니 善処있으시기 바랍니다.

1974年 9月 日

5. 労動法 改正에 関한 意見

<1·14 大統領 緊急措置内容을 正常的인 法体系에 導入함은 法体制上 不合理할 뿐만 아니라 特定条項의 恒久的 立法化 措置는 오히려 労使問題를 더욱 어렵게할 우려가 있음을 경계하고 特히 団体協約 不遵守의 刑事罰化등의 再考를 要望한 것임.>

最近 政府는 1·14大統領緊急措置中의 労使関係改善에 関한 事項을 反映키 위하여 労動組合法을 비롯한 勤労基準法등 関係諸法의 改正을 推進中에 있는 것으로 伝聞되고 있읍니다.

그러하온데 지난번 1·14緊急措置는 그 内容이 意味하는바대로 緊急한 事態에 直面하여 例外的으로 취해진 措置였던만큼, 보다 長期的 眼目에 서야할 正常的인 法体系에 까지 이를 導入한다는 것은 오히려 労使問題를 더욱 어렵게 할 우려도 있는 것으로 생각됩니다.

따라서 労使関係 基本 諸法의 改正은 国際的 視野와 現実与件을 土台로한 깊은 研究·検討위에 慎重을 期하여 根本的인 改善策을 마련토록함이 賢策이라고 할 것입니다.

萬一 現在 推進中인 改正作業이 政策上 불가피하다고 한다면 労動者의 賃金債権保護를 위한 優先辨済制度의 新設등은 妥当하다고 하겠으나

-23-

자료 번호 10

자료 제목 Social Security in Korea: An Approach to Socio-Economic Development

자료 유형 정부출연연구기관 보고서

생 산 자 Chong Kee Park(한국개발연구원(KDI))

생성 연도 1975년

정 부 박정희 정부

비 고 KDI Studies in Economics

주요 내용

이 문서는 한국개발연구원에서 한국 실정에 맞는 사회보장, 특히 국민복지연금 설계를 제시할 목적으로 발행한 영문 단행본이다. 1973년 박정희 대통령에 의해 설립된 한국개발연구원(Korea Development Institute)은 우리나라 경제 전반 정책과제를 연구해 온 기관으로 사회보험제도 설계에 필요한 연구 및 정책 자료를 제공했다. 본 보고서는 한국 사회를 중심으로 사회보장의 필요성을 설명하고, 사회적 위험 발생 시 현재로서는 기존 소득을 유지할 수 있는 방안이 갖춰져 있지 않다는 점을 지적한다. 더불어, 국민복지연금제도 세부 사항 및 제도를 실시할 경우 발생하게 될 경제효과까지 상세히 다루고 있다.

Table V–1

Projected NWP Benefits as a Percentage of Preretirement Earnings for Workers First Covered at Age 40 in 1976 and Retiring at End of 1995

1974 Monthly Earnings	Replacement Rate		
	Fixed Amount Portion	Earnings-Related Portion	Total
₩20,000	38.4	20.0	58.4
35,000	21.9	20.0	41.9
50,000	15.4	20.0	35.4
70,000	11.0	20.0	31.0
100,000	7.7	20.0	27.7
150,000	5.1	20.0	25.1

Notes and assumptions:

1. Benefit levels in this calculation refers to the retired worker's primary insurance amount that is payable to the fully insured single person who first receives benefits in 1996 at age 60.
2. Replacement rates are based on the relationship between the pension and the average earnings in the 3 latest years of coverage, as prescribed in the formula.
3. Monthly earnings are assumed to increase at an average annual rate of about 10 percent.

in direct conflict, there has been a marked tendency toward the adoption of a combination of approaches which provide both a minimum floor of income to pensioners and adequate earnings-related benefits to retired workers who has been covered by a contributory pension system for a long period of years.[24]

As previously stated the benefit formula under NWP is weighted to replace a greater proportion of preretirement earnings for low income earners than for persons at the upper end of the income scale. How much of the earnings of a worker with average income would the NWP old-age pension replace in Korea and how does this compare with other countries in this respect? Table V-1 shows the results of rough calculation relating the projected amount of benefits to past earnings it would replace. The hypothetical replacement rates of NWP benefits after 20 years of coverage(1976–1995) vary from 25.1 percent for persons currently

[24] Margaret S. Gordon, "The Case for Earnings-Related Social Security Benefits Restated," in Joint Economic Committee, *Old Age Income Assurance,* Part VI: Abstracts of the Papers, 90 Cong. 1 sess. Washington, D. C.: Government Printing Office, 1968, pp. 72–8.

자료 번호 11

자료 제목 사회복지정책의 한국적 방향

자료 유형 정부 간행물

생 산 자 윤여훈(국회의원, 유신정우회 회원)

생성 연도 1977년 9월

정 부 박정희 정부

비 고 『유신정우』, 제5권 제3호, 54~58쪽

주요 내용

이 문서는 유신정우회(維新政友會)가 발간하는 회지(會誌)인『유신정우』에 실린 글이다. 유신정우회는 통일주체국민회의에서 선출된 국회의원들 가운데 대통령의 추천을 받은 위원들로 구성된 원내교섭단체이다. 통일주체국민회의는 제4공화국에서 유신헌법을 기반으로 1972년 조직된 헌법기관으로 2,000명 이상 5,000명 이하의 대의원으로 구성되는데, 유신헌법에 따르면 대통령은 그 통일주체국민회의 대의원에 의해 간선으로 선출된다(장민지, 2018). 저자인 윤여훈 의원은 제9대와 제10대 국회의원으로 유신정우회 제2, 3기 의원이었다. 기고문은 사회복지정책을 한국 현황에 맞추어 설계하도록 설득하는 데 목적이 있다. 한국은 복지활동의 상당 부분을 민간에 의지하고 있고, 해외원조에 기반한 민간구호는 수동적 사업으로 일관해 왔는데, 다가올 산업 사회에서는 경제발전으로 자연스럽게 향상되는 복지의 측면에만 만족할 수는 없다는 주장이다. 그 실행 방향으로는 한국의 가족사회 복지제도와 지역개발운동인 새마을운동을 유지·발전시키고, 사회복지정책 연구기관을 설립할 것을 제안하고 있다.

유신정우 제5권 제3호 (77년. 9월) 52-59

社會福祉政策의 韓國的 方向

尹 汝 訓

I 序 言

社會福祉란 무엇인가。

福祉란 말의 槪念이 인간의 정신적 물질적 안정 상태를 뜻하는 것이라면, 경제 개발이니 사회 개발이니 하는 말과 함께 쓰일 때는 어떠한 政策科學을 뜻하는가。福祉를 다루는 사회 정책과 제도는 경제 성장의 근대화 과정에서 왜 필요한가?

장기적으로 우리 문화적 체질에 순응해야 될 社會福祉 정책은 어떠한 것이어야 할 것인가?

이러한 질문에 대한 해답에 기여코자 하는 회 복지 문제를 깊이 생각하는 사람들의 관심 사람들은 社會福祉란 말을 대체적으로 세 원으로 나누어 얘기한다。

廣義로는 첫째, 國家 발전의 궁극적 理念 를 말하기도 하고 둘째, 그러한 理念을 향하는 구성원 전체의 복지 증진과 그 실현을 위한 는 組織體系를 뜻하기도 하며 세째, 狹義로는 人口를 대우하는 公的扶助, 社會奉仕 등의 사업 한다。社會福祉 政策의 基本方向을 얘기하고자 는 이 세개의 차원을 합쳐 전체적인 構圖의 문제어내는 일일 것이며, 우리로서는 이 사회 복지의 構圖를 구상하는 데 있어 개발적 측면에서 건전한 국민 생활의 保育分野와 脆弱人口에 대한 기술 전문 분야로 나누어 생각하여야 할 것이다.

현시점에서는 우선순위가 건전한 국민 생활의 保育에 두어야 함은 말할 것도 없고 國家 安全保障的이고 生産的이며 경제 성장 기반 확립을 위한 국민 생활 유도정책이어야 할 것이다.

社會福祉 문제는 어떠한 경제 사회 상황에서도 그에 알맞는 政策水準과 전략이 있다. 이 정책 수준과 전략이 맞지 않음으로써 낭비와 사회적 불만을 필요 이상으로 초래한다.

말하자면 국민의 참여와 발전 의욕을 계속 일으켜야 할 産業民主主義 사회에서는 封建社會의 신분적 社會狀況에서나 적합한 慈善과 박애 정신을 주장하는 복지 정책은 비합리적인 것이며 발전 도상 국가에서나 선진 産業資本主義 국가에서나 기대해야 될 社會保障 制度나 체계화된 사회 복지를 기대하는 것도 비현실적인 일이다.

사회 복지에 대하여 일치된 생각이나 행동이 없이 福祉에 대한 관심만 높여지는 일은 경계해야 될 것이므로 우선 社會福祉 정책의 목적과 전략에 대한 국민적 共同認識이 필요하고 이에 따른 거국적 사회 복지 정책의 構圖가 필요하다.

Ⅱ 共同認識

1 社會福祉의 目的

우리 나라 사회 복지 정책은 憲法의 宣言이 있고, 상당히 理念的으로 제정되어 있는 立法命令이 있고, 그에 따른 行政措處가 있다.

한편, 우리 정부가 福祉活動의 상당 부분을 의기하여 온 民間部門의 活動이 있다.

戰後에 선진 産業國家에서 도입 되어온 우리의 복지 제도는, 福祉國家 이데올로기를 立法先行으로 받아들여 형식 논리와 명분에 치우칠 수 밖에 없었고, 따라서 立法命令에 따를만한 經濟力과 行政力이 미치지 못함으로써 정부는 부족한 복지 정책에 대하여 계속 흠을 잡혀왔다.

한편, 外援의 의존으로 시작된 民間機構의 福祉活動도 그 형태가 선진국의 후진국 원조식인 救護와 자선 형태의 수동적 사업으로 일관하여 왔을 뿐이다.

이러한 현실을 배경으로 한 우리의 복지 정책의 일

53

반적인 인식은 아직 시기 상조라는 데 머물러 있는 것이다。 우리의 現社會狀況에 맞아야 할 복지 전략에 대한 체계적인 인식이 없이 산발적인 行政措處의 필요성만 매년 증대하는 것이다。

지난 15년간 일관하여 유지하여온 고도의 경제 성장에 따라 우리 福祉가 계속 향상하여 왔다。 工業化 방식의 경제 발전 일변도라고 하나 사회 발전이 없는 경제 발전은 있을 수 없기 때문이다。

다만 産業社會는, 경제 발전이 자연적으로 보장하는 社會福祉에만 만족할 수 없는 문제들이 있는 것이다。 工業化 과정에서 여러 가지 社會的 副作用이 계속 발생하고 이 문제들을 치유해야 할 필요성 때문에 복지를 계속 논하게 만든다。

당분간 유지돼야 하는 고도의 경제 성장을 위하여 社會 安定基盤이 필요하기 때문에 사회 문제를 미연에 방지해야 된다는 것이 社會福祉 정책에 대한 현실적인 목적 의식이다。

말하자면 경제 개발을 위한 相互補完的 기능으로서 社會福祉가 필수적이라는 전략적 목적 의식이다。

그러나 社會福祉 政策이 경제 개발에 효과적인 영향을 주고 社會開發에 기여한다고 해서 복지 조처가 있을 때마다 능률과 효과가 증명되는 것은 결코 아니다。

복지 조처의 일차적인 이유는 결국 특별한 관심과 配慮를 두지 않으면 낙오될 우려가 있는 국민을 예방 치유하는 것이다。

또 人口의 개별적이고 특정한 문제를 치유하는 오랜 과정을 거치면서 그 축적된 결과로서 만이 발전적인 의미가 있는 것이다。

따라서 발전적인 기능으로만 사회 복지를 생각하는 것은 擴大解釋이다。 현재 우리의 사회상이 발전 기능을 가장 필요로 하는 수준에 있다 하더라도 이 擴大解釋에서만은 社會福祉 思想의 근본적 가치를 찾지 못한다。

10년 후 또는 1백년 후의 우리의 社會相을 염두에 두는 정책을 펴나가는 자세는 국민의 社會道義와 文化意識의 문제를 基底로 삼아야 한다。 약자가 어떠한 대우를 받는가 하는 것은 어떠한 경제수준 하에서도 그 사회의 도의정신과 문화 수준으로 반영되는 것이다。

社會福祉란 결국 물질이라는 수단을 통하여 人間結束을 바라보는 정책인데 모든 국민의 道義心과 문화정신에 의존하지 않을 수 없는 것이며 거기에 의존하도록 정책의 방향이 설정되어야 함은 물론이다。

2 公私役割關係

社會福祉의 발전적인 기능을 개발하는 데 있어 인식하여야 할 가장 중요한 문제는 정부와 민간의 역할에 대한 뚜렷한 인식이다.

政府로서는 社會福祉의 역할을 증대해 가면서 실제 일선 활동에서 직접 경험을 쌓아온 民間部門의 활용에 대한 인식이 없이 정부 일변도로 감당하려는 경향이 있는가 하면 또 다른 한편 민간사업가들은 정부가 증대시켜 가는 事業意圖나 규모에 대한 충분한 이해 없이 산발적이고 단편적인 일을 정부 사업과 중복하여 수행하고 있어 政府와 民間은 서로의 특성을 살리는 相互補充的인 역할을 다하지 못하고 있다.

施設 중심으로 이념적으로 제정되어 있는 현재의 法制度만 보더라도 國家의 일방적인 활동에만 적합하게 되어 있어 민간의 참여와 호응을 조성하는 法制가 되지 못하고 있다.

사회 복지 정책의 발전적 기능은 民間參與를 최대한 고취하는 데 있으며 그러기 위하여는 民間機構를 활용하는 전략이 필요한 것이다.

民間의 복지 활동은 헌법상의 선언과 民法命令이나 행정 조처로 계획된 사업을 주어진 재정에 맞추어 수행하는 政府의 機能과는 대조적으로 그들 나름대로 여건에 따라 일반 사회의 參與를 수단으로 대중과 직접 접촉하면서 이루어지고 있다.

이들의 존재 가치는, 복지 활동이라는 媒介를 통하여 관료와 지역 사회 주민의 간격을 인간적으로 계속 연결할 수 있다는 그들의 잠재적 능력에 있는 것이다.

따라서 정부가 국민의 복지 책임을 증대하여가면 민간의 役割이 도태되거나 약화되는 것이 아니고 정부가 더욱 의존하게 되는 효율적인 資源이 되어야 할 것이다.

한편 민간 기구는, 外援에 의존하여 정부의 일과 관계없이 사업을 유지하던 타성에 의해 활동의 독립성이나 自主性 만을 강조, 政府 정책에 관련시키지 않는 자기 보호적인 환상은 버려야 한다.

민간 기구들 사이에서도 서로 協同하는 활동이 없고 情報交換도 없이 피차 閉鎖되고 있으므로 해서 浪費와 중복을 일으키고 있다는 사실은 유감이 아닐 수 없다.

福祉政策의 擧國的인 구도 위에서 정부 부담 분야와 민간 부담 분야로 구분하여 相互補充的으로 병행하는 전략을 구상해야 한다.

55

Ⅲ 政策의 基本方向

① 家族社會 福祉制度의 유지 발전

산업 사회의 자연적 추세는 개인의 복지가 보장되는 사회 건설에 있고、 産業社會 과정에서 계속되는 경제 사회의 구조 변화에 따라 발생되는 사회 문제도 결국 가정의 기능이 약화되어 이탈되는 개인의 문제인 것이다。

國家가 개인의 복지를 책임지게 되어 있는 선진 산업 국가들은 개인、 가정、 지역 사회의 복지 대상 3者 중 그 중심을 個人에 두고 있는 것이 그들의 가치관이다。

개인 별로 보장되어 있는 복지는 실제로 생활을 共營化하고 있는 社會保障을 통하여 가정의 결속을 현실적으로 필요로 하지 않게 하였으며 가정을 탈출케 하고 결국 고독한 인간의 문제를 가져왔다。

계속 개인 주의를 발전시키다 보니 결국 인간 문제의 해결과 복지가 거기에 없음을 인식하게 된 서구인들은 이제 그들도 가정 단위로 복지를 생각하는 온갖 制度와 전략을 구상하고 있다。 그러면서 한국의 가족 제도는 시대 상황에 맞추어 유지되어야 함을 강조한다。

일반 국민 생활에서 福祉와 家庭은 서로 불가분의 관계를 지니고 있다。 사람이 삶의 보금 자리를 얘기할 때 그것은 가정을 뜻하며 그러한 가정은 서로 뗄 수 없는 血緣으로 맺어진 사람들의 모임을 뜻한다。

영원히 지속되는 이 인간 관계 속에는 각종의 연령층이 있게 마련이고 그 중에는 능력 있는 사람과 保護를 필요로 하는 사람이 있게 마련이다。 이 각종의 연령층은 또한 인간의 道義心과 문화적 관계를 그리는 가장 적은 社會版圖를 이루기도 한다。

따라서 가정이 그 역할과 책임을 다 할 때는 가정 구성원은 복지를 느끼게 되고 사회는 안정된다。

양노원이나 고아원이라는 시설이 계속 늘어야 한다는 것은 누구의 보호를 받아야 할 사람이 家庭을 이탈한다는 뜻이고 家庭이 그 역할을 다하지 못하고 있다는 뜻이다。

韓國的 社會의 근대화와 건전한 국민 생활의 보전을 위하여는 건전한 가정의 保全이 절대적 관심사가 되어야 하며 건전 가정의 保全을 중심으로 하는 福祉施策을 펴나가야 한다。

<새마음>으로 새롭게 표현되는 忠孝思想은 家庭福

祉를 위하여 새로운 社會敎育이 될 것이나, 다만 이러한 정신적 자원이 실효를 거두게 하기 위하여는 가정 중심의 福祉制度를 통한 정책적 뒷받침을 구상하여야 할 것이다.

말하자면 복지 대상인 개인의 문제를 가정속에서 가족 구성원이 해결하기 위하여 가족이 社會保障的 체제를 갖출 수 있도록 지원하는 정책을 구성하는 일이다.

[2] 새마을 운동

지역 사회 문제는 새마을 운동을 계속 발전 유지시켜 제도화하면 될 것이다.

새마을 운동을 제도화한다는 것은 새마을 운동의 사회 복지 도입을 뜻하는 것이 될 것이다.

새마을 운동은 우리 나라에서 6·25動亂 이후 선진국 원조에 의하여 救護와 慈善事業으로 유지하여 온 종래의 사회 복지의 이미지를 깨고 지역 사회에 자발적인 활기를 심어 주기 시작한 대표적인 지역 사회 개발 운동이다.

새마을 운동은 이제 점차적으로 官主導型의 인상을 벗어나 지역 주민의 자발적 참여가 증대되고 있다.

새마을 사업을 통하여 정부가 심어놓은 국민의 自助, 自立, 協同 의식을 바탕으로 지역 문제는 지역 주민이 스스로 해결하자는 이 사회 운동은 국민이 사회 개발을 수용하는 단계임을 뜻한다. 社會計劃의 추진을 각 민간 단체로 나눌 때 국민을 직접 접하는 단위 지역 사회에 침투하는 단계에서는 하나의 사회 운동의 성격으로 유지되어야 할 것이다.

사회 운동이라는 것은 주민의 신념과 사회 정의에 입각하는 것이므로 住民이 自助能力과 獨立心을 갖도록 격려 받을 뿐 아니라 道義心과 社會 連帶意識을 기르게도 된다.

사회 복지 정책의 결과에서 기대할 수 있는 것은 결국 인간의 연대 의식이라고 결론 내리는 사회학자의 말에 비추어 보아도 협동의 새마을 운동 전략은 사회 복지 운동인 것이다.

사회 복지 운동으로서의 새마을 운동을 위하여 정책적인 配慮를 하도록 지적하여야 될 문제를 검토해 보자.

첫째, 지역 사회 단위의 사회 개발의 媒介體로서 政府의 계획은 말단에서 개별화되어야 하며 지역 사회 주민과 연결되는 역할을 담당하는 組織을 두어야 한다는 점이다.

이러한 기구는 그 지역의 社會福祉 활동 센터로서

사회 복지 전문가가 배치되어 운영하여야 하되 그 지역의 각종 복지 문제를 조사하고 미연에 방지、治癒하여야 할 것이다。 뿐만 아니라 그 지역 사회 봉사원들이 참여하는 住民總和의 多目的 센터로서도 운영될 수 있다。 현재 民間機關이 운영하고 있는 社會福祉館들은 경영면、地域性、事業內容 등을 고려하여 福祉館의 「모형」을 재구상하여야 할 것이다。

둘째、精神啓發、生活의 합리화、환경 개선、소득 증대로 설정되어 있는 새마을 운동의 기본 목표에 비추어 새마을 硏修院의 교육은 우리 나라 각종 地域社會 주민과 지도층 인사들의 市民的 意識啓發에 전대적인 基礎敎育이 되고 있다。 그러나 이러한 基礎敎育을 확충시켜 지역 사회 봉사원들에게 사회 운동의 기술적인 方法을 가르치는 敎育도 검토되어야 할 것이다。

지역 사회 문제를 주민 스스로 해결하려는 自助力을 발전시키기 위하여는 지역 사회 奉仕員 계발이 무엇보다 필요하다。

어느 지역 사회나 독특하게 奉仕精神을 발휘할 태세가 있고 자발적으로 참여하는 주민들이 있게 마련이다。 이런 自發精神이 합리적으로 승화되지 못할 때 變態的으로 소모되거나 오히려 사회 문제를 일으키기도 한다。

민간 기구를 통하여 〈지역 사회 봉사원 大學(가칭)〉 등을 운영하게 함으로써 농촌에서는 面 단위、都市에서는 洞 단위로 이 일꾼들에게 自治力、指導力을 향상시켜 주는 제도적 터전을 마련할 수 있을 것이다。

Ⅳ 結 言

1 社會福祉 靑寫眞

우리 나라의 社會福祉 政策은 계속 행정적인 시책으로만 끌고 갈 수 없다。 福祉哲學에 대한 공동 인식위에 제도화되어야 할 것이다。 그러기 위하여 정부는 社會福祉政策에 대한 종합적인 靑寫眞을 갖추어야 한다。

社會 福祉政策이 되느냐 안 되느냐 하는 문제는 財政能力에만 있다기 보다 장기적이고 擧國的인 構圖가 갖추어져 있느냐는 여하에 달려 있는 것이다。

정부는 경제 개발을 위하여 5개년마다 그 진행 과정의 목표를 설정하고 있어 온 세계가 경탄하는 성장을 하여 왔다。

社會福祉 政策에서도 국민 소득 수준에 따르는 사회 경제 상황에 비추어 복지 정책 접근의 構圖를 시기별로 마련하여 人力、財政 등을 확보하여야 할 것이다。

政府가 재정 부담을 계속 늘여야 하지만 財政의 증대만이 효과적인 복지 정책이 되지 못한다는 것은 현재 시행 중에 있는 의료 보호 사업에서도 경험하고 있다。

先進 産業國家들을 보아도 福祉費 지출은 경제적 수준에서보다 그 나라의 社會構造와 文化의 특성에서 더 크게 좌우되고 있다。

우리도 福祉指向 국가로서 국민 생활에 대한 국가의 개입은 社會福祉의 靑寫眞에서 시작되어야 할 것이다。

② 社會福祉政策 연구 기관

政府의 社會福祉 靑寫眞 마련을 위하여는 복지 정책을 종합적으로 연구하는 指揮塔이 있어야 할 것이다。

國內外 專門家、정부와 민간측의 정책 결정자들、기타 유지들、사회 복지 대상층의 인사 등으로 구성하여 종합적인 정책을 연구하는 한편 정부와 민간의 역할과 사업에 대한 정책 자료를 제공할 수 있도록 研究調査의 기능도 갖추도록 해야 할 것이다。

종합적으로 연구 조사하고 장기적인 정책을 마련하는 노력은 4차 5개년 계획 중에 추진되어야 1980년대 전반에 복지 사업의 정착 體系化를 거쳐 1980년대 후반에 社會福祉 振興期를 맞이하게 될 것이다。*

〈國會議員・維政會〉

자료 번호 12

자료 제목 국민연금제의 개선촉구

자료 유형 이익단체 건의서

생 산 자 한국경영자협회(현 한국경영자총협회)

생성 연도 1979년

정 부 박정희 정부

비 고 한국경영자협회 사업보고서(1979), 5~10쪽

주요 내용

이 문서는 1979년 국민복지연금제도 시행을 앞두고 한국경영자협회가 향후 2~3년의 보완 기간이 더 필요하다고 건의하는 내용을 담은 건의문이다. 기업 상황, 사회보장정책적 측면, 소득에 미치는 영향, 노동계층 내 불평등을 이유로 제도적 보완이 필요하다고 주장한다. 2차 오일쇼크를 겪은 국내 기업들은 1차 오일쇼크를 겪은 1973년보다 더 어려운 시기를 지나고 있다는 점을 피력하고 있다. 반면 노동자 입장에서 노후안정 보장보다 실업보험제도 도입이 더 시급하며, 국민복지연금제도 시행은 당장의 가처분 소득을 감소시킨다는 우려를 나타낸다. 그리고 국민복지연금제도를 적용받게 될 노동자들은 국제 수준에 비추어 월등한 수준의 퇴직금제도 혜택과 의료보험, 산재보험의 보장을 받고 있는 계층이라는 점을 든다. 이는 상대적으로 노동여건이 취약한 군소 영세기업 노동자 및 자영업자들과 비교할 때 과중한 복지혜택이 집중되는 결과를 낳아 형평성에 맞지 않다고 보았다.

2. 賃金은 個別 業種別 生產性의 크기와 投入勞動의 質및 作業條件의 好·不好에 따라 그適正隔差가 이루어져야 하는 것임으로 前記算出率을 準據로 個別業種의 特殊性을 反映하여야 할 것임. 그러므로 79年度의 適正賃金 引上率=19.2%±α가 되어야 할 것임.
3. 앞서 算出된 引上率은 總体 賃金支給資源의 增加率을 뜻하는 것임으로 企業内 賃金所得階層間의 均衡을 위하여 低水準賃金層의 年次的 改善策을 重點配慮코 下厚上薄의 原則에 따라 調整토록 할 것임.

三. 福祉年金制의 改善促求

1. 國民福祉年金制度 導入에 대한 意見

國民福祉年金制度는 2～3年의 準備期間을 두고 内容을 補完한 後 보다 成熟된 時期를 擇하여 實施토록 建議한 것임(1979年 5月3日 建議).

福祉社會의 實現은 國家의 主要政策目標인 만큼 國民福祉年金制의 導入은 매우 緊要한 長期政策課題의 하나라고 생각됩니다.

그러나 이러한 制度는 韓國的 福祉의 틀을 마련하는 重要한 國家制度的 骨格의 하나가 되어야 하므로 그 導入 實施에는 經濟開發과 國民福祉의 實現이라는 政策的 見地에서 提起되는 事項들을 愼重히 檢討하는 作業이 先行되어야 할 것으로 생각됩니다.

이에 經濟社會的 與件과 國民的 合意에 입각, 다음 諸點을 充分히 考慮하여 보다 成熟된 時期를 擇하여 實施돼야 할 것으로 생각되어 經營界의 意見을 提示하오니 施策에 反映하여 주시기 바랍니다.

— 다 음 —

첫째, 現在 우리나라의 經濟與件은 福祉年金制度 導入을 위해 立法措置하고 實施를 留保했던 73年當時보다 오히려 어려운 狀況下에 있음.

① 에너지難과 國際原資材價格의 急騰 推勢로 因해 인플레壓力이 加重되고 對外 競爭力에 至大한 影響을 미칠 現時點에서는 企業코스트高를 加重하는 이러한 措置도 바람직 하지 못하며

② 政府가 總通貨增加率을 昨年의 37.4%에서 25%로 抑制하는등 緊縮政策을 强行하고 있는 與件에서 企業의 資金負擔 能力이 限界를 넘어서고 있으며,

③ 輸出競爭力의 提高를 위한 施設改替와 產業構造高度化를 爲한 重化學工業 投資에 방대한 資金需要가 豫見되고 있어 앞으로 企業의 資金難은 더욱 加速化할 展望이며,

④ 企業의 財務構造가 極히 不健全하여 自己資本比率이 21.4%에 不過하고, 負債比率이 367.2%에 이르고 있어 經營健全化 努力이 一層 要求되고 있음.(表Ⅰ)

— 12 —

둘째, 社會保障政策의 觀點에서 볼때 오히려 優先 導入 實施되어야 할 것은 國民福祉年金制보다도 失業保險制度라고 생각됨.

① 産業構造의 急速한 變動으로 低成長 斜陽産業部門이 發生함에 따라 이들 産業從事者들의 轉職, 再就業을 위한 有效한 制度的 保障이 切實하며,

② 現在 勞動廳이 推進中에 있는 職業安定網의 組職과 그 運營의 實質化를 위하여는 반드시 職業訓練과 失業保險制등 三位一体의 制度的 뒷받침이 있어야 하며,

③ 國民福祉年金은 所得源을 가진 一般勞動者에게 將來의 生活安定을 保障해 주는 一種의 貯蓄行爲인 것이나 現時點에서는 그보다 失業 또는 마찰적 失業狀態에 있는 勤勞者들을 위해 安定된 所得源을 保障해 주는 것이 보다 現實的 課題라 할것임.

세째, 國民福祉年金制의 早期導入은 勤勞者의 可處分所得을 減少시키는 새로운 負擔要因이 될것임.

勤勞者로서는 生活安定 및 賃金向上이 무엇보다도 時急한 課題이며 物價의 高率上昇이 繼續되는 이때 向後 20年을 내다보는 長期保險的 性格의 年金制는 免稅點 以下의 勤勞者가 큰 比重을 點하고 있는 現實에 비추어 當場의 負擔을 增加시켜 年金制에 對한 說得力을 얻기 어렵게 할 것임. (表2)

네째, 現在 構想되고 있는 國民福祉年金制度는 全体國民을 위한 福祉實現面으로 보아 衡平의 原則에 어긋날 素地가 있다고 할 것임.

① 勤勞基準法上 企業은 現 國民福祉年金法上의 給與보다도 國際水準에 비추어 越等한 內容의 退職金制度를 갖고 있을뿐 아니라

② 이들 退職金制度 適用業体의 勤勞者는 醫療保險·産災保險의 適用·保護까지 받고 있어 相對的으로 脆弱한 勤勞條件下에 있는 群小零細企業 勤勞者는 勿論 自營業者·農漁民에 比한다면 二重, 三重의 福祉施惠를 받게 되어 低所得層 保護라는 衡平의 原則에 어긋나는 것임.

다섯째, 人口構造的인 側面에서 볼때, 아직은 老後問題에 重點을 둔 福祉制度는 그 緊迫性이 적은 것임.

① 現在 우리나라는 靑年型 人口構造를 갖고 있어(表3) 60歲 以上의 老齡人口가 不過 6% 에 그치고 있으며(表4)

② 1991年度에 이르러서야 人口構造上 7.8%程度의 老齡人口(60歲以上)가 生成되어(表4) 先進諸國의 年金制 導入의 初期的 人口構造를 보일 展望임. (表5)

〈對 策 方 向〉

以上 問題提起에서 살펴 본 바에 비추어 福祉年金制度의 先行要件인 物價安定, 所得向上 等이 充足될 때까지 同制度의 導入을 2~3年의 一定 準備期間을 두어 留保하고 다음과 같은 기본적 사항에 대하여 綜合的인 補完, 硏究, 先行作業을 實施할 것.

— 13 —

제 II 부

국민연금제도 재논의와 시행
(1980~1988년)

자료 번호 13

자료 제목 복지사회의 과제와 정책방향

자료 유형 이익단체 발간자료

생 산 자 전국경제인연합회

생성 연도 1981년 4월 10일

정 부 전두환 정부

비 고 경제토론시리즈(10), 79~102쪽

주요 내용

이 문서는 1980년 10월 17일 전국경제인연합회(전경련) 주최로 열린 '복지사회의 과제와 정책방향' 토론회의 주제 논문과 이에 대한 토론 내용이다. 전경련은 1961년 기업인들이 자발적으로 설립한 경제인 단체로, 창립 당시 '한국경제인협회'라는 이름으로 시작해 1968년 '전국경제인연합회'로 명칭을 변경하고 지금까지 사업을 진행해 오고 있다. 1981년에는 복지사회를 주제로 경제토론시리즈를 진행했는데, 한국개발연구원 소속 주학중 수석연구원은 주제논문을 통해 20년간의 고도성장 전략에서 복지 사회로의 방향 전환을 주장한다. 정부 연구기관, 학계, 기업, 언론 관계자들이 참여한 토론에서는 한국적 복지의 틀과 시장경제의 불안정성 개선 방안을 모색해야 한다는 사회적 필요를 공감하고 있으며, "국민의 기본적 복리와 이를 충족시키기 위한 기본생활요건"의 내용과 수단에 대한 합의가 필요하다고 보았다.

◇主題發表 朱 鶴 中 (KDI 首席硏究員·經博)

◇討論參加(가나다順)

金	立	三	(全經聯副會長·司會)
金	錫	煥	(한국스핀들 社長)
邊	衡	尹	(서울大敎授·經博)
柳	承	旲	(유한킴벌리〈株〉社長)
李	喆	晟	(成大敎授·經博)
林	升	準	(新亞日報主筆)

◇ 主題論文 ◇

福祉社會의 課題와 政策方向

朱　鶴　中
(KDI 首席研究員・經博)

오늘날 國家發展 指標로서 제시되고 있는 福祉社會의 건설은 늦은 감이 있으나 지난 20년간 추구하여 온 고도성장 전략으로부터의 올바른 方向轉換이라고 하겠다. 그러나 사람들이 지닌 觀念이나 知識은 復古主義的 경향이 있어(일단 배움의 과정을 거친 旣成世代일수록, 특히 우리나라와 같이 平生敎育의 기회가 제약된 곳일수록 익숙한 概念에 집착하고 새로운 概念에 저항하는 경향이 있다. 이리하여 「成長을 위한 成長」이나 「福祉를 위한 成長」이 지닌 논리적 결함과 현실적 부작용에도 불구하고 福祉制度의 導入에 대하여 소위 「英國病」을 들며 반대하는 입장을 취하는 것을 볼 수 있다. 이는 旣成世代의 保守的인 경향과 구더기 무서워 장 못 담그는 어리석음을 잘 나타내는 것이라 하겠다.

여기에서는 제약된 지면을 통하여 市場資本主義와 成長主義의 결함의 제거를 위한 노력에서 비롯되는 福祉社會의 背景, 福祉社會의 주체로서 福祉國家의 定義, 우리의 과거와 현실을 감안한 복지사회의 과제와 정책방향을 토의자료로 主催者의 요청에 따라 제시하기로 한다. 福祉社會에로의 길은 하나가 아니기 때문에 좁은 지면에 포괄할 수 없고 복지사회의 관련된 基本概念

이 通說的으로 확립되어 있지 않기 때문에 여기에 提起된 것은 개인적 입장임을 前提하여 둔다.

어떠한 成長論者라도 1인당 GNP의 증가만이 성장의 목적이라고는 하지 않을 것이다. 成長이 국민복지의 증대와 경제발전의 수단임을 인정하면서도 성장에 역점을 두는 것은 價格과 效用, 所得과 福祉가 正의 函數關係에 있고 성장의 果實이 커짐에 따라 점차 低所得階層으로 所得의 擴散效果(trickling down effect)가 발생하며, 국민의 다양한 욕구는 눈에 보이지 않는 손에 의하여 市場메커니즘의 需給裝置를 통해 合理的으로 充足된다는 가정을 신뢰하기 때문이다.

그러나 우리의 高度成長의 경험과 市場資本主義의 현실은 이러한 안전장치의 기능을 하는 가정의 그릇됨을 시사하고 있다. 즉 油類波動 이후 수십배로 인상된 原油價가 産業國의 소득수준의 증대에 그대로 기여하였으나 國民福祉를 같은 倍率로 증진하지 못했고 우리의 70년대 고도성장은 所得不平等度를 심화시켜 소득의 擴散效果의 실효가 없었으며 근년에 都市 無住宅勤勞者階層은 성장에 따른 소득증대에도 불구하고 年間貯蓄額을 專貰金增額에 충당하는 데 급급한 실정이다.

더우기 우리나라와 같이 對外指向的 고도성장을 추구하는 데 있어서 天然의 賦存資源이 없이 부지런하고 교육받은 풍부한 노동력을 그 原動力으로 삼아왔던 바 고도성장을 이룬 오늘의 경제현실은 국민의 開發意志와 成就動機를 집약하는 과정에서 제시한 밝은 未來의 靑寫眞 및 그에 따른 상승된 국민의 輿望과 기대수준에 미흡하다.

여기서 파생하는 虛脫感과 所得不平等度에서 오는 所得階層間 違和感은 外國의 경우 허쉬만(A.O. Hirshman)의 「터널效果」와 不平等度에 대한 容認度의 변화가 정치적·사회적 불안요인을 형성하여 한 때 模範開發途上國이 「발전의 狼狽」로 돌변하는 결과를 초래하였다. 우리나라의 경우 전술한 바와 같은 經濟成長의 원동력을 沮害하고 성장의 한계에 직면케 할 가능성이 있으며, 南北關係의 特殊性을 감안한다면 이로써 형성되는 불안요인은 國家

安保에 까지 영향을 미칠 수 있다.

이상과 같은 自由資本主義와 成長優先論의 결합과 부작용에 대하여 公益과 私益을 조화시키는 책임을 지닌 近代國家로서 어떠한 입장을 취하느냐 하는 것이 전통적인 市場資本主義와 근대적인 福祉資本主義(welfare capitalism)의 分岐點이다. 다시 말하면 福祉資本主義를 추구하는 福祉社會에서는 국민의 基本的 福利(basic well-being)가 適者生存의 자유주의 원칙이나 개인적인 방편과 대처에 放任될 수 없다는 문제의 중요성을 인식하는 데에서 출발하여 이를 政府가 보장하기 위하여 가능한 모든 것을 다하려는 政治的 決意가 擬制化된 制度的 結果가 「福祉國家」이다.

福祉社會, 福祉國家의 이념은 이상과 같이 간단히 규정할 수 있으나 이 개념을 구체화하는 데 적지 않은 문제가 있다. 그 몇 가지를 들면 첫째, 福祉社會 實現의 역사적 전개과정에 있어서 복지사업의 내용이 富者나 宗教機關의 自發的 私的 扶助, 中世紀와 產業革命 初期의 公的 救貧政策, 產業革命 후기에 工場制度의 병폐에 대비한 勤勞者 保護와 사회적 위험으로부터 보호하기 위한 社會保險, 근대사회에 있어서 最低賃金制度와 社會保障, 보다 발전된 형태로써 국민의 基本生活 要件의 充足과 각종 사회문제에 대한 대책 등으로 進化하여 왔기 때문에 識者間에도 福祉社會를 실현하는 프로그램에 대하여 합의점을 찾지 못하고 있다. 근래의 입장은 국민의 基本的 福利에 직결된 기본생활요건의 충족과 제기된 심각한 사회문제에의 대처를 그 대상으로 삼는다.

둘째로 다양하고 무한한 사람의 欲求에 비추어 국민의 기본적 복리와 이를 충족시키기 위한 기본생활요건을 「무엇을 어느 정도」로 규정하느냐 하는 것이다. 주어진 시점에 있어서 한 나라의 基本生活 要件은 발전단계에 相應하게 經濟社會의 여건에 따라 구체적으로 규정되어야 하며 이에 대하여는 學者間의 異見을 조정한 共感帶를 형성하여야 할 것이다.

세째로 정책당국이 政治的 決意로써 표명한 福祉社會의 실현에 있어서는 政策的 介入을 「어느 水準에서 어떤 手段으로」 할 것인가 하는 문제이다. 국

88

◇ 討論內容 ◇

韓國的 福祉의 틀

〈金立三 副會長〉

金立三 : 主題發表를 통해서 福祉國家 내지 福祉社會建設에 관한 기본적인 문제점은 죄다 말해 준 것 같다.

이 자리에서 요청하고 싶은 것은 주제발표에서 福祉國家의 理念, 지금까지 우리가 걸어온 길, 旣成 메카니즘의 병폐, 앞으로 意識構造의 革命까지 이야기해 주고 있으나 가급적이면 우리의 現實에 맞추어서 照明을 비추어 보았으면 좋겠다.

일반적인 이야기를 해 보아야 그것은 江건너 이야기이고 「우리가 어떻게 할 것이냐」 하는 것이 문제이다.

한 시대의 流行語가 政治的으로 쓰여졌다고 해서 用語를 자꾸 버리는 경향이 있는데 韓國的이란 용어를 한참 동안 쓰다가 지금은 조금 주춤해 있는 것 같다.

어째서 주춤해 있는지 사회자도 모를 일이다.

그런 의미에서 이번 討論會에는 韓國的인 것이 한 마디 한 마디에 풍성하게 쏟아져 나오도록 토론을 전개해 줄 것을 부탁한다.

市場經濟의 不安定性의 矯正

〈金錫煥 社長〉

李喆晟 : 나는 財政學을 공부하는 입장이기 때문에 복지문제를 財政을 중심으로 말해보려 한다.

역시 社會福祉가 民間部門에서도 상당한 포션을 차지하고 있지만 政府部門의 비중이 상당히 큰 것이기 때문에 재정문제의 차원에서 주의깊게 살펴보았다.

사회복지의 성격을 財政的인 측면에서 보면 이에 필요한 財貨와 用役을 사회적으로 어느정도 欲求, 즉 需要할 수 있느냐 하는 것이다.

또 이러한 수요의 틀에 따르는 사회적인 費用을 어느 수준에서 국민이 부담하느냐를 결정하는 문제라고 생각한다.

이것은 市場機構에서 좌우되는 것이 아니며 사람들이 갖고 있는 욕구가 많다 하더라도 이를 客觀的으로 평가할 수는 없다.

그러니까 사회적으로 정치적으로 결정할 일이다.

이같은 논리는 여러가지 토의를 통해서 활발히 전개되고 또 傍證을 통한 國民的 合意에 의해서 추진되어야 한다고 느끼고 있다.

經濟學이란 것은 사람들이 무한한 욕구와 또 확보된 최소한의 수단으로 어떻게 대립을 조화시키느냐가 아니겠는가. 여기서 제기된 福祉 역시 우리들의 무한한 욕구의 대상이다.

그러나 政府財政이나 民間으로서나 資金動員에 있어서 제한이 있기 때문에 이러한 對立關係를 韓國的인 입장에서 어떻게 조화시키느냐 하는 방법이 문제이다.

福祉問題를 또 다른 면으로 생각해 보면 한 나라의 국민 모두가 고르게 현재보다 좀더 잘 살기 위한 무한한 욕구와 제한된 수단을 어떻게 조화있게 맞추느냐 하는 의도적인 선택이기도 하다.

資本主義 經濟는 경제활동의 자유가 보장되고 동시에 국민의 생활수준이 향상되고 소득이 비교적 적정하게 분배되며 完全雇傭이 달성되기를 바란다

〈邊衡尹 敎授〉

는 전제 하에서 資本主義의 環境이 보호 및 보장되고 進行되어 나간다고 생각한다.

다시 말해서 기업이 利潤을 추구하는 經濟活動, 그리고 家計가 욕망충족을 위한 경제활동의 極大原理에 따른 私的 利益이 대다수 국민이 바라는 생활수준의 향상 및 소득의 적정 분배라는 公的 利益과 부합되는 메커니즘이 될 때 資本主義라는 基本原則이 존중될 것으로 본다.

우리 주변의 市場狀況을 볼 때 獨占的인 要素가 상당히 많이 있다.

예를 들면 小數의 大企業이 시장을 독점하고 中小企業들도 소위 同業者組合을 형성해서 資源의 最適配分 효율이 발휘되지 못하고 있다.

또 기업의 과대선전을 통한 陳腐化政策으로 더 쓸 물건을 못쓰게 하고 곧 다른 물건과 對替토록 하는 등 消費性向을 慢性化시키는 방법을 취하고 있다.

이 때문에 소비자의 주장이 歪曲되고 또는 소비자의 기풍이 상실되고 나아가서는 자원이 낭비되는 市場經濟의 不完全性이 나타나고 있다.

이를 矯正하려면 獨寡占規制, 公正去來, 品質規格化 등 자원의 最適配分面에서 公的介入이 불가피하다.

복지를 위한 돈도 필요하지만 시장경제의 不完全性에서 나타나는 문제점을 교정하는 데 드는 사회적인 비용증가로 국민의 조세부담도 커져 가고 있다.

정부의 예산을 보더라도 防衛費가 33.4%, 一般行政費는 財政補助金, 地方稅 등을 합쳐서 24.8%이나 社會開發費는 4.9%에 지나지 않고 있다. 이런 상황 속에서 사회개발비의 염출을 위해서 예산의 다른 부문을 줄인다는 것도 어려운 실정이다.

韓國的 風土와 與件의 考慮

金立三: 李박사가 좋은 말씀을 많이 해 주어서 페이퍼가 두 개가 나온 셈이다. 다만 내가 「韓國的」이라는 말을 강조한 것은 우리 나라의 풍토 위에서 福祉란 概念을 적용하는 것은 여러 가지 생각할 점이 있다는 의미에서이다.

〈柳承昊 社長〉

누구라도 복지국가를 이룩해야 한다는 사실과 여유있는 사람이 덜 가진 사람에게 자기가 가지고 있는 것을 나누어 돌아가도록 해야 한다는 점에는 異論이 없을 것이다.

문제는 그 원칙을 韓國的인 風土와 여건 속에서 생각해야 되는 점들이 어떤 것이냐 하는 것이다. 나는 朱박사가 主題發表에서 좋은 말씀을 했다고 생각한다. 왜 같은 빵을 두고 어떤 사람은 고맙게 느끼면서 먹는데, 또 어떤 사람은 당연히 먹을 것을 먹었고 더 나아가 맛이 없는 빵이라고 불평하고 권리가 침해된 것 아니냐고 생각하는 경우가 있는가 하는 점이다.

우리가 논할 때 어떻게 하면 고맙다고 느끼고 그에 대한 보답으로서 어떤 방법으로 기여할 것인가를 국민이 생각할 수 있도록 복지사회를 이끌어 가는 방법이 무엇이며 그것이 韓國的 風土 위에서는 어떤 것이 되겠는가가 문제다.

오늘날 西歐諸國의 복지사회가 병들게 된 것이 이런 면을 도외시했기 때문에 그렇게 되진 않았을까 하는 생각에서 韓國的이란 말을 자꾸 강조케 된다.

財源調達에 의한 分配問題도 중요하지만 그런 것을 어떠한 經路, 制度 및 營爲形態를 통해 기능케 할 것인가가 또한 중요한 문제가 될 것이다.

가급적이면 당사자들을 참여시켜 自律的으로 수행해 나가는 것이 좋다. 모든 것을 정부가 주도해서 나누어 주는 식의 복지는 권리만을 주장케 되고 빵을 받아도 고맙게 느끼기 보다 당연히 해 주어야 할 일로 여기게 될 것이다.

韓國的인 風土, 즉 오는 정 가는 정이 現代的 福祉概念이나 政策에서 어떻게 재생되고 구현될 것이냐는 의미에서 볼 때 韓國的이란 면이 강조된 복지의 견해와 이야기가 필요하다.

朱鶴中 : 成就의 動機는 교육 받아가며 열심히 일하는 근로자에게 불어넣어 주어야 한다.

企業은 근로자들에게 賃金을 많이 준다고 하지만 그 돈으로 큰 호텔에 가서 점심 한 끼 먹기 힘들다.

복지문제는 企業內에서 企業人들과 勤勞者들이 서로 오는 情 가는 情 속에서 추진되는 것이 바람직하다.

70년대 初半期만 하더라도 大學教授의 월급 갖고 술 한잔 멋지게 먹을 수 있었으나 지금은 어려운 실정이다.

요즘은 팁만 하더라도 거의 술값과 맞먹고 있다.

이것도 회사 돈으로 술 먹는 사람들이 올려 놓았다고 해도 크게 잘못은 아닐 것이다.

선심으로 내는 팁을 회사에서 일하는 근로자들을 위해 조금이라도 寄與했더라면 지금과 같이 심각한 福祉問題는 提起되지 않았을 것 같다.

金立三 : 따뜻한 情誼가 넘치는 社會의 基本이 되는 것이 바로 人道主義이다.

이러한 것이 啓發되고 뿌리가 내리도록 각자가 노력하고 서로가 對話를 나누는 중에 國民的 合意가 이루어진다.

흔히들 不況 속에서 내일의 경제가 어찌 될지 모르는데 福祉 云云 하느냐는 사고방식부터 고쳐 나가야 하겠다.

없으면 없는대로 우리가 따뜻한 마음으로 생각한다면 바로 그 곳에 福祉가 있지 않겠는가. 「내일 종말이 오더라도 나는 오늘 사과나무를 심겠다」는 자세가 중요하다고 본다.

◇ 討論을 마치고 ◇

高次元의 資源의 適正配分

李 喆 晟
(成大 敎授 · 經博)

우리 사회가 직면하고 있는 福祉社會의 건설문제를 다룬 이번 討論會는 역시 시간적 제약으로 많은 아쉬움을 남겼다. 그러나 이 문제의 本質的 解決을 위한 접근에는 상당한 成果가 있었다고 생각한다.

토의에서 거론된 主要內容을 요약해 보면, 첫째로 現段階에서 볼 때 우리 사회가 지향해야 할 福祉의 內容이 과연 무엇이며 그것을 어떤 水準으로 향상시켜야 할 것인가, 둘째로 우리가 당면하고 있는 成長과 福祉의 두 가지 문제를 두고 앞으로 이 兩大 問題를 어떻게 調整 · 調和시켜 나가야 할 것인가, 세째로 복지사회의 건설을 능률적으로 또 확실하게 追進하기 위해서는 그 主導的 役割은 누가 담당해야 할 것인가, 네째 우리의 제한된 可用資源을 가지고 그것을 보다 效率的으로 활용하기 위해서는 그 資源을 어떻게 動員配分해야 할 것인가라는 문제들이었다고 생각한다.

먼저 복지의 內容問題에 있어서는 소극적으로 國民의 福祉에 직결되는 기본적인 生活要件의 충족 만을 그 내용에 포함시킬 것인가, 아니면 나아가 적극적으로 社會保障의 중심이 될 富와 所得의 再分配問題까지 이를 확대해서

자료 번호 14

자료 제목 국민복지연금 빠르면 87년부터 시행, 월급 7%선 부담

자료 유형 신문 기사

생 산 자 조선일보

생성 연도 1984년 9월 14일

정 부 전두환 정부

비 고 –

주요 내용

이 문서는 전두환 정부가 국민연금제도를 빠르면 대선이 있는 1987년부터 실시할 계획이라는 것과 그와 관련한 주요 방침을 보도한 신문 기사이다. 1973년 법 제정 이후 14년 동안 시행이 미뤄져 왔던 국민연금제도에 대해 전두환 대통령도 집권 초반에는 '시기상조'로 여겼지만 주변 참모들의 지속적인 설득에 제도 시행을 결정하게 되었다고 알려져 있다(국민연금공단). 기사는 기업주 4%, 근로자 3% 수준에서 부담률을 제시하고 근로의욕 상실과 저축심 저하를 막기 위해 연금액을 기본생활이 가능한 수준으로 최소화한다는 내용이다. 반면, 대한상공회의소는 퇴직금을 연금으로 흡수하는 국민복지연금제도의 재검토를 요구했다.

자　료

국민福祉연금 빠르면 87년부터 시행

월급 7%線 부담

企業4% 근로자3%

정부는 국민복지연금제를 빠르면 오는 87년부터 실시하고 노후생활보장을위한 연금은 기본생활을 할수있을정도로 최소화하되, 사업장근로자 자기사업을하는 사람부터 우선 이 제도를 적용할 방침이다.

보사부는 13일오후 보사부회의실에서 열린 국민복지연금제도실시를 위한 제1차준비위원회(위원장 金正禮보사부장관)에이같은내용의기본계획을보고했다.

이 계획에 따르면, 기금조성은사업주와근로자가일정비율로 보험료를 분담하고, 자기사업을 하는 사람은 자진신고에 따른 소득액을 기준, 일정비율의 보험료를 내도록했다. 또 기본연금에 물가변동에따른 가급(加給)연금을 포함시키도록 했으며, 기본연금은 연금대상자면 누구나 받을수있는 정액부분과 연금을 받기 전의 소득에 비례해 받을 수 있는 소득비례연금으로 구분했다. 적용범위는 일정수이상의 근로자를고용하고, 월급여액이 일정수준이상인 사업장과 자기영업을하는 사람에게 우선 적용키로 했다.

보험률은 시행초기에는 선진복지국가들보다 다소낮은 보험률을 적용, 기업주와 근로자의 부담률을 월급여액의 7%(기업주 4%, 근로자 3%) 수준이 되게하며, 선진복지국가에서 나타나고있는 근로의욕상실·저축심저하등을 막기위해 연금액수는 기본생활을 할수있도록 최소화하기로 했다.

"福祉연금 재검토를"

大韓商議건의

대한상의는 13일 퇴직금을 연금으로 흡수하는 국민복지연금제도의 시행은 실업보험적 성격을가진 현행 퇴직금제도의 의의에 크게 배치된다고 지적, 노동부에대해 이제도실시를 재검토하도록 건의했다.

자료 번호 15

자료 제목 국민복지연금제의 문제점과 발전방향(상, 중, 하)

자료 유형 이익단체 발간자료

생 산 자 임양택(한양대학교 교수)

생성 연도 1984년, 1985년

정 부 전두환 정부

비 고 『월간 경영계』 제87권, 38~45쪽; 제88권, 34~38쪽; 제89권, 33~37쪽

주요 내용

『월간 경영계』는 한국경영자총협회에서 1976년부터 2014년까지 발간한 간행물로 경영계 주요 이슈를 담고 있다. 이 문서는 한양대학교 임양택 교수의 3회에 걸친 국민복지연금제 관련 특별기고문이다. 기고문 (상)에서는 핵가족화와 노인인구 증가로 국가적 차원의 노후 소득 보장대책이 필요하다는 전제하에 「국민복지연금법」의 문제점을 지적한다. 적용 대상을 18세 이상 55세 미만으로 할 때 시작 연령인 18세 이상은 근로자 연령 구성 면에서 1, 2종 모두 합리적인 기준이라고 보기 어려우며, 해외 근로자 증대를 고려해 적용 대상 폭을 넓혀야 하며, 30인 미만 사업장에서 5인 이상 사업장으로의 확대를 필요로 한다고 보았다. 1988년 시행한 국민연금제도는 10인 이상 사업장을 대상으로 조정되었다. (하)에서는 국민복지연금제도의 시행으로 기업들에게 추가 부담이 생겨날 것이므로 그들이 제도를 반대할 가능성이 높고, 그럼에도 불구하고 만약 제도가 실시된다면 그 이후에는 그들이 퇴직금 지급 부담을 감소시켜 줄 방안을 희망할 것이므로 퇴직금 부담률과 지급방법을 조정할 것을 제안한다. 국민복지연금제도와 퇴직금제도의 조정 건은 1970년대 제도 논의 초기 때부터 노동조합에서 가장 민감하게 다룬 문제였다. 이후 연금보험료는 초기 3%로 시작해 상향 조정되었고 그 1/3은 퇴직금에서 전환하도록 했다(김용하·석재은, 1999).

特別寄稿

国民福祉年金制의 問題点과 発展方向 (上)

林 陽 澤
〈漢陽大学校 副教授〉

Ⅰ. 国民福祉年金制度의 実施背景

国民福祉年金制度의 문제점과 発展方向을 구체적으로 논하기 전에 우선 同 制度가 시급히 실시되지 않으면 안되는 주요한 이유를 다음과 같이 3가지로 밝히고자 한다.

첫째, 과거 20여년 동안 賦存資源의 빈약과 국내시장의 협소라는 근본적인 제약조건 하에서 대외 지향적 工業化 및 自立経済 기반의 구축을 위해 先成長 後分配 및 先経済発展·後社会開発의 개발전략을 운용해 온 결과 현재 우리나라의 所得分配 構造는 매우 악화되어 있다.

1982년의 경우 상위 10%의 소득계층이 국민 소득의 28.1%를 점유하고 있는 반면에, 하위 40%의 소득계층은 18.8%를 소유하고 있는 형편이며 지니(Gini) 계수는 0.37이다. (台灣의 지니 계수는 0.29이므로 우리나라가 대만보다 더 불공평한 소득분배 구조를 갖고 있다.)

둘째, 우리나라의 出産率(1983년의 경우 23.2%)과 死亡率(1983년의 경우 6.3%), 그리고 인구의 自然增加率(1983년의 경우 15.4%)이 근 20년 동안 완만하게 저하됨에 따라 우리나라 人口構造가 少産少死型으로 변모되어 가는 추세이다.

이 결과 향후 2000년대의 우리나라 연령별 人口構造는 노인인구와 유아인구가 서로 비슷한 양상을 보이게 될 것으로 전망된다. 게다가 평균 수명이 점차 증가되고 있는 추세이다. 1980년 65.9세, 1985년 68.1세에서 향후 2000년에는 72.75세로 증가될 전망인데, 이것은 우리나라 인구 구조가 老齡化 현상을 보이고 있다는 것을 의미한다.

国民福祉年金이 적용될 60세 이상의 老人人口 비율을 살펴보면 1983년의 경우 6.3%이나 향후 2000년에는 무려 9.6%나 될 전망이며, 이러한 人口構造의 老齡化 속도는 2000년 이후에는 더욱 가속화될 추세를 보이고 있다. 따라서 이러한 人口構造의 変動推移를 살펴볼 때 노인인구에 대한 생활부장이 국가적으로 시급한 문제라는 것을 알 수 있다.

세째, 核家族化가 급속히 진전되고 있고 또한 인구의 都市集中 현상이 크게 높아지고 있다. 1980년의 경우 夫婦만 사는 1세대 가구는 5년 전보다 42.2%나 늘어났고, 4세대가 한집에 사는 大家族 家口는

特別寄稿

國民福祉年金制의 問題点과 發展方向 (中)

林 陽 澤
〈漢陽大学校 副敎授〉

Ⅳ. 財源調達과 年金財政의 運用 및 基金管理에 관한 問題点과 改善方案

国民福祉年金制度의 財源은 근로자의 醵出料와 国庫負担으로 조달하기로 되어 있는데, 제1종의 경우 사용자가 부담하는 부담금과 被傭者 납입의 寄與金으로 하는 양자 부담의 원칙을 적용하되 피용자의 寄與率보다 사용자의 부담률이 높이 적용되어 있으며, 제2종의 경우에는 피보험자 단독 부담의 원칙을 세우고 있다.

구체적으로 제1종 가입자의 醵出料率(즉, 피용자의 기여율과 사용자의 부담률)은 연금액 산정의 기초가 되는 최종 3년간의 평균 標準報酬月額의 5~7% 범위 내에서 정하도록 되어 있으며, 이 醵出料率에서 피용자의 기여율이 2~3%, 사용자의 부담률이 3~4%로 되어 있다. 단, 평균 표준보수 월액이 1만5천원 이하인 근로자가 국민복지연금의 任意適用을 받게 된 경우, 이러한 피용자들은 1~2%의 기여율만 부담하고, 정부는 이러한 연금 가입자의 표준 보수월액의 1%를 국고에서 보조해 주기로 되어 있다(국민복지연금법 제67조).

한편 제2종의 경우 국가재정의 硬直性 때문에 연금 가입자가 월 9백원 이상의 法定額을 단독 부담하기로 되어 있으며, 그 구체적 부담액은 시행령에서 정하기로 되어 있다.

연금 재정의 운용 방식에는 일반적으로 2가지 즉, 積立方式과 賦課方式이 있다. 적립 방식이란 연금 시행 초기의 収支差額, 国庫出捐金 및 累積基金의 利殖金 등을 연금 기금으로 적립하여 장차의 연금 급여의 지급에 충당하는 방식을 말한다. 한편 부과 방식이란 일정 기간(일반적으로 회계년도)에 지출될 年金給與를´동일 기간에 징수된 醵出料로써 충당하는 방식을 말하는데, 부과 방식의 경우 年金給與支給準備金 외에는 収支差額이 거의 없기 때문에 적립금이 거의 없게 된다.

여기서 유의할 점은 적립 방식과 부과 방식의 장·단점이다. 적립 방식은 연금급여 지급이 적은 초기부터 연금제도가 성숙하여 연금급여 지급액이 증가될 때까지의 醵出料를 평준화할 수 있는 장점이 있다. 한편 부과 방식은 초기에는 적은 거출료를 가지고서도 연금제도를 운영할 수 있으나, 제도가 성숙하여 年金受給权者가 증가하게 되면 後世代의 연금 가입자가 前世代 연금 가입자의 연금급여 지급 부담뿐만 아니라 이들의 거출료 부담도 지게 되는 世代間의 衡平 문제를 야기시키는 단점이 있다.

우리나라의 현행 3개 公的 연금제도는 실제로 적립 방식을 채택하고 있고, 또한 국민복지연금도 적립 방식에 의하여 財政運用을 하게 되어 있다. 국민복지연금법 제110조에 의하면 연금 가입자로부터 거출료 징수의 업무를 원활하게 하기 위하여 国税庁으로 하여금 이 업무를 맡게 하고 있다. 그리고 国民福祉年金 特別会計法을 설치하여 보건사회부로 하여금 年金基金의 증식과 효율적 운영을 담당하도록 되어 있다. 보건사회부는 국민복지 연금기금을 국민투자기금법에 의거한 債券 인수, 국민투자기금에의 예치 및 국민복지 증진사업 등에 활용할 수 있도록 되어 있다.

特別寄稿

国民福祉年金制의 問題点과 發展方向 (下)

林 陽 澤
〈漢陽大学校 副教授〉

Ⅵ. 国民福祉年金制度와 關聯制度의 關係에 대한 問題点 및 改善方案

본 연구는 국민복지연금 제도와 관련 제도, 즉 退職金制度, 民間保險, 産業災害保償保險制度, 医療保險制度, 그리고 公的年金制度 사이에는 어떠한 관계 및 문제점이 있는지 분석하고, 이에 대한 개선 방안을 제시코자 한다.

1. 退職金制度와 国民福祉年金制度의 關係에 대한 改善方案

국민복지연금제도는 老齡·廢病 또는 생계 중심자의 사망으로 인해 소득 능력을 상실하였을 경우 소득 보장으로서 연금을 지급하는 공적 연금제도인 반면에, 퇴직금제도는 근로자가 퇴직 또는 解職되었을 경우 사용자가 일시적으로 급여를 지급하는 일종의 私的 연금제도이다.

퇴직금제도의 법적 근거를 살펴보면 근로기준법 제28조에 「사용자는 계속 勤労年數 1년에 대해 30일분 이상의 平均賃金을 퇴직금으로 퇴직하는 근로자에게 지급할 수 있는 제도를 설정하여야 한다. 단, 근속연수가 1년 미만인 경우에는 예외로 한다」고 규정되어 있다. 이의 적용 대상은 근로기준법 시행령 제1조와 근로기준법 제10조 但書規定에 「常時 16인 이상의 근로자를 사용하는 사업 또는 사업장」이라고 규정되어 있다. 이러한 규정에서 30일분 이상의 평균임금이란 월 평균임금의 8.3% 이상에 해당하는 금액을 의미하며, 사용자가 근로자에게 지급하는 퇴직금은 一時金을 의미한다.

한편, 공무원·군인·사립학교 교직원의 퇴직금은 각 연금법에 의해 퇴직연금이나 퇴직일시금으로 지급되고 있다. 여기서 유의해야 될 것은 국민복지연금 제도를 둘러싸고 労使間에 미묘한 갈등이 내재되어 있는 것이 사실이라는 점이다. 즉, 국민복지연금 제도를 실시하게 되는 경우 기업은 동 제도의 使用者負担率(월 평균임금의 3~4%)과 退職金支給準備率(8.3%)에 의한 기업의 부담을 우려하고 있기 때문에 국민복지연금 제도의 실시를 반대할 가능성이 높다. 혹은 사용자측은 퇴직금제도를 사회보장적인 성질의 것으로 간주하고 국민복지연금 제도가 실시되더라도 퇴직금의 지급 부담을 감소시켜줄 것을 희망할 것이다.

한편 근로자측은 퇴직금제도를 장기근속에 대한 功労報償 및 賃金後拂的인 성격으로 간주하기 때문에 국민복지연금 제도의 실시가 퇴직금에 아무런 영향을 끼치지 않는 한 퇴직금제도와 老後生活 보장을 위한 국민복지연금 제도가 동시에 병행 실시되기를 희망할 것이다.

그러므로 국민복지연금 제도의 실시 준비와 더불어 사전적인 작업으로 국민복지연금 제도와 퇴직금제도를 상호보완적으로 조정하는 것이 가장 시급한 일이다. 이를 위해 다음과 같은 3가지의 조정 방안을 제시코자 한다.

첫째, 현재의 상황 하에서 국민복지연금 제도가 실시되는 경우 퇴직금 지급 준비와 국민복지연금의 醵出料 부담으로 인해 使用者의 부담은 증가되는 것이

33

자료 번호 16

자료 제목 국민연금제도의 개선활동

자료 유형 노동단체 사업보고서

생 산 자 한국노동조합총연맹

생성 연도 1985년 2월 27~28일

정 부 전두환 정부

비 고 한국노총 사업보고(1984), 84~108쪽

주요 내용

이 문서는 한국노동조합총연맹의 1984년도 사업보고 내용 중 국민연금제도 개선활동에 대한 것이다. 한국개발연구원의 제안, 현행법, 노동조합안을 비교·정리하고 있으며, 노동조합안에 대해서는 그 이유를 밝히고 있다. 사회보장제도는 노사정 3자 부담임에도 불구하고 임금수준이 낮은 근로자 부담이 사용자 부담보다 높다는 점을 지적하고, 당시 갹출료는 1종 가입자의 경우 5~7%로 사용자 3~4%, 근로자 2~3%로 공동 부담하게 한 반면, 갹출료를 5%로 시작하되 사용자 3%, 근로자 2%로 하는 대안을 내놓았다. 상술했듯이 개정 전 법에는 가입자를 제1종, 제2종 가입자로 구분했다.

현행연금법에는 장해연금의 수급조건으로 초진일부터 2년을 경과하는 날의 장해등급에 따라 장해수당을 지급하도록 규정하고 있는 데 반하여 의료보험법은 동일한 상병에 대하여는 요양기간을 180일간으로 제한하고 있음으로(법 제30조) 이기간이 경과한 후 요양에 관한 사항이 연금법에 없음으로 이에대한 보완이 요구되며 또한 공무원 연금제도는 공무원이 20년이상 근속하고 퇴직할 경우는 퇴직후도 의료보험 혜택을 받도록 하고 있음으로 국민복지 연금제도도 최소한 정년퇴직자 또는 가입기간 20년을 경과한 자는 의료보험 혜택을 받도록 보완되어야 할 것이며

끝으로 연금제도에 있어서 가장 중요시 되는 것이 급여의 실질가치 보장 문제인 바 KDI 시안에는 이에대한 언급이 없고 현행법에도 임금물가 변동시 어떤 지수로 조정할 것인지를 명시하고 있지 아니함으로 노총은 임금상승율에 따라 자동슬라이드제의 채택을 대안으로 제시하는 바 임.

4. 개선방향 건의

정부는 88년도부터 국민연금제도실시를 목표로 기본구상을 검토중에 있어 노총에서는 문제점과 개선방향을 소책자로 발간하여 각계에 건의 하였다.

가. 연금제도 도입의 기본방향

(1) 국민개연금의 조기정착을 위한 정책적 배려 : 현행법상 연금가입대상을 1종피보험자의 경우 상시 30인 이상 고용하는 사업장의 근로자중 15,000원을 초과하는 근로자를 당연적용자로 하고 있으며 2종피보험자(농어민, 상인자영자)는 임의적용자로 규정하고 있는바 원래 연금제도는 모든 국민의 위험부담을 전국민적으로 분산시켜 개개인의 위험부담시 소득을 보장하는데 그 목적이 있으므로 가급적 모든 국민계층에 적용되도록 하여야 할 것이며 의료보험제도와 같이 저소득계층이 수혜대상에서 제외되고 있어 소득재분배 및 사회통합의 큰 효과를 거두지 못하고 오히려 역복지현상을 초래하고 있는 등의 시행착오가 연금제도에는 재발되지 않도록 정책적 배려가 있어야 할 것임.

(2) 최저생계비를 보장할 수 있는 연금급부 수준 : 노령인구의 증가와 핵가족화의 촉진에 따른 가족간 연대의식의 약화등 국민의 가치관 변동은 노후생활보호의 필요성이 증가되고 있으므로 급여 수준은 가입기간 20년 기준 ILO조약(128호)에 명시된 종전소득의 45%～50% 또는 퇴직전 급여의 60%는 보장되어야 하며 조속한 기간에 최저연금보장제도의 확립이 요구됨.

(3) 공적연금제도와 관련제도와의 연계조정 문제 : ① 공적연금 제도와 관련제도(퇴직금·직역공적연금·산재보험·의료보험등)간의 연계조정문제는 각 제도간의 급여조건, 급여수준, 갹출료등이 상이할뿐더러 이해관계가 상충되고 있으므로 조정이 비교적 쉬운 것부터 조정하는 것은 바람직하나 본격적인 조정은 공적연금제도가 성숙단계에 들어가서 검토되어야 함.

② 특히 우리나라 퇴직금제도는 선진국과 달리 공적연금이 병행되지 못하고 근로기준법에 의한 단독 법정제도라는 점을 고려할 때 공적연금제도 도입단계에서 기존독립제도인 퇴직금제도를 문제삼는 것은 퇴직금을 재정동원에 이용하려 한다는 의혹을 갖게 하게 함으로써 정부시책의 불신을 초래할 우려가 있으므로 연금제도가 성숙단계에 들어가서 기업연금화를 추진하는 것이 바람직하며

③ 현단계에서는 퇴직금의 기업연금화 추진을

-90-

위하여 ㉮퇴직금의 지급보장을 위한 특례법 제정, ㉯세제개선, ㉰고용보험법의 도입실시 등 선행조건이 정부부처간 마찰없이 진행되어야 함.

(4) 연금의 재정확립과 적립금의 관리운영 문제 : ① 국민복지연금제도가 실시되어도 20여년간은 미성숙기로서 현행 갹출료로도 많은 적립금이 발생될 것임. 따라서 미성숙기는 현행 갹출료로(5%) 고정시켜 놓고 성숙단계에 들어가면서 수급권자의 증대, 급부수준의 실질가치 유지 개선을 위한 재정증가를 감안하여 점진적으로 갹출료의 인상이 바람직함.

② 적립금의 합리적 운영은 연금재정에 큰 영향을 초래하는 동시 복지시설을 위한 사회자본의 빈곤을 보완하는 기능을 하고 있으므로 정부가 일방적으로 운영할 것이 아니라 정부, 학계, 노사대표로 구성되는 운영위원회를 구성 민주적으로 운영함으로써 연금제도가 국민의 것이라는 의식을 갖게 하여야 할 것임.

(5) 연금의 실질가치 보장 문제 : 연금제도에 있어서 가장 중요시되는 것이 급여의 실질가치 보장문제임. 현행 연금법(4조)에서는 국민의 생활수준, 임금, 물가, 기타 경제사정에 현저한 변동이 생길 경우에는 그 사정에 맞도록 연금지급액을 조정하게끔 되어 있으나 물가임금의변동시 어떤 것을 지수로 조정할 것인가를 명시하고 있지 아니하고 있어 임금인상율에 따라 자동슬라이드제의 채택이 바람직함.

나. 연금제도 실시에 따른 대안

(1) 적용대상

현 행 제 도	대 안
① 30인 이상 상시고용사업장 근로자는 당연적용(시행령 6조) ② 기타 피용자(15,000원 미만 근로자 포함) 농어민, 상업, 자영자는 임의적용(법 제9조)	① 10인 이상 상시고용사업장 근로자는 당연적용. ② 농어민, 상업, 자영자는 일정한 납세등급기준(재산세) 당연적용으로 하고 기준등급 이하는 임의적용.

이유 : 임금격차가 사업장규모에따라 거의없으며 최저임금제실시가 필연적이므로 월보수일정액 미달자의 당연적용대상자 제외는 무의미함.

(2) 급여수준

◎ 노령연금(1종의 경우) …기본연금+가급연금

현 행 제 도	대 안
① 기본연금(균등부분+비례부분) … 균등부분은 연금수급 전년도의 월평균보수액의 2.4	① 기본연금…퇴직전 종전소득의 45%는 보장되어야 함(최종급여의 60%).

-91-

현　행　제　도	대　안
비례부분은 최종 3년간의 표준보수월액의 2.4를 곱한금액(퇴직전 3년간 평균보수의 40% 내외) ②가급연금…배우자 월 2,000원, 18세 미만 자녀, 2급장해자 자녀 1인당 1,000원씩 정액으로 지급. ③ 20년을 초과한 가입자는 매 1년에 평균보수월액의 100분의 4를 곱하여 합산(최종 3년간 평균 표준보수의 70% 초과 불가).	②가급연금…정액제(시행령 14조)에서 정율제로 전환시키는 것이 바람직하며 가족수당이라는 성격이 강함으로 모든 노령연금에 적용하는 것이 바람직함(배우자 15,750, 18세미만자녀 9,000, 60세이상부모 10,000원) ③ 상한선도 75%까지 인상되어야 함.

이유 : ① ILO조약(128호)에도 종전소득의 45%를 하한선으로 권고하고 있으며 일본의 경우 퇴직전 종전소득과 정기급여의 비율을 25:75로 보고 종전총소득의 45%를 정기급여의 60%상당액으로 간주 이 수준을 유지하고있음. 따라서 급여수준의 하한선은 종전소득의 45% 보장은 되어야 함.

②가급연금의 정액제는 물가등 경제사정의 변동에따라 수시개정을 하는등 번거로움이 있으므로 정율제를 채택하는것이 바람직함.

◎ 감액노령연금(법 제30조 2항)

현　행　제　도	대　안
① 10년 기준 기본연금의 100분의 45, 10년 초과하는 경우 매 1년마다 5% 해당액 가산.	① 10년 기준 기본연금의 100분의 50으로 상향 조정되어야 함.

이유 : 감액연금의 경우 10년가입자가 완전노령연금의 기본연금액 반액에 미달될 뿐더러 가급연금가산도 제외되고 있으며 특례노령연금과의 격차도 심함.

◎ 장해자 연금

현　행　제　도	대　안
①수급권의 발생…가입기간 1년이상으로써 초진일로부터 2년이 경과한 날부터 발생(법 제42조). ②장해연금(법 제43조). 1급…기본연금+가급연금 2급…기본연금액의 100분의 50 +가급연금	①수급권 발생…연금 가입기간중으로 개정되어야 함. ②장해연금액 1급…기본연금의 100분의 120+가급연금

-92-

이유 : 장해연금제도는 가입자가 질병 또는 부상으로 노동력을 상실하거나 일부 제한될 때 최저생활을 보장하는 제도임에도 산재보험법의 장해급여 및 기존특수직역연금법의 장해연금액이 퇴직연금액과 같거나 최하 40 %를 유지하고 있음에 반하여 복지연금의 경우 노령연금액 자체가 낮게 책정된데다가 다른 제도의 장해급여보다 더욱 낮은 급여를 지급하도록 규정하고 있어 급여수준의 대폭 인상이 불가피 함.

◎ 유족연금

현 행 제 도	대 안
① 수급권의 발생(제47조) … 1년 이상가입자 ② 유족연금액(제49조) 기본연금액의 100분의 50 범위내에서 대통령령이 정하는 비율+가급연금 ※ 대통령령의 명시된 비율 (1) 가입기간 1년 이상 2급 이상 장해자 …100분의 40 (2) 가입기간 10년 이상 20년 미만… 100분의 45 (3) 가입기간 20년 이상자… 100분의 50	① 연금 가입기간중으로 개정되어야 함. ② 기본연금의 100분의 80 +가급연금을 지급하고 대통령령이 정하는 비율제 폐지

이유 : 유족연금을 노령연금의 기본연금액 50 % 지급을 상한선으로 하고 있는 것은 노령연금액 자체가 낮게 책정된데다가 더욱 낮은 유족연금을 지급하는 결과가 되고 있어 인상 조정되어야 함.

(3) 수급조건

◎ 완전노령연금의 수급조건

현 행 제 도	대 안
① 일반근로자(남자) … 60세 ② 여자, 선원, 광부, 항공사… 55세(시행령 제16조) ③ 가입기간… 20년	① 가입기간 20년 초과자가 60세전 정년으로 퇴직할시는 연금 또는 일시금지급의 선택권을 주도록 단서설정이 요구됨.

이유 : 현행 정년제도(50~55세)하에서는 연금급여개시(60세)까지의 공백기간 생계책으로 불완전함(퇴직제도의 독립운영도 정년퇴직후 공백기간의 생계유지와 관련됨). 따라서 연금 또는 일시금지급의 선택권을 부여하여야 할 것임.

-93-

(4) 가급연금(법 제 27 조)

현 행 제 도	대 안
①수급권자가 그 권리를 취득할 당시 생계를 유지하고 있던 배우자 및 18세 미만 자녀 2급 이상에 해당되는 장해자 자녀.	①수급권자가 그 권리를 취득할 당시 생계를 유지하고 있던 배우자 및 18세 미만인 자녀 2급 이상 장해자 자녀와 60세 이상의 부모 (여자의 경우는 시부모 포함.)

이유 : 노인문제에 대한 강력한 정책의지 표시를 통하여 전통적 가족제도의 보존을 위하여서도 60세이상 부모의 부양을 위한 가급연금의 지급은 당연하다고 생각됨.

(5) 반환일시금(제 56 조)

현 행 제 도	대 안
① 연금가입기간 10년 미만자로써 자격상실후 미가입자로써 60세 도달시(연자 및 특수직종 근로자는 55세 도달시) ②유족연금 수급권자가 아닌 자의 사망시(가입 1년 미만자)	① 자격상실 1년이 경과한 자는 가입기간중 본인과 사용자가 부담한 기여금(갹출료) 총액에 일정이율을 곱한 금액을 즉시 지급

이유 : 사용자가 부담한 갹출료는 근로자를 위하여 부담한 것이므로 당연히 일시반환금에 합산되어야 하며 자격상실한 후 1년이 경과할시는 사실상 재가입이 불가능하다고 인정될뿐만 아니라 자격상실후의 생계보장을 위하여도 60세 도달시까지 지급을 유보하는 것은 불합리한 제도임.

(6) 갹출료

현 행 제 도	대 안
① 1종가입자…5 ~ 7 % 사용자(3 ~ 4 %) 근로자(2 ~ 3 %) 공동부담 ② 2종가입자…월 900원	현행 갹출료는 5 %로 출발하는 것이 바람직하며 만약 근로자 분담액의 최고상한선인 3% 까지 갹출될시는(7 %의 경우) 국민투자기금법에 따라(제 8 조) 저축조합에 의무적으로 저축하여 오고 있는(2 %) 제도는 폐지되어야 함.

이유 : 연금급여가 본격적으로 지급되는 것은 이제도실시후 20여년후가 될것이므로 근로자의 부담능력을 감안 출발초기에는 5 %로 하고 점진적으로 상향조정 하는 것이 바람직함(상세한 이유 별첨부록 참조).

(7) 연금액의 실질가치 보장

-94-

현 행 제 도	대 안
① 국민의 생활수준, 임금물가 기타 경제사정에 현저한 변동이 있을시 지체없이 조정(법 제4조) ② 연금수급 전년도의 평균보수월액이 가입최종연도의 평균보수액보다 20% 이상 변동이 있을시(제26조)	① 임금상승율 기준 매년 1회 자동조정

이유 : 현행법(제4조)에서는 물가임금의 변동시 어떤 것을 지수로 하여 조정할 것인지가 명시되지 아니하고 있으며 동법 제26조 4항에는 최종 3년간 평균보수월액 및 평균표준보수월액이 가입최종연도의 평균보수월액보다 100분의 20 이상 변동이 있을 때는 대통령령이 정하는 바에 따라 조정하도록 되어 있으나 연금수급권자의 실질구매력 보장을 위하여 임금인상율을 기준한 자동슬라이드제도의 도입의 요구됨.

(8) 연금적립기금의 운영

현 행 제 도	대 안
① 국민투자채권 인수 또는 국민투자기금에 예치	① 노·사·공익(학계 포함)을 대표한 자로 연금기금운영심의위원회 구성 ② 국민복지연금기금 또는 특별회계 설치

이유 : 연금기금은 막대한 재정이며 용도에따라 국민경제에도 큰 영향을 주게 됨으로 ① 재정의 장기적인 안정유지 방안 ②적립금의 수익보장대책 ③가입자의 복리 증진사업 ④기금의 투자방안 등 효율적 운영을 위하여 심의위원회 설치가 바람직함.

(9) 관련제도와 연계조정 문제

(가) 퇴직금제도

현 행 제 도	대 안
① 법정제도로써 독립적으로 운영되고 있음(근기법 제28조).	① 현행제도대로 독립적으로 운영(제1안) ② 공적연금제도 정착후 공적연금의 한계성 보완책으로 기업연금화 추진(제2안)

이유 : ① 현행 퇴직금제도는 법정제도로써 1년 근속에 평균임금으로 30일분에 상당하는 금액을 지급한다는 조건부로 고용계약을 체결한 것이므로 퇴직금은 임금으로써 사용자는 지급할 의무가 있는 동시 근로자는 받을 권리가 있다. 따라서 근로자의 임금을 일부 삭감하여 사용자 부담으로 돌리려는 구상은 근로자의 권리를 침해하

-95-

는 위법행위가 되며

② 서구 및 일본 등 선진제국에서도 퇴직금(기업연금)과 공적연금과의 조정내지 보완이 논의된 것은 공적연금이 성숙단계에 들어가면서부터 노후보장체계를 더욱 강화하는 방향에서 제도개선이 이루워진 것이며 도입단계에서부터 기존독립제도인 퇴직금제도를 문제삼는 것은 우리나라만이 갖는 현상이라고 할 수 있다. 따라서 공적연금이 성숙되어가는 기간중에는 기업연금화의 기반조성을 위하여 ㉮ 세제개선, ㉯ 퇴직금 및 임금보장을 위한 특례법의 제정 실시, ㉰ 기업연금화를 위한 수탁기관과 수용태세의 정비, ㉱고용보험제도의 도입 및 임금수준의 향상등 선행조건이 필요함.

(내) 산재보험제도 의료보험제도와의 연계조정문제는 생략(필요시는 부록연구보고서 참조)

5. 정부개정안에 대한 노총의 대안

정부에서는 1988년도부터 국민연금제도를 도입실시하기로 확정하고 현행법의 개정을 입법예고 함에 따라 노총의 대안을 작성, 합리적 개정을 요로에 건의하였다.

-96-

국민연금법 정부개정안에 대한 노총의 대안

정 부 개 정 안	노 총 의 대 안	이 유
제 36 조(이사회) ① 항 생략 ② 항 이사회는 이사장, 상임이사 및 이사로 구성한다. ③ 항 생략 ④ 항 생략	제 36 조(이사회) ① 항 정부안과 등 ② 항 이사회는 이사장 및 노·사대표 및 전문가로 구성한다. ③ 항 정부안과 동 ④ 항 정부안과 동	연금관리공단의 업무가 연금가입자의 자격관리를 비롯하여 급여의 결정, 지급 수급권자를 위한 복지시설등 주요한 사항을 관장하고 있음으로 갹출료를 내는 노사당사자를 포함한 사계의 전문가로 이사회를 구성하여야 함.
제 37 조(공단의 운영) ① 공단의 운영관리에 관하여 필요한 사항은 보사부 부령으로 정한다.	제 37 조(공단의 운영등) 조항 삭제	공단의 관리운영 사항은 정관으로 정하도록 되어 있고(제 27 조) 정관의 변경은 보사부장관의 인가를 받도록 규정하고 있을뿐만 아니라(제 27 조 2 항) 또한 공단에 대한 모든 감독권한을 부여하고 있음에도(제 41 조) 다시 보사부령으로 정하도록 규정하고 있는 것은 이사회의 자율성을 극히 제한하고 있으므로 이사회의 자율성 보장을 위하여서도 이 조항은 삭제되어야 함.
제 48 조(기본급여액) ① 항 1 호 생략 2 호…가입자 개인이 가입기간중 표준보수월액을 평균한 액 ② 항 1 호 생략 2 호…가입자 개인의 가입기간중 표준소득월액을 평균한 액 ③ 항 생략 ④ 항…급여산정기준액 중 제1항2호 및 제 2 항의 2 호의 금액은 급여개시 시점부터 매년 대통령령이 정하는 바에 따라	제 48 조(기본급여액) ① 항…정부안과 동 ② 항…정부안과 동 ③ 항…정부안과 동 ④ 항…급여산정기출액 중 제 1 항 2 호 및 제 2 항 2 호의 금액을 급여지급 시점부터 매년 임금인상율을 기준 조정한다.	연금제도에 있어서 가장 주요시 되는 것이 연금급여의 실질가치보장이므로 임금인상율을 기준 매년 1 회 이상 조정하도록 모법에 명문화하여야 함.

-97-

자료 번호 17

자료 제목 우리의 임금구조와 국민복지연금

자료 유형 학술지 논문

생 산 자 김수곤

생성 연도 1985년

정 부 전두환 정부

비 고 『사회보장연구』, 제1권, 103~113쪽

주요 내용

이 문서는 우리 임금구조 특성으로 인해 국민복지연금제도 실행 시 발생하는 문제를 다룬 학술논문이다. 우리나라 임금체계는 기본급이 2/3, 각종 수당이 1/3로 구성된다. 수당 항목과 계산에 있어 작업 내용이 상당히 표준화되어 있는 생산직과 그렇지 않은 화이트칼라 간의 차이가 존재한다는 점을 지적한다. 국민복지연금법과 시행령에 따르면 "일체의 금품과 모든 수당을 포함"해 보험료를 계산하게 되어 있는데 이것이 좋은 방법인가를 묻고 있다. 현재 국민연금 보험료 책정 기준은 기준소득월액의 9%로, 사업장가입자의 기준소득월액은 기본급, 연장시간근로 수당, 상여금 등을 포함해 국민연금보험료를 결정한다.

우리의 賃金構造와 國民福祉年金

金 秀 坤

◁目 次▷

Ⅰ. 序 論

賃金은 勤勞者에게 있어서는 所得의 源泉이고 企業家에게는 經營의 가장 효과적인 手段이다. 賃金의 이 두 가지 效果는 銅錢의 兩面과도 같은 것이어서 그 어느 하나를 무시하고 다른 것만을 重視할 수 없는 것이다. 成熟段階에 들어가면서 產業社會는 年金制를 實施하거니와 그 一次的 目的은 老後生計의 保障이고 그것이 가급적 經濟活動期의 所得水準과 比例하게 되었을 때 그것이 理想的이라 할 수 있을 것이다. 왜냐하면 그것은 活動期에 있어서 보다 나은 動機誘發의 機能을 하게 될 것이기 때문이다.

그러면 福祉年金制를 實施하려고 하는 우리나라에 있어서 各種 企業의 賃金體系는 과연 이러한 機能을 다하고 있으며 年金制를 現賃金에 결부시켰을 때 아무런 問題가 없을 것인가?

本稿의 目的은 이러한 問題를 논해 보고자 하는 데 있다. 따라서 本稿에서는 우선 우리나라 賃金體系의 特性을 살펴보도록 하고, 그것이 生產性向上을 刺戟할 수 있도록 짜여져 있는지, 또한 福祉年金을 위한 醵出料率이나 年金給與를 決定하는데 基礎가 되어도 좋을 정도로 되어 있는지를 논하고, 필요한 賃金體系의 改善方向을 提示하고자 한다.

現在의 賃金水準이 所得의 源泉으로서 충분한가, 또한 그에 基礎를 둔 年金給與額이 그 絕對

筆者 : 慶熙大學校 經營學科 敎授

水準에 있어서 生計費 保障에 충분한가 라는 질문은 다루어질 수 없음을 미리 指摘해 두는 바이다. 왜냐하면 그 같은 문제에 관해서는 별도로 必要生計費, 所得分配, 最低賃金論爭과 같은 題目下에 다루어져야 할 것이기 때문이다.

本稿가 意圖하는 바는 어디까지나 賃金의 水準問題가 아니라 現在의 賃金體系가 各種 要因의 構成面에 있어서 그것이 충분한「인센티브」를 가졌는지, 福祉年金과 연결시켰을 때에도 生産誘引効果를 지닐 수 있는 構造的 要因이 있는지를 살펴보는 데 그 주된 目的이 있는 것이다.

Ⅱ. 우리나라 賃金體系의 特性

우리나라 賃金構造의 特徵이라고 한다면 비교적 近代的 部門이라 할 수 있는 公式「섹터」와 非公式「섹터」間의 심한 賃金隔差를 말할 수 있을 것이다. 勞動市場의 이같은 二重構造的 說明과 함께 實證的인 分析을 통해서 産業別, 職種別, 企業規模別, 教育程度別 賃金隔差에 관한 研究는 상당히 되어 있다[1].

그러나 微視的 次元에서의 賃金體系에 대해서는 많은 方法論的 어려움이 있기는 하지만, 그다지 많은 研究가 되어 있지 못한 형편이다[2]. 우선 賃金體系란 무엇을 意味하느냐? 이는 個個 被傭者에게 支拂되는 總報酬가 어떤 種類의 要素로 構成되어 있느냐에 관한 問題이다. 이것이 賃金決定基準과는 어떤 점에서 相異한가? 賃金決定要因은 報償要因(compensable)을 열거해 놓고 各要素에다 얼마나 많은 比重을 둘 것이냐에 관한 것을 測定해 보는 것이다. 물론 그것이 勞使間에 相異할 것이고 教育程度別로, 職種別로도 다를 것이다. 그러나 이같은 賃金基準에 관한 研究는 어느 基準을 누가 얼마나 더 重要視하느냐에 관한 것뿐으로서 반드시 그렇게 賃金이 支給되고 있는 것은 아니다.

여기에 비해 賃金體系에 관한 研究結果가 우리에게 示唆해 주는 것은 그것의 타당성 여부를 묻기 이전에 實際的으로 賃金總額의 構成要素를 밝혀주는 것이다. 이렇게 賃金基準은 被傭者 또

1) 最近 發刊으로는 朴烜求·朴世逸著, 『韓國의 賃金構造』, 韓國開發研究院, 1984 참조.

2) 事例發表의 形式을 주로 택하고 있으며 그중 체계적으로 蒐集해 놓은 것으로는 韓國經營者總協會의『各年度別 賃金實務資料』가 있고, 보다 學問的 分析을 시도한 것으로는 서울대학교 經濟研究所編, 『韓國賃金의 政策課題와 制度改善研究』, 1983 中 崔棟圭, 「賃金體系 및 支拂形態의 改善」이 있음. 本稿는 이 論文을 많이 참조하였음.

— 104 —

자료 번호 18

자료 제목 국민연금 정부도 부담해야

자료 유형 신문 기사

생 산 자 조선일보

생성 연도 1986년 10월 23일

정 부 전두환 정부

비 고 –

주요 내용

이 문서는 국민연금 보험료를 기업, 근로자뿐만 아니라 정부도 부담해야 한다는 대한상공회의소의 주장을 보도한 일간지 기사이다. 연금 관련 행정비용 정도만 부담하는 정부가 국고지원을 해야 한다는 주장은 지속적으로 있어 왔다. 국민연금이 전 국민 대상 보험으로 자리 잡으면서 정부의 선택은 선별적 국고지원이었다. 가령, 최근 들어 농어업인과 10명 미만 소규모 사업장에 속한 월 근로소득 220만 원 미만 저소득 근로자에 대한 연금보험료를 국고지원 하는 두루누리 보험료 지원정책 등이 그것이다. 더불어 크레딧 제도를 도입했는데 출산이나 군 복무처럼 사회적 가치를 지닌 행위를 수행하는 경우 국민연금 가입기간을 일정 범위 내에서 추가 인정해 주는 제도이다. 가령 둘째 자녀 입양 또는 출산 시 기존 가입기간에 12개월을 추가 인정해 주는 제도이다. 여기에도 출산 크레딧의 30%, 군 복무 크레딧의 100%를 국고로 부담하고 있다.

"국민年金 政府도 부담해야"

"현재도 医保·각종準租税 많아 企業에만 떠맡기면 벅차"

商議건의

大韓商議는 22일 오는 88년부터 실시될 예정인 국민복지연금의 財源은 기업에 신규 추가부담을 안겨주는식으로 마련하지 말고 정부가 일부를 부담하는 방식으로 조달해야 할 것이라고 주장했다。

大韓商議는 이날 「국민복지연금재원의 기업부담 완화방안 건의」를 통해 현재 국내 기업들은 의료보험 산재보험 등 법적부담금및 수익자부담금으로 매출총이익의 1·22%를 지출하고 있을뿐 아니라 성금기부금등 각종 準租税등으로 인해 이미 커다란 부담을 안고있다고 지적, 국민복지연금의 재원조달을 위한 기업의 부담은 퇴직적립금의 일부로 대체, 기업에 신규추가부담을 안겨주어서는 안될것이라고 강조했다。

大韓商議는 기업의 신규추가부담을 없애는 대신 연금제도 운용상 필요한 행정관리비만을 내도록 돼있는 정부가 행정관리비와 아울러 연금재원의 일정부분을 부담해야 한다고 주장했다。

商議는 또 연금제도가 적용되는 사업장의 범위를 근로자 10인이상 사업장에서 16인이상 사업장으로 상향조정, 취약한 영세기업을 적용대상에서 제외하고 이들 기업에 대해서는 임의가입제도를 채택해야 한다고 주장했다。

2건설업체 免許취소
4개社 영업정지처분

건설부는 22일 건설업면허기준을 갖추지못하고 국세를 체

국내外国銀

美 모

收益率 감소로

최근 1~2년사이에 국내에 진출해있는 외국은행들이 지점

◇11개국참가 서울국제

올강남구삼성동 貿소종합전시장 오는 26일까지 계속되는 이번 전 개국의 76개업체가 참가, 목제 자재 등 1만5천여점의 각종 가 있다。

자료 번호 19

자료 제목 제131회 국회 국회본회의 회의록(제20호)

자료 유형 국회 회의록

생 산 자 국회

생성 연도 1986년 12월 17일

정 부 전두환 정부

비 고 제12대 국회(1985. 5. 13.~1988. 5. 29.)

주요 내용

이 문서는 「국민복지연금법」 개정안을 통과시킨 국회 본회의 회의록이다. 법은 1973년 제정된 이래 오일쇼크로 두 차례 시행이 연기되었는데, 전두환 대통령은 1981년 「국민복지연금법」 시행에 부정적이었지만 1986년 그 입장을 바꿔 당해 6월 대통령 기자회견을 통해 국민연금 도입을 공식화했다(국민연금공단, 2015). 당해 9월 30일에는 「국민복지연금법」 개정안을 확정하고, 1986년 11월 22일 정부개정안으로 국회에 제출했다. 보건사회위원회 김집 의원(민주정의당)은 국민 노후대책과 근로능력 상실자의 생활보장을 위해 국민복지연금안에 대한 원안의결을 요청하고 있다.

일곱째 최초의 最低賃金은 勞動部長官이 1987年7月1日까지 審議를 요청하고 同年12月15日까지 決定 告示토록 하였읍니다.

자세한 내용은 배포하여 드린 油印物을 참조해 주시고 아무쪼록 當 委員會에서 提案한 대로 議決해 주시기 바랍니다.

감사합니다.

……………………………………………………………

(參 照)

最低賃金法案(代案)

(保健社會委員長)

(附錄1에 실음)

……………………………………………………………

○**副議長 崔永喆** 最低賃金法案에 대한 保健社會委員會의 代案에 異議없으십니까?

(「異議없읍니다」하는 이 많음)

可決되었음을 宣布합니다.

---

27. 國民福祉年金法改正法律案(政府提出)

(14時32分)

○**副議長 崔永喆** 議事日程 第29項 國民福祉年金法改正法律案을 上程합니다.

保健社會委員會 金 濬議員 나오셔서 審査報告하여 주시기 바랍니다.

○**金 濬議員** 保健社會委員會 金 濬議員입니다.

國民福祉年金法改正法律案에 대한 保健社會委員會의 審査結果를 報告드리겠읍니다.

이 法案은 1986年11月22日 政府로부터 提出되어 11月24日字로 當 委員會에 回附되었읍니다.

먼저 同 改正法律案의 提案理由를 말씀드리면

國民福祉年金法이 1973年12月24日에 制定된 이래 그 施行日을 미루어왔으나 그동안 平均壽命이 延長되고 大部分의 家族構造가 核家族化됨에 따라 절실하여진 國民의 老後對策을 마련하고 事業場에서의 各種 事故로 인하여 所得能力을 잃은 者 등에 대한 生活保障을 위하여 1988年부터 國民年金制度를 實施하기 위하여 必要한 事項을 定하려는 것입니다.

다음으로 이 法의 主要骨子를 말씀드리면 첫째 國民年金加入 對象을 18歲이상 60歲미만의 國內居住國民으로 하고 加入者의 種別을 事業場加入者 地域加入者 및 任意繼續加入者로 區分하며 둘째 給與의 種類는 老齡年金 障害年金 遺族年金 및 返還一時金으로 하고 세째 費用負擔을 勤勞者 및 使用者가 均衡있게 負擔하되 退職金의 一部를 段階的으로 轉換토록 하며 네째 國民年金事業을 圓滑하게 수행하기 위한 國民年金管理公團의 設立 및 國民年金基金의 設置 등을 그 內容으로 하고 있읍니다.

當 委員會에서는 同 改正法律案을 12月10日 第14次 保健社會委員會에 上程하여 政府側으로부터 提案說明과 專門委員의 檢討報告를 들은 다음에 진지한 檢討와 審査를 하였읍니다. 별다른 問題點이 없다는데 意見의 一致를 보았읍니다.

따라서 當 委員會에서는 이 改正法律案이 國民의 老後對策을 마련하고 各種 事故로 所得能力을 잃은 者 등에 대한 生活保障을 위하여 國民年金制度를 實施하려는데 있는 것으로 그 立法趣旨가 妥當하다는데 意見을 같이하고 政府原案대로 議決하였읍니다.

이 法案은 法制司法委員會의 體系 및 字句修正을 거쳤읍니다.

상세한 내용은 배포해드린 油印物을 參照해 주시고 아무쪼록 議員 여러분께서는 當 委員會에서 審査報告한대로 議決하여 주시기를 바랍니다.

감사합니다.

……………………………………………………………

(參 照)

國民福祉年金法改正法律案 審査報告書

(保健社會委員會)

國民福祉年金法改正法律案

(政 府)

(附錄1에 실음)

……………………………………………………………

○**副議長 崔永喆** 國民福祉年金法改正法律案에 대하여 異議없으십니까?

(「異議없읍니다」하는 이 많음)

可決되었음을 宣布합니다.

---

28. 廢棄物管理法案(政府提出)

(14時39分)

○**副議長 崔永喆** 議事日程 第30項 廢棄物管理法案을 上程합니다.

자료 번호 20

자료 제목 「국민복지연금법개정법률안」 공포법률

자료 유형 법률

생 산 자 국회

생성 연도 1986년 12월 31일

정 부 전두환 정부

비 고 제12대 국회(1985. 4. 11.~1988. 5. 29.)

주요 내용

이 문서는 1986년 12월 31일 공포된 「국민복지연금법」 개정안으로, 제도 명칭을 '국민연금법'으로 개정한 내용으로 시작한다. 이 법을 토대로 1988년 1월 1일부터 10인 이상 사업장 종사 근로자를 대상으로 국민연금제도가 시행되었다. 1973년 「국민복지연금법」과 1986년 「국민연금법」을 비교하면 가입 대상이 '18세 이상 60세 미만의 30인 이상 사업장 종사자'라는 점은 동일하고, 주요하게 급여체계, 보험료율, 국고보조, 재정방식에서 차이가 있다(김용하·석재은, 1999). 급여체계의 경우 「국민복지연금법」에서는 균등 부분에서는 20년 가입 시 가입기간에 무관하게 20%로 고정되고, 소득비례 부분에서는 20년일 때 20%, 30년 42%, 40년 72%로 기하급수적 증가구조를 갖지만 70%로 상한선을 두었다. 반면 「국민연금법」에서는 균등 부분은 20년 가입 시 20%, 40년 가입 시 40%이고, 소득비례 부분은 20년 가입 시 15%, 40년 가입 시 35%이며 상한선을 없앴다. 국고보조금의 경우 「국민복지연금법」에서는 저소득자에게 1% 국고보조금 혜택을 준 반면 「국민연금법」에서는 국고보조를 없애고 관리운영비만 보조하는 것으로 변경했다. 재정방식도 적립방식에서 수정적립방식으로 변경했다. 적립방식은 가입자가 나중에 받을 연금액을 보험료로 적립하는 방식이고 부과방식은 그해 필요한 재정을 그해 가입자에게 부과하는 방식이다. 반면, 수정적립방식은 적립해 두되 받을 만큼을 모두 적립하지는 않는, 말하자면 절반 정도는 다음 세대에 의해 지원받아야 하는 부분 적립 또는 수정 적립 구조이다.

여 租稅 기타 國家 또는 地方自治團體의 公課金을 減免한다.

第2節 老 齡 年 金

第56條(老齡年金의 受給權者) ①加入期間이 20年 이상인 加入者 또는 加入者이었던 者가 60歲〔大統領令이 정하는 職種에 종사하거나 종사하였던 勤勞者(이하 "特殊職種勤勞者"라 한다)의 경우에는 55歲〕에 달한 때에는 그때부터 그가 生存하는 동안 老齡年金을 支給한다.

②加入期間이 15年이상 20年미만인 加入者 또는 加入者이었던 者가 60歲에 달한 때에는 그때부터 그가 生存하는 동안 第1項의 規定에 의한 老齡年金額에서 일정한 금액을 減額한 年金(이하 "減額老齡年金"이라 한다)을 支給한다.

③加入期間이 20年이상인 者로서 報酬 또는 所得이 있는 業務에 종사하고 있는 경우 60歲이상 65歲미만의 期間(特殊職種勤勞者의 경우에는 55歲이상 60歲미만의 期間)동안에는 일정한 금액의 年金 (이하

"在職者老齡年金"이라 한다)을 支給한다.

④加入期間이 20年이상인 加入者 또는 加入者이었던 者로서 55歲이상인 者가 報酬 또는 所得이 있는 業務에 종사하지 아니하는 경우에는 第1項의 規定에 불구하고 60歲에 달하지 아니하더라도 本人의 희망에 의하여 그가 生存하는 동안 일정한 금액의 年金(이하 "早期老齡年金"이라 한다)을 支給 받을 수 있다.

⑤第3項 및 第4項의 規定에 의한 報酬 또는 所得이 있는 業務의 범위는 大統領令으로 정한다.

第57條(老齡年金額) ①第56條第1項의 規定에 의한 老齡年金額은 基本年金額에 加給年金額을 加算한 額으로 한다.

②減額老齡年金額은 基本年金額의 1千分의 725에 해당하는 額에 加給年金額을 加算한 額으로 한다. 다만, 加入期間이 15年을 초과하는 경우에는 그 초과하는 1年마다 基本年金額의 1千分의 50에 해당하는 額을 加算한다.

③在職者老齡年金額은 그 年齡에 따라 다음 各號의 額으로 한다.

- 27 -

382

1. 60歲인 者(特殊職種勤勞者의 경우에는 55歲인 者)의 경우에는 基本年金額의 1千分의 500에 해당하는 額
2. 61歲인 者(特殊職種勤勞者의 경우에는 56歲인 者)의 경우에는 基本年金額의 1千分의 600에 해당하는 額
3. 62歲인 者(特殊職種勤勞者의 경우에는 57歲인 者)의 경우에는 基本年金額의 1千分의 700에 해당하는 額
4. 63歲인 者(特殊職種勤勞者의 경우에는 58歲인 者)의 경우에는 基本年金額의 1千分의 800에 해당하는 額
5. 64歲인 者(特殊職種勤勞者의 경우에는 59歲인 者)의 경우에는 基本年金額의 1千分의 900에 해당하는 額

④早期老齡年金額은 다음 各號의 額에 加給年金額을 加算한 額으로 한다.

1. 55歲부터 支給받는 경우에는 基本年金額의 1千分의 750에 해당하는 額

2. 56歲부터 支給받는 경우에는 基本年金額의 1千分의 800에 해당하는 額

3. 57歲부터 支給받는 경우에는 基本年金額의 1千分의 850에 해당하는 額

4. 58歲부터 支給받는 경우에는 基本年金額의 1千分의 900에 해당하는 額

5. 59歲부터 支給받는 경우에는 基本年金額의 1千分의 950에 해당하는 額

第3節 障害年金

第58條(障害年金의 受給權者) ①加入期間중에 발생한 疾病 또는 負傷으로 인하여 그 完治後에도 身體 또는 精神上의 障害가 있는 者로서 初診日 현재 加入期間이 1年이상인 者에 대하여는 그 障害가 存續하는 동안 障害程度에 따라 障害年金을 支給한다. 다만, 疾病 또는 負傷을 당한 者가 初診日로부터 2年이 경과하여도 完治되지 아니하는 경우에는 그 2年이 경과된 날을 基準으로 障害程度를 決定한다.

②第1項의 경우에 障害年金의 支給對象이 되는 者가

자료 번호 21

자료 제목 국민연금제도 형성과정과 입법변천에 관한 연구

자료 유형 학술지 논문

생 산 자 오정수

생성 연도 1987년

정 부 전두환 정부

비 고 『사회보장연구』, 제3권, 143~164쪽

주요 내용

이 문서는 국민연금제도 시행을 앞두고 제도 내용과 제도 형성과정을 분석한 논문이다. 「국민연금법」 제정 관련 이슈, 정책 형성과정, 구법(舊法)과 신법(新法)의 내용 변화, 선진국과의 연금제도 비교까지 일목요연하게 정리하고 있다. 특히 구법과 신법이 형성될 때 정책 형성과정의 관료적·정치적·사회경제적 변화 분석은 주목할 만하다. 정책 아이디어의 원천이 보건사회부 산하 사회보장개선심의위원회(사보심)에서 전문가 집단인 한국개발연구원(KDI)으로 변화했다. 신법 형성에는 노총, 경총, 중소기업 등의 이익집단의 목소리가 반영되었고 노후생활 보장에 대한 사회적 욕구 수준도 증가한 상황이었다. 논쟁적 분석이기는 하나 저자는 구법은 내자동원이라는 정치적 변수가 작용했던 반면, 신법은 선거가 정치적 변수였다고 본다. 그리고 구법에서는 부처 간 갈등이 드러나지 않았으나, 신법에서는 기획원과 보건사회부 간 갈등이 표출되었다는 점에서 관료정치 내에서의 세력 갈등이 드러났다고 분석하고 있는데 이는 향후 연구들의 단초가 되었다.

國民年金制度의 形成過程과 立法變遷에 관한 研究

吳 正 受

目 次

Ⅰ. 序 論

본 研究의 주제는 1986년에 제정된 국민연금법과 1987年의 同法 施行令의 정책형성과정과 입법내용의 변천에 관한 研究이다. 본 연구는 당초 社會福祉學에서 發展시켜온 理論体系의 하나인 政策發達理論을 韓國의 社會政策에 適用시켜 분석을 시도하고 그러한 분석을 바탕으로 理論을 세련화시키고 발전시켜 나가는 작업의 일환으로서 출발하였다.

이러한 作業을 위하여 韓國 社會政策의 한 分野인 國民年金을 택하여 그 변천의 과정을 정책과정분석, 내용변화분석 및 制度論的 比較接近方法을 통해서 可能한 限 많은 資料를 도출하고 發達理論의 제 가설을 시험적으로 검증하고자 하는 의도를 갖고 있었다.

그러나, 理論의 假說이 거의 초보적인 研究段階에 있고, 이를 검증하기에는 現實의 政策에서 操作化하기가 어려울 뿐 아니라 日淺한 韓國 年金制度의 변천과정에 適用하기에는 시계열적인 檢證資料의 不足으로 시기상조임을 認識하여, 本 論文에서는 研究의 範圍를 國民年金制

筆者 : 京畿大學校 社會福祉學科 講師

사업장가입자보다 전반적으로 所得이 낮은 계층임에 비추어 볼 때, 저소득계층을 위한 소득보장으로서는 그 의의를 상실하고 있다. 이것은 강제가입대상자와 임의가입대상자 간에 발생하는 不平等과 制度의 適用階層과 미적용계층간에 發生하는 不平等이 이중적으로 原因이 되고 있다.

또한 현재의 老人계층이 年金의 惠澤을 누리지 못하는 것도 이 제도의 의의를 半減시키고 있는데, 完全老齡年金支給이 이루어지는 2010 年代까지는 공적 노후소득보장이 없는 것이나 같다 하겠다.

(4) 舊法과 新法의 정책결정과정 비교

國民年金法의 政策決定過程은 정책아이디어의 원천, 정책결정의 주도권, 압력집단의 활동상, 사회적 欲求水準, 정책과 關聯된 政治的 변수, 社會經濟的 배경, 정부부처간의 세력경쟁 등을 중심으로 구법 (국민복지연금법)의 정책결정과정과 比較해 봄으로써 그 特徵을 살펴볼 수 있다.

舊法과 新法의 政策決定過程 比較

항 목	구 법	신 법
· 정책 아이디어의 原泉	보사부 (사보심)	K D I
· 정책 결정의 주도권	관료	관료
· 이익집단의 활동상	미약	노총, 경총, 중소기업 등
· 노후생활보장에 대한 사회적 욕구수준	적다	크다
· 정책과 관련된 정치적 변수	내자동원	선거
· 정책과 관련된 사회경제적 배경	불리 (석유파동 · 인플레)	유리 (인구구조, 경제성장, 베이비붐, 물가안정)
· 부처간 협의과정 갈등		기획원 對 보사부
· 매스컴의 태도	법의 목적에 비판적	법의 적용상에 비판적

이중 주요 내용을 보면, 利益集團의 활동상이 신법에서는 보다 현저해졌으며, 노후생활보장에 대한 社會的 欲求水準이 높고, 社會經濟的 배경에 있어서도 인구구조의 老齡化, 經濟成長, 베이비붐 (baby boom) 세대의 노동시장진입으로 인한 연금재정의 안정, 물가의 안정 등 제반 요인이 정책결정 과정에 유리하게 작용하였다. 그리고 정치적 변수도 입법과정

–152–

자료 번호 22

자료 제목 제6차 경제사회발전 5개년계획 수정계획(1988~1991)

자료 유형 정부 간행물

생 산 자 대한민국정부

생성 연도 1988년 10월

정 부 노태우 정부

비 고 –

주요 내용

이 문서는 노태우 정부에서 발간한 정부 문서이다. 1987년 1월 1일 발표된 「제6차 경제사회개발 5개년계획」은 경제사회의 제도 발전, 기본질서 정착, 사회적 안정 제고, 복지 증진 등을 기본 목표로 1985~1986년에 걸쳐 작성되었다. 그런데 1988년 정부는 당초 계획에 충분히 반영되지 못한 대내외 상황에 대한 재평가를 기반으로 수정계획을 내놓는다. 문서는 '계획수정의 배경', '수정계획의 기본방향', '수정계획의 주요정책방향과 추진시책', '경제전망과 국민생활 향상지표'의 네 개 장으로 구성되어 있다. 3장 2절 「경제의 균형발전과 서민생활향상」에서 '의료연금등 사회보장제도의 확충'을 다룬다. 1988년 1월부터 상시 근로자 10인 이상 사업장을 대상으로 실시 중인 국민연금제도의 당연적용 대상을 확대하고 지역가입자의 경우 소득 계층을 세분하여 실제 소득수준을 반영하여 소득재분배 효과를 제고할 것을 계획하고 있다. 그리고 1990년대 중반에 연기금이 10조 원을 상회할 것이므로 기금운용 효율화를 위해 자산운용모형 및 전산시스템을 개발할 것이라는 내용을 담고 있다.

또한 감기와 같이 發生頻度가 높고 치료비가 표준화 될 수 있는 질병의 진료비 定額化에 관한 硏究事業을 실시하고 이를 기초로 包括酬價制를 부분적으로 도입함으로써 의료비 상승과 診療費 審査業務가 간소화되도록 점진적으로 개선해 나갈 것이다.

4.2 國民年金制度의 發展

88年 1月부터 실시하고 있는 國民年金制度는 선진국의 경험과 우리의 負擔能力을 감안하여 社會保險型 公的年金制度를 채택함으로써 財源의 조달은 재정중립원칙하에 加入者의 醵出料로 조성토록 하고 給與에 있어서는 低所得層에 상대적으로 많은 惠澤이 돌아갈 수 있도록 所得再分配機能을 加味하였다. 또한 適用對象에 있어서는 全 國民을 대상으로 하되 우선 事業場勤勞者부터 당연 적용토록 하였으며 當然適用對象을 점차 확대해 나갈 계획이다.

제도실시초기단계에서 制度의 定着이 우선 중요한 課題이나, 福祉需要가 점점 증대하는 추세를 감안할 때 우리의 負擔能力範圍內에서 당연적용대상을 확대해 나가는 것도 긴요하다. 동시에 收益性과 公益性이 조화된 합리적인 基金運用이 국민연금제도의 장기적 발전을 위해 매우 중요하며, 行政管理體系도 꾸준히 개선해 나가야 할 것이다.

4.2.1 適用範圍의 확대

현행 국민연금제도의 적용범위는 근로능력이 있는 18세이상 60세미만의 전국민을 대상으로 하되 制度實施 初期의 여건상 10인이상 事業場 근로자는 當然適用토록 하고 10인미만 事業場勤勞者, 農漁民, 自營業者 등은 任意加入토록 하고 있다.

적용대상 확대는 이를 수용할 수 있는 經濟的·社會的 與件이 뒷받침

될 때에만 가능한 점을 고려하여 우리제도의 기본적인 틀을 저해하지 아니하는 範圍內에서 所得水準의 향상, 소득파악기법의 발전, 制度에 대한 國民認識의 확산 등 여건의 성숙에 따라 단계적으로 當然適用範圍를 확대하여 나갈 것이다.

計劃期間中 우선 5인이상 9인미만 事業場 勤勞者에 대하여는 90年代初까지 당연적용을 목표로 추진하며, 기타 勤勞者, 農漁民 및 自營業者도 여건이 성숙되는대로 적용을 확대하여 나갈 것이다.

4.2.2 基金運用의 效率化

國民年金基金 規模는 90년대 중반에 10兆원을 상회하고 2000年에는 25兆원 수준에 이를 전망이다. 이에 따라 基金의 효율적 운용문제는 基金財政의 측면뿐만 아니라 國民經濟의 흐름에도 중요한 변수로 작용하게 될 것이다.

基金運用은 長期財政收支의 안정이 가능하도록 收益率을 제고하면서 金融市場의 건전한 資金의 흐름에 부응하는 방향으로 운용토록 할 것이며, 이를 반영하는 합리적인 資產運用模型을 개발할 것이다.

또한 基金이 국민의 전반적 福祉增進에 기여할 수 있도록 매년 신규로 조성되는 기금중의 일정비율을 財政資金에 예탁하여 庶民住宅建設등 公益事業에 활용토록 할 것이며, 이 경우에도 基金財政의 안정을 위하여 적정수준의 金利가 보장되도록 할 것이다.

이와 아울러 90年이후 基金規模가 확대되는 추이를 보아 加入者의 福祉增進을 위하여 休養·療養施設의 설치운영, 生活安定資金 및 學資金 貸與등 복지서어비스 사업을 추진토록 할 것이다.

4.2.3 行政管理體系의 개선

현행 制度上 非賃金所得者인 農漁民, 自營業者 등 지역가입자의 경

우 醵出料의 算出基準이 되는 標準所得月額의 산출에 있어 全體事業場 加入者 報酬의 中位數額으로 책정하고 있다. 이는 地域加入者의 所得把握이 어렵기 때문이나 앞으로는 이들에 대하여도 所得을 몇개의 계층으로 구분, 實際所得水準에 따라 差等適用할 수 있도록 개선하여 國民年金制度가 가지고 있는 所得再分配效果를 제고하여 나갈 것이다.

이와 아울러 자격관리 및 徵收管理體系의 효율화를 위하여 전산시스템의 개발을 추진하고 연금제도의 교육·홍보도 한층 강화하여 나갈 것이다.

4.3 産災保險 적용대상 확대 및 給與水準의 향상

産災保險은 근로자가 業務上 災害를 당하였을 경우에 이들을 보호하기 위한 사회보장제도로서 우리나라에서는 64년 500인 이상의 광업과 제조업 근로자를 대상으로 시작한 이래 그동안 經濟成長과 企業發展에 맞추어 꾸준히 適用對象業種과 給與水準이 향상되어 왔다.

적용대상범위는 궁극적으로 모든 근로자가 保險의 혜택을 받을 수 있도록 해야 할 것이나 88년 현재 광업, 제조업, 운수, 창고업등 災害危險이 비교적 높은 61개 업종의 5인이상 事業場 勤勞者에 적용되고 있고 金融, 保險, 都·小賣業등 일부업종은 적용에서 제외되고 있다.

따라서 91년까지는 적용대상을 5인이상 全業種으로 확대한다는 目標아래 89년에는 金融, 保險, 不動産, 都·小賣業 일부까지 확대하고 91년에는 殘餘 未適用 業種에 대하여도 확대할 계획이다.

産災保險의 給與水準도 재해 근로자의 생활안정을 도모하기 위하여 休業給與 水準을 현행 平均賃金의 60%에서 ILO 勸告 水準인 67%로 높이고 모든 災害勤勞者가 요양을 받을 수 있도록 요양대상을 현행 診療所要日數 4일이상에서 1일이상까지 확대할 계획이다.

자료 번호 23

자료 제목 국민연금제도의 운용과 개선과제

자료 유형 정부 업무참고자료

생 산 자 경제기획원 사회발전계획과

생성 연도 1988년

정 부 노태우 정부

비 고 경제기획원 업무참고자료, 3~14쪽

주요 내용

이 문서는 국민연금 운용 첫해 경제기획원에서 발간한 업무참고자료로, 국민연금제도 현황, 기금운용체계 및 발전과제를 제시한 보고서이다. 소득분위, 가입기간별 임금대체율을 계산한 표를 보면 소득1분위 가입자의 경우 가입연수 20년 58.3%, 30년 90%, 40년 100%로 설계되어 있다. 1988년 재정상황을 보면 수입 5,272억 원, 지출 68억 원으로 연기금이 적립되기 시작했음을 보여준다. 또한 복지수요가 증대하고 있다는 점을 들어 10인 이상 사업장 근로자를 당연적용 대상으로 한 국민연금제도의 적용 대상 확대를 과제로 제시하고 있다.

一 給與支給 水準 (老齡年金)

○ 20年 加入時 平均年金 受領額은 最終 月報酬의 平均 40% 水準 (低所得層일수록 有利)

〈 所得分位別 賃金代替率[1] 〉

(單位 : %)

所得分位 \ 加入期間	20 年	30 年	40 年
Ⅰ	58.3	90.0	100.0[2]
Ⅱ	47.2	73.2	99.3
Ⅲ	35.0	54.1	75.1
Ⅳ	26.4	42.2	57.9
平 均	41.7	64.9	83.1

註 : 1」 年金受給前年度 月報酬額 對比 年金月額
2」 賃金代替率 上限 100 % 適用의 경우

〈參考 1〉 各國의 加入期間別 年金額水準 比較*

(單位 : %)

	20 年	25 年	30 年	35 年	40 年
韓 國	40.0	50.0	65.0	76.0	83.0
日 本	40.0	50.0	60.0	70.0	75.0
西 獨	40.5	50.6	60.8	70.9	81.0
英 國	38.2	47.7	57.3	66.8	76.4

註 : * 年金額水準은 年金額 / 報酬比임.

資料 : KDI 國民年金制度의 基本構想, 1986.

다. 運用計劃

〈 88, 89 國民年金基金運用計劃 〉

(億원)

區分	1988 [1]	1989	增減	備考
〈新規造成部門〉				
○ 收入	5,272	7,481	2,209	〈 89 年度 算出根據 〉
• 醵出料	5,117	6,784	1,667	• 當然加入者 2 %增加
• 利殖金	144	697	553	• 88 年度賃金 16 %增加
• 其他	11	-	△ 11	(88 實際賃金上昇率
○ 支出	68	524	456	推定 19.8 %)
• 年金給與	17	509	492	• 1 年以上離職率 13%
• 豫備費등	51	15	△ 36	• 給與額의 3 %
○ 運用	5,205	6,957	1,752	
• 公共部門	2,900	3,400	500	
• 金融部門	2,305	3,557	1,252	
〈投資回收部門〉				
○ 收入	-	1,651	1,651	
• 公共部門		-	-	
• 金融部門		1,651	1,651	• 88 投資分元金回收分
○ 支出	-	500	500	• 公團建物買入
○ 運用(再投資)	-	1,151	1,151	
• 公共部門		-		
• 金融部門		1,151	1,151	
〈合計〉				
○ 收入	5,272	9,132	3,860	
○ 支出	68	1,024	956	
○ 運用	5,205	8,108	2,903	

註 1」 修正計劃

-13-

Ⅲ. 制度運用의 發展課題

1. 適用對象의 擴大

〈現況 및 問題點〉

— 現行 適用對象은 18才以上 全 國民을 對象으로 하면서 制度實施 初期의 與件上 所得實態의 把握, 行政管理能力등을 勘案하여 當然適用과 任意適用으로 區分

○ 當然適用 : 10人以上 事業場 勤務者

○ 任意適用 : 其他事業場, 自營業者, 農漁民 등

— 國民年金制度의 本來趣旨와 날로 增大되는 福祉需要增大를 考慮할 때 適用對象의 擴大가 이루어져야 함.

〈發 展 方 向〉

— 醵出料 負擔能力, 年金制度에 대한 認識의 擴散, 行政管理能力의 提高등 實施與件의 成熟에 따라 점진적으로 適用對象 擴大

○ 90年代初까지 5人以上 事業場勤務者는 當然適用 推進

○ 其他 適用對象도 與件成熟에 따라 점차 適用 擴大

제 III 부

국민연금제도의 확대

(1989~1999년)

자료 번호 24

자료 제목 1988년 국민연금 통계연보

자료 유형 통계집

생 산 자 국민연금관리공단(현 국민연금공단)

생성 연도 1989년 9월

정 부 노태우 정부

비 고 –

주요 내용

이 문서는 국민연금관리공단(현 국민연금공단)에서 발간한 첫 통계연보이다. 1988년 1월 1일부터 국민연금제도가 실시되었고 당해 사업실적 파악 목적으로 발간했다고 밝히고 있다. 통계항목은 크게 가입자 현황, 보험료 징수 현황, 기금운용 현황으로, 여기에 지역, 업종, 성별, 사업장 규모 등을 추가하여 총 23가지 항목에 대한 통계결과를 제공한다. 첫해 통계연보의 내용은 이후 통계연보 내용보다 그 분석 내용이 적지만 통계연보 작업을 시작했다는 점에서 의의를 찾아야 할 것이다. 참고로 1988년에서 1999년까지 통계연보 자료는 국민연금전문도서관에서 종이책 형태로만 확인할 수 있다.

제1호

1988年

國民年金統計年報

1988 NATIONAL PENSION STATISTICS

國民年金管理公團

The National Pension Corporation

발 간 사

국민의 생활안정과 복지증진에 기여함을 목적으로 1988년 1월 1일부터 국민연금제도가 전국적으로 실시됨에 따라 국민보건 향상을 위해 이미 실시되고 있는 의료보험제도와 함께 사회보장제도의 양대근간이 마련됨으로써 우리나라도 명실공히 사회복지국가로서의 기틀을 다지게 되었습니다.

국민연금사업을 효율적으로 수행하기 위하여 설립된 우리 공단은 국민연금업무에 대한 지식과 경험이 일천하여 업무수행에 많은 어려움이 있었으나 국민연금제도의 운영주체로서의 자긍심과 책임감으로 열과 성을 다하고 있으며 이번에 그 사업실적을 보여주는 국민연금통계연보 창간호를 발간하게 되었습니다.

이 통계연보는 국민연금제도 시행초기의 실시현황을 가입자현황, 징수현황, 급여현황, 기금현황으로 분류 수록한 것으로 가입자현황과 징수현황이 주를 이루고 있으나 1989년부터 장해연금과 유족연금의 지급이 시작되고 있으므로 해가 거듭 될수록 급여현황에 대한 자료가 보다 다양해 질 것이라 생각됩니다.

이 통계연보가 앞으로 국민연금제도의 전국민 확대등 정책입안을 위한 기초자료로 활용되어 지기를 기대하며 향후 보다 유용한 통계자료를 제공할 수 있도록 미흡한 부분을 보완하여 나가는데 최선의 노력을 기울여 나갈 계획입니다. 이를 위하여 연금 및 사회보장 분야를 연구하고 있는 학자와 이에 종사하는 실무자는 물론, 사계에 관심있는 분들의 아낌없는 지도와 협조를 바랍니다.

1989. 9.

국민연금관리공단
이사장 장 원 찬

목 차
CONTENTS

통계표
List of Tables

6. 업종별 가입자 현황

Number of Insurants by Industrial Division

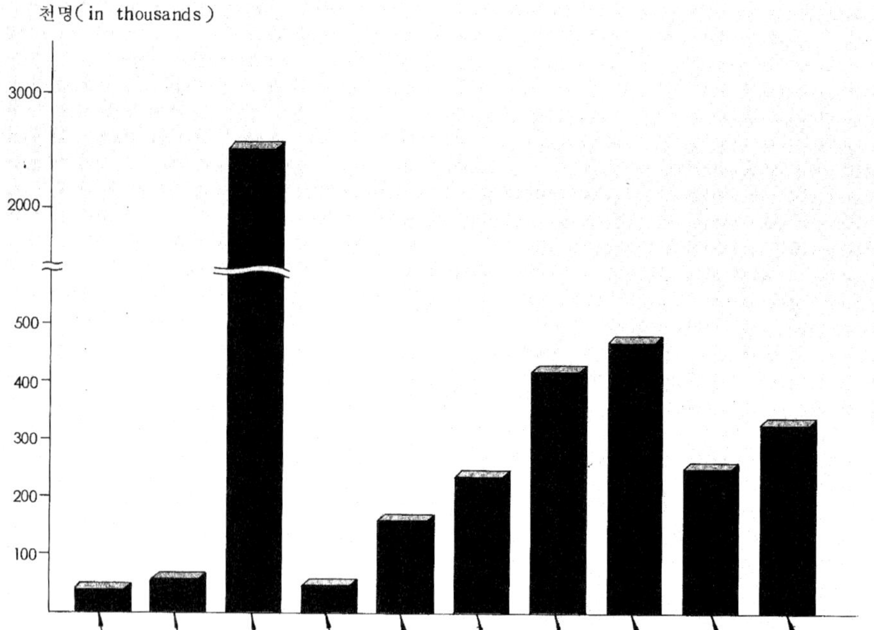

단위 : 명

계 Total	농업·임업·수렵업·어업 Agriculture, Forestry, Hurting & Fishing	광 엄 Mining	제 조 업 Manufacturing	전기·가스·수도사업 Electricity, Gas & Water	건 설 업 Construction	도·소매 및음식숙박업 Wholesale/Retail, Restaurants & Hotel	운수·창고·통신업 Transport, Storage & Communication	금융·보험•부동산용역업 Financing, Insurance, Real Estate & Business Services	사회및개인서비스업 Social & Personal Services	분류불능산업 Unknown
4,432,695	45,956	56,884	2,451,884	49,719	156,308	230,476	404,005	468,487	245,577	323,399

7. 연령별 · 성별 가입자 현황

Number of Insurants by Age Groups & Sex

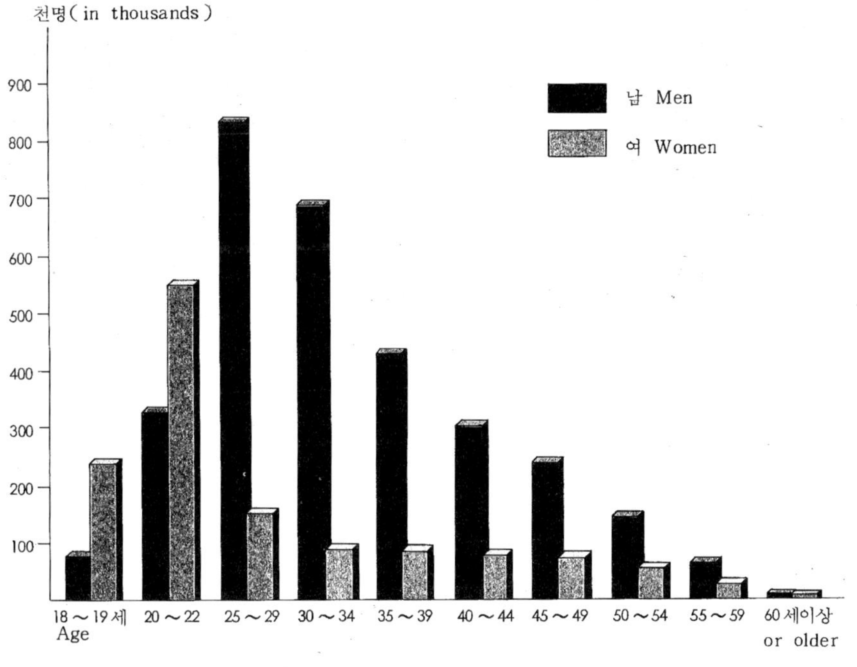

단위 : 명

연령 Age	계 Total	18 ~ 19	20 ~ 24	25 ~ 29	30 ~ 34
계 Total	4,432,695	321,236	882,765	985,921	780,940
남 Men	3,076,928	86,228	320,783	830,786	685,186
여 Women	1,355,767	235,008	561,982	155,135	95,754

35 ~ 39	40 ~ 44	45 ~ 49	50 ~ 54	55 ~ 59	60세이상 or older
512,205	381,885	309,461	185,609	72,387	286
422,667	299,214	233,748	142,693	55,362	261
89,538	82,671	75,713	42,916	17,025	25

자료 번호 25

자료 제목 국민연금법 시행령 개정(안)에 대한 경영계 의견

자료 유형 이익단체 사업보고서

생 산 자 한국경영자총협회

생성 연도 1991년 3월 4일

정 부 노태우 정부

비 고 한국경영자총협회 사업보고서(1991), 178~180쪽

주요 내용

이 문서는 1992년 5인 이상 사업장 근로자에 대한 국민연금제도 시행을 앞두고 한국경영자총협회(경총)에서 낸 건의 내용이다. 경총은 소득보장정책으로서의 국민연금 확대적용 방향에 대해 환영 입장을 밝히면서 국민연금 적용 보수범위, 관리운영체계, 국민연금 복지사업의 개선방안을 건의한다. 비과세 근로소득인 연장근로수당, 야간수당, 휴일수당 등 초과급여수당을 국민연금 갹출 대상에 포함시키지 않아야 근로자 실질소득에 도움이 된다는 주장이다. 5~9인 사업장에 확대적용 시 행정관리상 예산이 마련되어야 하며, 특히 영세한 가족단위 자영업이나 서비스업인 경우가 다수이므로 정확한 소득 파악 방안이 마련되어야 할 것이라고 보았다. 국민연금관리공단의 복지사업 방향에 가입자 의견이 반영될 수 있도록 해야 한다고 보았다.

연금

③ 國民年金法 施行令 改正(案)에 대한 經營界 意見

(91년 3월 4일 건의)

첫째, 국민연금의 갹출 대상이 되는 '보수'의 개념에 비과세근로소득을 추가키로 한 동법 시행령 개정(안) 제3조 제4호는 근로자의 연금급여 수준을 확대코자 한다는 취지에서 마련되었다는 점에서 긍정적인 면도 있으나, ① 88년 국민연금제 도입 실시 이래 국민연금기금은 항상 당초예상 수입을 초과하여 징수되어 왔고, ② 기업의 부담금측면에서 보아도 인건비 추가부담 요인이 되므로 연장・휴일・야간 근로 등 비과세되던 근로소득을 국민연금의 갹출대상이 되는 보수에 포함시키려는 동조 제4호 규정은 종전과 같이 포함하지 않도록 하여 주시기 바랍니다.

—개정(안) 제3조 제4호는 '보수'의 개념을 명확히 하고, 기금의 절대액을 증액시켜 급여확대를 꾀한다는 점에서 나름대로의 긍정적인 면이라 보여지고 있으나, 90년 한해만 해도, 당초 기금운용 계획상의 갹출료 보다 약 500억 원이 초과 징수된 현상(표 1참조)에서 볼 때, 이같은 논리는 설득력이 적을 뿐 아니라,

—또한 이들 비과세되던 연장근로수당, 야간수당・휴일수당 등 초과(급여)수당이 국민연금 갹출대상이 되는 보수에 포함될 경우, 정액급여 대비 초과급여의 비율이 높은 우리의 임금구조상—제조업의 경우—기업은 약 2%의 추가적 국민연금 부담금을 안게 되어(표 2참조) 또다른 임금인상 요구를 유발시킬 우려와 여타 점증하는 총노동비용의 증가와 함께 기업의 경쟁력을 약화시킬 우려가 있다고 보여짐.

—따라서 연장근로수당 등 비과세근로소득은 현행과 같이 국민연금의 갹출 대상인 보수에 포함시키지 않음으로써 해당 소득 전액이 근로자의 현재 실질소득으로 이어질 수 있도록 하고, 급여 확대를 위한 재원마련의 취지로 보수 개념을 확대코자 한다면 오히려 현재 초과 징수되고 있는 연금 갹출료를 과다하게 財政 예탁하기보다 수익성 제고에 보다 더 심혈을 기울임으로써 財源 확대를 도모해야 할 것임.

둘째, 5~9인 사업장에 대한 국민연금의 확대적용과 관련하여 이는 근본적으로 환영하는 바이나, 현재 예산상 이를 위한 관리운영비가 마련되어 있지 않은 상황이고, 5~9인 사업장의 상당부분이 영세한 가족단위 형태의 자영업체들이어서 보수의 定期지급이 안되는 서비스 업종이라는 점 등을 감안하여, 5~9인 사업장에의 확대적용은 관리운영예산이 마련되고 또한 영세 자영업체들이 어느 정도 발전・성숙되는 시점으로 그 실시

178

시기를 조정하여 주시기 바랍니다.

―의료보험과 더불어 사회보장의 2대 지주라 할 수 있는 소득보장책으로서의 국민연금제를 전국민에 확대적용하는 과정의 일환으로 5~9인의 사업장에도 적용한다는 것은 적극적으로 환영하는 바임.

―그러나, 국민연금제 확대적용을 위해 소요되는 관리운영비가 당초 국고예산에 반영토록 되어 있었으나, 현재 예산상 사유로 확보되지 못한 상황으로 偏聞되고 있어, 이를 금년 하반기부터 실시할 경우(개정안 부칙) 기금에서의 인출이 불가피할 것으로 예견되고 있음.

―이같이 관리운영비(약 19억 원으로 예측)를 기금에서 인출한다는 것은, 국고부담으로 실질적인 국가책임주의를 수용하는 원칙(국민연금법 제74조)에도 어긋날 뿐만 아니라 기금 잠식을 유발시킬 것으로 우려됨.

―따라서 이의 실시시기를 예산이 확보되는 시점으로 늦추어 시행하는 것이 타당할 것으로 사료되며, 현재 적용되고 있는 10인 이상 사업장의 경우만 해도 상당수(90년 7월 말 현재 1,337개 사업장)가 국민연금에 가입치 않고 있음을 볼 때, 현단계에서는 이 부분의 가입률을 제고시키기 위해 각종 홍보활동을 강화해 나가야 할 것이며,

―연금제도는 가입자 개인에 대한 각종 정보를 평생 동안 관리해야 하므로 당해 사업체에 종사하는 기간 만큼만 관리하면 되는 의료보험이나 산재보험에 비해 가입자 관리가 어려운 점을 감안, 정확한 소득 파악 등 현행 행정관리상의 미비점을 보완, 발전시켜 나가는 일이 시급하다 할 것임.

셋째, 개정(안) 제28조에 의하면 국민연금관리공단의 복지사업으로 주택의 건설・분양 및 임대사업 등을 추가 규정함으로써 복지사업실시에 필요한 부동산의 취득근거를 마련하고 있는 바, 국민연금가입자를 위한 복지사업은 국민연금관리공단이 주축이 되어 실시 하되, 복지사업의 합리적 수행을 기하고 연금기금의 장기적 안정을 위해 가입자의 의견이 충분히 반영될 수 있는 제도를 마련함은 물론 연금재정의 안정을 나타내는 지표 또는 지수를 하루빨리 마련하여 적절한 수준에서 복지사업이 시행될 수 있도록 하여 주시기 바랍니다.

―현재 복지증진을 위한 사업에의 투자는 운용위원회의 결정에 위임하고 있고 투자가 가능한 복지증진 사업의 종류를 명시하는 규정이 미약한(동법 시행령 제28조 뿐임) 실정임.

179

―이같은 상황에서 기금본래의 목표―연금재정의 장기적인 안정을 도모함으로써 가입자의 수급권을 확보―달성을 보장하는 데 적절한 수준에서 복지사업이 이루어지느냐의 판단기준 미비로 자의적 지출(Opportunistic Behaviors)이 우려 됨.

―따라서 미국 등에서 사용되고 있는 기금비율 또는 비용비율 등으로 복지증진 사업에의 투자규모를 적정 수준에서 한정하는 노력이 공단의 복지증진 사업과 조화를 이루어 병행되어야 할 것임.

<표 1> 90년 국민연금 각출료 수입 현황

기금운용 계획상	실 적
7,862억 원	8,340억 500만 원 (+478억 500만 원)

*자료 : 국민연금관리공단

<표 2> 제조업의 정액 및 초과급여 구성(1989)

(단위 : 원)

정액 및 초과급여(A)	초과급여(B)	정액급여(C)
396,051	70,098	325,953
B/C=21.5% 21.5%×0.09≒2%	(노·사 및 퇴직전환금 각 3%씩 총 9%)	

*자료 : 노동부

주) <표 2>에서의 초과급여와 국민연금법 시행령상의 연장·야간·휴일근로수당은 엄밀한 의미에서 全的으로 동일한 개념이라 보기는 어려우나 대체로 일치하는 개념임.

4 聯合鐵鋼事件(團體交涉 權限)에 대한 經營界 意見

(91년 3월 12일 건의)

지난 87년의 6·29선언 이후 노사분규의 폭발 현상을 지켜보면서 우리 경영계는 특히 勞勞紛糾가 노사분규로 비화하는 데 대해 우려를 금할 수 없었습니다. 이는 정당한 절차에 의해 선출된 노동조합장과 사용자측이 합의한 단체협약이 노조 총회에서 부결되곤 하여 그간에 공들인 노사간의 노력이 물거품이 되고 마는 현상에서 단적으로 드러난다고 생각합니다.

180

자료 번호 26

자료 제목 국민연금법시행령 일부개정(대통령령 제13449호)

자료 유형 법률

생 산 자 정부

생성 연도 1991년 8월 10일

정 부 김영삼 정부

비 고 –

주요 내용

이 문서는 당연적용사업장 범위를 상시 10인 이상에서 5인 이상으로 확대하도록 규정한 시행령 개정안이다. 국민연금 적용대상 확장의 역사를 보자면 1988년 근로자 10인 이상 사업장을 대상으로 제도를 시작해 1992년 5인 이상 사업장으로 확대하고, 1995년 7월에는 농어촌 거주자, 8월에는 5인 이상 사업장의 외국인 근로자 및 사용자, 1999년 4월 도시자영업자를 포함하면서 전 국민 연금시대로 들어왔다고 본다. 2003년 7월부터는 5인 미만 사업장과 근로자 1인 이상 법인 및 전문직종 사업장, 그리고 2006년 1월에는 근로자 1인 이상인 모든 사업장으로 확대되었다. 일용, 임시직 근로자 관련 규정만 살펴보자면 1988년에는 일용, 임시직 근로자 중 3개월 이상 계속 고용되는 경우만, 2003년 이후에는 1개월 이상 고용되는 경우로, 2003년에는 월 80시간 이상 근무하는 시간제 근로자를, 2010년부터는 시간제 근로자의 월 근로시간 기준을 월 60시간 이상으로 완화하여 적용하였으며, 2018년부터는 1개월 이상 근로하면서 월 8일 이상, 또는 월 60시간 이상 근로하는 일용직 근로자도 사업장 가입자로 적용하고 있다(국회입법조사처, 2020).

④위원장은 국민연금심의위원회에서 의결된 사항에 관하여 보건사회부장관에게 보고하여야 한다.

第17조 (간사) ①국민연금심의위원회에 간사 1인을 두되, 보건사회부장관이 보건사회부 소속공무원중에서 임명한다.
②간사는 위원장의 명을 받아 국민연금심의위원회의 서무를 처리한다.

第18조 (위원의 수당) 국민연금심의위원회의 회의에 출석한 위원에게는 예산의 범위안에서 수당을 지급할 수 있다. 다만, 공무원인 위원이 그 소관업무와 직접적으로 관련되어 출석하는 경우에는 그러하지 아니하다.

제2장 국민연금가입자

第19조 (당연적용사업장) ①법 제8조제1항의 규정에 의한 당연적용사업장은 다음 각호의 1에 해당하는 사업장으로 한다.<개정 1991·8·10>
1. 상시 5인이상의 근로자를 사용하는 사업장
2. 주한외국기관으로서 상시 5인이상의 대한민국 국민인 근로자를 사용하는 사업장
②사업장 상호간에 본점과 지점, 대리점 또는 출장소등의 관계에 있고 그 사업경영이 일체로 되어 있는 경우에는 이를 하나의 사업장으로 보아 제1항의 규정을 적용한다.
③제1항제1호의 규정에 해당하게 되는 사업장의 사용자는 보건사회부령이 정하는 바에 의하여 그 사실을 국민연금관리공단에 신고하여야 한다.

第20조 (갹출료체납에 의한 자격상실) 법 제12조제2항제5호, 법 제13조제3항제5호의 규정에 의하여 지역가입자 및 임의계속가입자가 그 자격을 상실하게 되는 갹출료의 체납기간은 3월로 한다. 다만, 천재·지변 기타 부득이한 사유로 인하여 기간내에 갹출료를 납부할 수 없었음을 증명한 경우에는 그러하지 아니하다.

第21조 (사망의 추정) ①법 제15조의 규정에 의하여 사망으로 추정되는 경우는 다음과 같다.
1. 선박이 침몰, 전복, 멸실 또는 행방불명되거나 항공기가 추락, 멸실 또는 행방불명된 경우에 그 선박 또는 항공기에 탔던 자가 그 사고의 발생일로부터 그 생사가 3월간 불명한 때
2. 항행중의 선박 또는 항공기에 탔던 자가 행방불명되어 그 생사가 3월간 불명한 때
3. 천재·지변 기타 이에 준하는 사유로 그 생사가 3월간 불명한 때
②제1항의 규정에 의하여 사망으로 추정되는 자는 그 사고가 발생한 날 또는 행방불명된

자료 번호 27

자료 제목 국민연금 운용 개선활동

자료 유형 노동조합 사업보고서

생 산 자 한국노동조합총연맹

생성 연도 1991년

정 부 노태우 정부

비 고 한국노총 사업보고서(1991), 112~128쪽

주요 내용

이 문서는 한국노동조합총연맹(한국노총)의 1991년 국민연금 관련 활동을 설명하는 사업보고서이다. 현행 국민연금기금이 '재특'에 과도하게 예치되고, 금융 부문 운용에서도 정부가 지나치게 간섭하면서 높은 경직성을 보이며 정부재원화하고 있다는 점을 지적한다. 재특은 '재정투융자특별회계'를 가리키는데 재무부 장관이 관리·운용하며, 수송시설, 산업기반조성 등의 실물자산 형성에 정부가 재정을 출자나 융자할 때 이 특별회계제도를 활용했다. 시대별로 해당 특별회계 관련 법이 있었는데, 1988년부터는 재정투융자특별회계가 신설되어 운용되고 있었다. 과도한 재특 예탁과 타율적 금융 운용으로 수익성이 낮고 안정성을 위협한다는 점에서 금융 부문 전문가를 확보하고, 기금운용위원회에 가입자 대표와 전문가 대표를 포함하는 등의 전문성 제고안을 내놓고 있다.

현 행	개 정 안
1. (1988. 12. 26 삭제) 2. (1988. 12. 26 삭제) 3. 문화예술진흥법에 의한 문화예술진흥기금으로 출연하는 금액 4. (1988. 12. 26 삭제) 5. 국제무역산업박람회조직위원회지원법의 적용을 받는 재단법인 국제무역산업박람회조직위원회(이하 "박람회조직위원회"라 한다.)에 지출하는 기부금과 출연금 6. 사립학교법에 의한 사립학교(기능대학법에 의한 기능대학을 포함한다)에 시설비, 교육비 또는 연구비로 지출하는 기부금	1. -6. (현행과 동일) 7. 사내근로복지기금법에 의하여 사내근로복지법인에 출연하는 금액 전액(신설) 8. 영유아보육법에 의한 탁아시설의 건립, 운영을 위하여 지출하는 비용 전액(신설)

「개정 이유」

○ 급증하는 노동자의 복지수요를 충족하기 위해 제정된 사내근로복지기금법의 실효성의 제고를 위해서는 조감법상 사내복지재단에 출연하는 기금에 대하여 전액 손비 처리 하도록 하여야 함.

○ 여성의 경제활동참가의 확대와 모성보호를 위해 탁아시설의 건립이 시급한 바, 탁아시설의 건립지원을 확대하기 위해 탁아시설의 건립과 운영을 위해 지출하는 금액을 전액 손비로 인정토록 함.

Ⅲ. 국민연금 운용 개선활동

1. 국민연금제도 개선 건의

○ 국민연금제도는 의료보험과 함께 사회보장의 근간을 이루는 제도로서 국민의 노령, 폐질 또는 사망에 대하여 연금급여를 실시함으로써 국민의 생활안정과 복지증진에 기여함을 목적으로 하는 소득보장제도이며, '90년말 현재 가입자가 460여만명에 달하고 있음.

○ 국민연금기금은 가입자인 노사의 갹출료로 조성되는 것으로 정부는 국민신탁재산의 선량한 관리자로서 기금의 안정성과 수익성을 제고해야 할 의무가 있음.

○ 그러나 현행 국민연금기금이 재특에 과도하게 예탁되고 있을 뿐만아니라 금융

— 112 —

부문에서도 운용상 정부의 지나친 간섭과 경직성으로 인해 정부재원화 하고 있어 기금의 안정성과 수익성이 크게 위협받고 있음.

○ 이에 당연맹은 국민연금제도의 합리적 운용을 위해 다음과 같이 경제기획원 장관, 보건사회부 장관, 국회보사위원회 위원, 민자당 정책위의장, 신민당 정책위의장 그리고 민주당 정책위의장에게 91년 9월 2일 건의하였다.

제1부 주요건의내용

국민연금기금은 가입자의 갹출료로 조성되는 국민의 신탁재산으로서 정부는 기금의 안정성과 수익성을 제고하여 연금이 국민의 노후생활보장이라는 본래의 목적을 실현하는데 최선을 다하여야 하나, 현재 국민연금기금은 과도한 재특예탁과 금융부문의 타율적인 운용으로 수익성이 낮을 뿐만아니라 안정성마저도 크게 위협받고 있음.

이는 정부가 기금의 최후보루자라는 지위를 남용하여 기금을 정부재원시 하는 잘못된 시각과 기금운용을 결정하는 기금운용위원회가 정부 주도로 구성·운용되고 있기 때문임.

따라서 기금재정의 건실화를 위해서는 재특규모의 축소, 금융부문의 효율적 운용 그리고 복지부문의 확대가 필요하며, 이를 제도적으로 보장하기 위해서는 기금운용위원회에 가입자와 전문가의 참가를 확대하고 위원회 산하에 전문성 제고를 위해 실무위원회를 구성하고, 복지사업실시를 위해 공단 산하에 복지사업단을 구성하여야 함.

〈재정부문〉

1. 재특예탁 규모를 현행 50%에서 20% 수준으로 조정
2. 세계잉여금 발생등 정부재정상태를 감안하여 재특예탁규모를 탄력적으로 운용
3. 재특이자율을 현행 11%에서 국공채 수준인 13%로 인상
4. 재특수탁시 시장성채권을 발행하여 기금운용 유동성 확보
5. 기금예탁시 용도 및 규모를 명시하고 이자를 분기별로 지급

〈금융복지부문〉

1. 정부의 금융부문 운용 개입 배제와 기금관리 주체의 자율성 보장
2. 발행시장에서의 채권 매입을 유통시장으로 적극 전환하여 수익성 제고
3. 금융기관 및 금융상품별 분산 투자의 자율성 확보
4. 물가상승에 대비한 실질투자 확대
5. 안정성과 수익성 제고를 위한 기금운용 및 수리 전문가의 확보
6. 복지사업확대를 위해 신규조성분의 10%를 복지부문에 투자
7. 복지사업 추진을 위한 「복지사업단」의 설립
8. 주택사업, 보건·휴양시설, 노인건강센타 등 복지사업 실시

〈기금운용제도부문〉

1. 기금운용위원회에 가입자대표로 노사 각 1명씩 추가하여 대표성 제고
2. 기금운용위원회에 전문가대표를 노사가 추천하는 4인으로 대체하여 전문성 제고
3. 기금운용위원회 산하에 실무위원회 구성 전문성 제고 및 관계당사자 의견 사전 조정
4. 연금관리공단에 가입자 이익실현의 일상화를 위해 노사 각 1인의 상임이사를 둠
5. 관리공단의 감사 기능 강화를 위해 1인 감사제도를 3인 이상의 감사위원회로 강화

— 113 —

6. 가입범위를 '95년부터 5인미만 사업장과 농어민까지 확대
7. 퇴직금전환금제도의 보완, 피보험자 피해 방지
8. 사용자 귀책사유의 갹출료미납에 의한 피보험자의 반환일시금 손해 시정
9. 야간·휴일·연장 근로수당의 연금 갹출 대상 제외

제2부 각 부문별 건의사항과 건의 이유

1) 재특예탁규모 축소와 합리적 운용

(1) 과다한 재정예탁 규모의 축소

① 건의 사항

(가) 재특예탁규모를 현행 50%에서 20% 수준으로 낮춰 주시기 바랍니다.

(나) 세계잉여금의 발생등 재정상태를 감안하여 기금운용위원회와 사전 협의하에 탄력적으로 운용해야 합니다.

② 건의 이유

(가) 선량한 관리자로서의 의무 위배

정부는 가입자의 갹출료만으로 조성되는 국민연금기금을 법이 정한 바에 따라 적립기금의 장기적인 안정성을 유지하기 위해 운용수익을 최대한 증식해야 할 의무가 있으나 이를 무시한채 과도하게 재특예탁케 하고 있어 기금 부실화 초래.

(나) 과도한 재특예탁 규모

정부는 기금의 안정성과 수익성을 도외시 한 채 기금의 공공성만을 지나치게 강조하여 재정예탁규모를 '88~'89년간은 신규조성액(이자 포함)의 50% 수준을, '91년은 갹출료 수입의 50%를 재특에 예탁케 하였음.

〈재특예탁규모〉

(단위 : 억원, %)

	'88	'89	'90	계
기금예탁규모(a)	5,279	7.053	9,654	21,987
재특예탁규모(b)	2,880	3,400	3,900	10,178
비 율 (a/b)	54.6	48.2	40.4	46.3

(다) 더욱 높아질 재특예탁규모

경제기획원이 사회간접자본의 확대를 위한 재원확보를 위해 '93년 부터 재특예탁규모를 조성액의 50%로 높일 것을 요구하고 있어 재특예탁 잔액 규모가 '96년에 8조 1,378억원이나 될 전망임. 정부가 정부예산 중 경직성 경비를 줄여 사회간접자본확대를 위한 재원을 확보하려는 노력을 하지 않고 국민연금의 재특예탁규모의 확대만을 요구하는 것은 국민연금기금의 수익성은 물론 안정성까지 크게 위협하여 기금의 적자 시점을 크게 앞당길 것이며, 또한 기금재정 적자시점에도 정부가 수익자 부담 원칙을 내세워 국고지원을 거부할 것이므로 갹출료가 인상되어 결국 가입자 부담만 가중됨.

〈재특예탁기준〉

'88 – '90	'91 – '92	'93년 이후
신규조성액의 50%	갹출료수입의 50%	신규조성액의 50%

주) 신규조성액은 기금운용 이식금을 포함한 것임

(라) 타기금과 불공평한 재특예탁

정부가 가입자 보호라는 본래의 목적을 도외시한채 궁극적인 재정책임자라는 지위를 이용하여 국민연금기금을 과도하게 재특예탁케 하는 것은 공무원연금, 사학연금과 비교하여도 형평에 어긋남.

— 114 —

〈재특예탁비율〉

('90년말 현재, %)

국 민 연 금	공무원연금	사 학 연 금
46.3	36.1	0

(마) 재정상태를 무시한 경직적인 정율 예탁제도

'88년 부터 계속 세계잉여금이 발생했음에도 불구하고 정율제로 예탁케 하는 것은 정부가 국민연금기금을 정부재원으로 당연시 하고 있다는 인식을 반영하는 것으로 연금기금의 정상적 운용을 위해 재특예탁규모를 탄력적으로 운용하여야 함.

(2) 재특예탁 조건의 개선

① 건의 사항

(개) 현행 예탁 이자율 11%를 국공채 수준인 13%로 인상하여야 합니다.

(나) 정부가 재특수탁시 시장성 채권을 발행하여 원리금 회수를 보장해야 합니다.

(다) 기금예탁시 용도 및 규모를 명시하여야 합니다.

(라) 이자를 분기별로 지급해야 합니다.

② 건의 이유

(개) 낮은 이자율

재특예탁기금의 이자율은 11%로 국·공채 이자율(연 13%)보다 낮을 뿐만아니라 금융부문 수익율보다는 3% 이상 낮은 수준으로 결국 국민연금기금의 수익율을 떨어뜨리는 가장 중요한 요인이 되고 있으며, 이자율도 실세금리와 상관없이 정부가 일방적으로 결정하고 있어 연금재정의 부실화를 초래하고 있음.

〈연도별 상품별 투자 수익율〉

(단위 : %)

	1990	1989	1988
공공부문	11.0	11.0	11.0
〈금융부문〉	14.17	14.35	12.95
국·공채	12.73	12.70	12.09
회사채	14.33	13.36	11.58
기업금전신탁	12.70	12.65	12.72
특정금전	15.54	15.68	14.41
공사채형 수익증권	15.20	15.68	14.41
주식형 수익증권	11.27	–	–
단기자금	14.86	13.61	12.22

(나) 단축되는 기금 적자 시점

'90년 보건사회연구원의 연구결과에 의하면 수익율의 1% 인상은 국민연금재정이 적자로 반전하는 것을 약 7년 정도 연장시키며 수익율의 1% 하락은 적자시점을 3년 앞당기는 것으로 나타났으며, 한국개발연구원의 연구 결과로 갹출료 1% 인상시 적자 발생 시점은 3년 연장되나 수익율의 1% 상승은 5년이 연장되는 것으로 나타나 수익율의 제고가 무엇보다도 중요함. 그럼에도 불구하고 정부가 수익율을 떨어뜨리는 재특예탁의 확대만을 요구하는 것은 기금 적자 시점만을 단축시킬 것임.

(다) 불확실한 원리금 회수

기금예탁시 재정투융자 특별회계 세입징수관인 재무부 재정융자과장이 예탁증서를 발행하고 있어 무담보 예탁이 이루어지고 있을 뿐만아니라 재특예탁규모가 확대됨으로써 정부가 상환 능력을 상실하여 결국 가입자의 갹출료를 인상할 수 밖에 없음.

– 115 –

자료 번호 28

자료 제목 1992년도 상반기 국민연금기금 운용결과

자료 유형 주무부처 보도자료

생 산 자 보건사회부 기금관리과

생성 연도 1992년

정 부 김영삼 정부

비 고 –

주요 내용

이 문서는 보건사회부 기금관리과에서 작성한 1992년 상반기 국민연금기금 운용결과이다. 국민연금은 연금재정 장기 안정성 확보를 위해 그 수익을 최대로 증대시키는 방법으로 기금을 관리·운용하도록 「국민연금법」에 명시되어 있다(「국민연금법」 제83조: 법률 제4541호, 1993. 6.). 1986년 「국민연금복지법」 개정 때 국민연금 관리를 위해 보건사회부 산하에 국민연금관리공단 설립과 기금 운용을 전담하는 국민연금기금운영위원회 설립이 확정되었다. 1988년 「국민연금법」에 의거해서 국민연금기금을 설치했고 그해 연말 기금적립금이 5,000억 원을 넘었다. 1999년 기금운용본부가 설립되기 전까지 기금운용을 맡은 국민연금기금운영위원회 위원장은 경제기획원 장관이, 부위원장은 보건사회부 장관이 맡았다. 이 문서에 보면 공공, 복지, 금융 부문 투자비율이 각 42.4%, 3.1%, 54.5%이다. IMF 외환위기 이후 이 비율은 크게 조정되는데, 2020년 12월 기준 기금적립금 비중이 금융 부문이 833조 원, 복지와 기타 부문 0.6조 원으로 대부분 금융자산에 투자하고 있다(보건복지부 국민연금기금운용위원회, 2021).

한국개발연구원

경제정보센터 > 경제정책정보

최신자료

1992년도 상반기 국민연금기금 운용결과

프린트

1992년도 상반기 국민연금기금 운용결과

보건사회부 기금관리과 504-1103

o 보건사회부에 의하면 1992년도 상반기말 현재 기금운용성과를 분석한 결과 기금전체의 운용수익률은 '91년도말의 12.76%보다 다소 하락한 12.58%를 시현한 것으로 나타났다.

o 국민연금기금의 부문별 운용결과는 재정투융자특별회계에 예탁하고 있는 공공부문투자 11.00%, 가입근로자의 주택건설지원을 위한 복지부문투자 11.00%를 각각 시현하는데 이는 전년과 동일한 수준이다. 그러나 금융부문투자의 경우는 전년도말의 14.04%보다 0.15%포인트 하락한 13.89%를 시현하였다.

- 이는 국.공채 및 회사채의 수익률이 상승하였음에도 불구하고 금전신탁과 수익증권의 경우 주식시장의 침체로 주식관련상품의 수익률이 저조한 데에 원인이 있는 것으로 나타났다.

o 국민연금기금은 금년 후반기에 주식시장의 호전이 예상되며 또한 비교적 고수익이 기대되는 회사채 등에 투자를 확대함으로써 상반기보다는 수익률이 제고될 것으로 예상된다.

<국민연금기금 운용현황 총괄('92.6월말 현재)>

(단위 : 억원)

조 성	지 출	운 용			
		계	공공부문	복지부문	금융부문
42,297	3,227	39,070 (100.0)	16,578 (42.4)	1,200 (3.1)	21,292 (54.5)

<국민연금기금 부문별, 상품별 운용수익률 현황>

(단위 : %)

구 분	'91말	'92.6월말	증 감
기금전체수익률	12.76	12.58	-0.18
o 공공부문	11.00	11.00	-
o 복지부문	11.00	11.00	-
o 금융부문	14.04	13.89	-0.15
- 국.공채	13.10	14.10	1.00

- 회사채	15.21	15.58	0.37
- 금전신탁	15.80	14.76	-1.04
- 수익증권	10.38	10.36	-0.02

KDI | HTTP://WWW.KDI.RE.KR | CLOSE WINDOW ×

자료 번호 29

자료 제목 국민연금 관련 활동

자료 유형 노동조합 사업보고서

생 산 자 한국노동조합총연맹

생성 연도 1992년

정 부 노태우 정부

비 고 한국노총 사업보고서(1992), 141~146쪽

주요 내용

이 문서는 한국노총의 1992년도 사업보고서로 국민연금 관련 활동 중 일부 퇴직금의 국민연금으로의 전환에 따른 대책 변화와 현황을 설명하고 있다. 1988년 시행 이래 사업장 가입자와 근로자 가입자의 갹출료 부담이 1.5%에서 3%로 증가해 왔고, 1993년 이후 퇴직금 전환금도 갹출료로 책정되도록 변경되어 있었다. 1986년 법 제정 당시 퇴직금을 둘러싸고 노총과 사용자, 정부 및 학계의 주장이 대립했는데, 노총은 일부 퇴직금의 국민연금 전환은 노동자의 사회보장비 부담률을 높이는 것이라고 보았다. 사용자는 퇴직금 전환금은 퇴직 시 일시 지불하는 퇴직금과 달리 국민연금으로 정기적으로 전환되어 사용자는 퇴직금과 국민연금 양쪽을 부담하게 되는 것이므로 퇴직금제도를 없애야 한다고 주장했다. 정부와 학계는 소득재분배 성격을 가지고 있는 국민연금제도가 도입되어야 하며, 여기에 퇴직금의 일부가 국민연금으로 흡수되도록 하고 퇴직금제도를 임의 제도화한 일본 사례를 들어 이 같은 방향을 제시했다. 결과적으로 당시 「국민연금법」 제75조 제5항은 "국민연금으로 전환된 퇴직금은 근로기준법 제28조 제1항의 규정에 의하여 지급할 퇴직금을 미리 지급한 것으로 본다."로 갈음되었다. 현재는 부칙 제3조에 "2. 퇴직금전환금은 1988년부터 1992년까지는 0으로 하고, 1993년부터 1997년까지는 표준소득월액의 1천분의 20에 해당하는 액으로 한다."로 관련 내용이 남아 있다.

같이 1/3gross-up해주고 있다. 따라서 법인세와 소득세간의 문제등을 감안하여 경쟁국의 사정을 고려하여 결정하여야 한다. 접대비와 기부금에 있어, 이를 너무 줄이면 기업에 부담을 줄 것이며, 광고비는 세법보다는 소비자보호법, 방송법, 공정거래법 등에서 해결하도록 하여야 한다.

시간이 부족하기 때문에 부가세, 특별소비세, 재산세제에 대해서는 개별적으로 말씀드릴 수 없으나 다만 향후 조세정책의 기본방향은 첫째, 조세수입의 확보에 두어야 한다. 그러나 재정수입에 급급하여 조세부담의 형평성을 깨뜨려서는 안될 것이다. 그러기 위해서는 조세감면에 있어 비과세부분을 축소하여야 한다. 특정산업이나 집단에 대한 조세감면을 축소하여야 한다. 제도적으로는 불합리한 감면이나 비과세를 축소하여야 하며, 행정적으로는 음성탈루소득에 대한 과세가 강화되어야 한다. 즉 세제와 세정의 강화가 필요하며 이런 점에서 여러분의 협조를 바란다.

3. 정책활동

1) 대국회 청원활동(정치국 사업보고 참조)

2) 대재무부 정책건의(내용 토론회 자료 참조)

Ⅲ. 국민연금 관련 활동

1. 일부퇴직금의 국민연금전환 대책

1) 배경

1986년 국민연금법 제정 당시 일부 퇴직금의 국민연금으로서의 전환이 제도되어 1993년부터 시행됨에 따라 그에 수반되는 대책 강구가 필요

2) 회원조합에 대한 대책 시달

다음과 같이 회원조합에 대한 대책을 1992년 12월22일 1차로 시달하였다. 다만 92년중 각종 토론회등에서 각출료의 균등부담등을 요구한 바 있으며, 보사부와 노동부에 대해 퇴직금전환에 대한 대책수립을 요구하였으나 92년 연말이 되어서야 실무회의가 개최되게 되는 등 많은 문제를 노정시켰다.

일부 퇴직금의 국민연금으로의 전환에 따른 대책

1. 사업장 가입자의 국민연금 비용부담－갹출료 수준

－기본요율 : 국민연금법 제75조 제2항은 "표준보수월액의 1천분의 90으로 하되 사업장 가입자, 사용자, 퇴직금전환금에서 각각 1천분의 30으로 한다"고 법 제정 당시 규정

－동법 부칙 제4조는 부담의 일시적 충격을 줄이기 위해 '88－'92년까지는 기본요율을 3%로 하되 노사가 각각 1.5%씩, '93－'97년까지는 6%로 하되 노사 및 퇴직금전환금에서 각각 2%씩 부담하도록 경과 규정을 둠

연도별 갹출료 부담율

	가입자	사용자	퇴직금전환금	합계
88－92	1.5%	1.5	－	3
93－97	2	2	2	6
98년이후	3	3	3	9

주)부담은 표준보수월액 기준임

2. '86년 국민연금법 제정 당시의 퇴직금 전환을 둘러싼 논의의 배경

－1973년 1월24일 국민복지연금법 제정－제1차 석유파동등을 이유로 시행이 연기됨

－141－

－1986년12월 국민복지연금법을 대폭 수정, 국민연금법 제정

－국민연금법 제정 당시 정부와 사용자 및 학계는 퇴직금 중 일부를 국민연금으로 전환시켜야 한다고 주장하였으며, 이를 기화로 사용자를 비롯한 일부에서는 국민연금 도입과 함께 근로기준법상 강제규정으로 되어있는 퇴직금제도를 법규정에서 삭제하여 임의 규정화하자고 주장함.

3. '86년 법제정 당시의 주요 논의 사항과 노총의 주장

1) 주요 논의사항

(1) 퇴직금의 성격

－노총 : 퇴직금은 대법원 판례와 학계의 다수설과 같이 후불임금이자 노동자의 기득권이므로 국민연금이 도입된다 하여도 그대로 존속되어야 하며, 일부퇴직금을 국민연금으로 전환하게 될 경우 노동자가 사용자보다 더 많이 갹출료를 부담하게 되므로 사회보장비의 노사간 균등부담 또는 사용자 우선 부담 원칙에 어긋남. 다만 국민연금제도가 정착되면 퇴직금의 기업연금화는 가능할 것이라고 주장함.

－사용자 : 퇴직금은 장기근속에 대한 공로보상적인 것으로 사용자 부담이며, 퇴직금은 퇴직이 발생할 때 지급하지만, 퇴직금전환금은 퇴직하지 않더라도 국민연금으로 정기적으로 전환하여야 함으로 사용자는 퇴직금과 국민연금 양쪽을 모두 부담하게 됨으로 이중부담을 없애기 위해 퇴직금제도를 없애야 함. 따라서 법정퇴직금제도를 없애고 국민연금제도로 일원화하여야 함

－정부 및 학계 : 퇴직금은 그 원천이 어떻든간에 실제로 노동자의 실업 또는 노후보장에 대비하는 기능을 가짐으로 사회보장비적인 성격을 지니고 있음. 퇴직금은 일시금으로서 노후생활보장 기능이 미흡하고, 사외적립이 강제화되어 있지 않기 때문에 지급보장에 문제가 있으며, 누적퇴직금이 기업의 부담능력을 넘어서고 있고, 퇴직금제도는 저임금생산직보다는 고임금사무직에게 보다 유리함. 따라서 소득재분배 성격을 가지고 있는 국민연금제도가 도입되어야 하며, 사회보장적인 성격을 지닌 퇴직금의 일부가 국민연금으로 흡수되어야 함. 특히 우리와 같이 퇴직금제도를 가지고 있던 일본의 경우도 공적연금인 후생연금이 도입되면서 퇴직금제도가 임의제도화 하였음.

<누적퇴직금의 기업의 자산·자본에 대한 비중>

(단위 : %)

	1982	1991
누적퇴직금/자산	1.15	2.35
누적퇴직금/자본	18.65	17.78

－142－

(2) 노총의 주장

- 초기 : 퇴직금제도의 유지를 위해 일부 퇴직금의 국민연금으로의 전환 논의 자체를 반대함
- 중기 : 노동계 이외에서 일부 퇴직금의 국민연금으로의 전환과 함께 잔여퇴직금을 기업연금화하기 위해 퇴직금제도를 근로기준법에서 삭제하여야 한다는 주장이 강력하게 제기됨→노총은 법정퇴직금제도의 유지를 위해 실업보험제도의 도입과 충분한 홍보기간등을 전제로 일부퇴직금의 국민연금으로의 전환에 동의함
- 종기 : 국민연금 갹출료 수준을 연금지급 수준과 경기 변동등을 감안하여 국민연금법의 모법으로 정할 것이 아니라 시행령으로 정할 것을 주장함.

4. 법제정 이후의 경과

- 국민연금법상 퇴직금전환제도의 존재 여부가 잘 알려져 있지 않았을 뿐만 아니라 국민연금도 2008년이 되어야 본격적으로 지급되기 때문에 갹출료의 징수가 준조세의 하나로 인식되어 왔음.
- 그러나 내년도 부터 국민연금 갹출료가 인상될 뿐만아니라 일부퇴직금이 국민연금으로 전환된다는 것이 최근부터 일반에 알려지면서 이 문제에 대한 조합원의 관심이 높아짐
- 그동안 일부 퇴직금의 국민연금으로의 전환에 따른 문제를 해결하기 위해 학계를 중심으로 논의가 있었음. 즉, 1992년 들어서 한국사회보건연구원(보사부 산하 연구기관), 한국사회보장학회, 한국개발연구원에서 보사부의 연구의뢰 또는 자체 연구사업으로 퇴직금의 국민연금으로의 전환에 따른 보완대책에 관해 논의함
- 이러한 논의 과정에서 노총은 노사간 균등부담원칙이 준수되어야 한다는 원칙적 입장을 표명함과 함께 잔여퇴직금 산출시 국민연금으로 전환된 일부퇴직금의 재평가는 법상 명문 규정이 없으므로 불가하며, 1년 미만근속 퇴직자의 경우 퇴직금이 발생하지 않으므로 이를 노동자가 부담해서는 안된다는 주장을 제기함. 또한 국민연금법 제75조 제5항의 규정상 '국민연금으로 전환된 퇴직금은 근로기준법 제28조 제1항의 규정에 의하여 지급할 퇴직금을 미리 지급한 것으로 본다'고 규정하고 있으나 근로기준법상에는 아무런 규정을 두지 않음으로써 법간 상호 충돌이 있으며, 1년 미만 근속 퇴직자가 연간 1백만명에 달하고 있어 실제로 퇴직금전환금 제도를 효율적으로 운영하기에는 많은 어려움이 있음을 지적하는등 국민연금제도 합리적 운용을 촉구한 바 있음.

5. 일부 퇴직금의 국민연금으로의 전환에 따른 문제점

- 홍보의 부족 : 법상 '93년 부터 퇴직금의 일부를 국민연금으로 전환하도록 명문화하고 있으나, 홍보 부족으로 법의 효율적인 집행여부에 대한 우려가 높음.
- 퇴직금 성격에 대한 의견 불일치 : 퇴직금 성격을 둘러싼 노사정 또는 학계의 입장이

—143—

여전히 불일치함

노총 : 임금후불설

사용자 : 공로보상설

보사부, 사회보장학회등 : 사회보장설

－잔여퇴직금 계산 방법을 둘러싼 문제

노총 : 법상 명문 규정이 없으므로 민연금으로 전환된 퇴직금을 재평가하는 것은 불가함. 중간퇴직자의 경우 잔여퇴직금 산출시 중간퇴직금액 자체만을 공제할 뿐 이를 재평가하지 않음

사용자 : 미래에 지급하여야 할 퇴직금을 미리 국민연금으로 전환하므로 퇴직시에는 과거의 전환금에 대해 재평가하여야 함

학계 : 전환금에 대해 재형저축이자율등을 적용하여 재평가하여야 함. 다만 재평가 이자율을 재형저축이자율로 할 경우 임금이 재형저축이자율 만큼 상승하지 못하면 전환금이 과대평가되는 모순이 발생함

* 잔여퇴직금＝총퇴직금－퇴직금전환금(1＋재평가이자율)

노총 : 이자 공제 불가

학계 : ×1.135(3년 만기재형저축이자율 13.5% 반영)

－1년 미만 근속 퇴직자의 퇴직금전환금 부담문제 : 1년 미만근속 퇴직자의 경우 퇴직금이 발생하지 않음으로 법상 노사간 합의에 따라 부담토록 되어 있으나 현실적으로 노사합의가 이루어지기 어렵기 때문에 노사가 분쟁 소지가 다분함

－일시금 또는 연금 선호도에 대한 차이 : 퇴직금은 확정급여로서 장기저축적인 성격을 지니고 있으나, 연금은 생존기간이나 배우자등 부양가족 수에 따라 총급여 액수가 변하는 특성을 지니고 있음. 따라서 퇴직 일시금을 필요로 하는 경우와 연금을 선호하는 경우가 노동자 각자의 입장에 따라 다를 수 있음, 전체적으로 사회보장제도의 발전을 위해서는 연금제도가 보다 바람직하나 기본적인 생활여건이 조성되어 있지 않은 노동자 특히 중소기업노동자의 경우 일시금인 퇴직금제도를 선호할 가능성이 많음.

－기대연금과 퇴직금의 비교문제 : 은퇴노동자가 평균수명까지 생존했을 때에는 퇴직금으로 받는 것보다 연금으로 받는 것이 보다 좋다는 학계의 주장과 노동현실 또는 연금이 2008년부터 본격적으로 지급된다는 시차상의 문제

－144－

자료 번호 30

자료 제목 국민연금제도와 여성의 노후 빈곤

자료 유형 학술지 논문

생 산 자 남정림

생성 연도 1992년

정 부 노태우 정부

비 고 『여성문제연구』, 제20권, 61~81쪽

주요 내용

이 문서는 1992년『여성문제연구』에 게재된 논문으로 국민연금제도가 여성과 남성의 노후 빈곤에 미치는 영향을 분석하고 있다. 당시 관련 연구들이 국민연금제도가 가져오는 소득 계층 간 소득재분배 효과를 중점적으로 다뤘다는 점을 고려할 때 사회주의적 페미니즘의 프레임으로 여성빈곤문제를 다룬 이 논문은 의미가 있다. 여성 노인들은 국민연금이나 퇴직금 혜택을 받는 경우가 적은데, 이는 임신, 자녀 양육 등으로 임노동을 중단 또는 연기하는 까닭에 연금혜택에서 손해를 보거나 연금 대상에서 제외된다는 점을 지적한다. 또 논문이 발간된 1992년은 5인 이상 사업장 근로자를 대상으로 한 국민연금제도를 막 시행하기 시작한 해였는데, 여성 노동자들이 10인 이하의 사업장에 편중되어 있다는 점도 여성의 국민연금 가입률이 낮은 이유 중 하나로 분석하고 있다. 또한, 결혼과 국민연금 혜택 간의 관계에서 보면 이혼 여성의 연금취득권이 없다는 점과 아내의 유족연금권이 재혼 시 소멸되는 등의 규정이 불합리하다는 점을 지적한다. 여성의 노후복지는 결혼 이후 그 배우자인 남성에게 지급되는 연금액에 의존하게 된다는 것을 가정한다는 점에서, 당시 국민연금제도가 보장하는 여성의 노후복지는 남성 가장을 통한 가족복지라는 점이 성 역할이 변화하고 있는 시대상을 반영하지 못하고 있다고 본다.

국민연금제도와 여성의 노후 빈곤

남 정 림*

〈目 次〉

Ⅰ. 서 론

인구의 노령화, 핵가족화, 산업화로 인한 노인의 경제적 지위 하락등의 사회 구조적 변천을 겪고 있는 우리사회에서도 최근 노인 문제 및 복지가 가족복지의 중요한 주제로 등장하고 있다. 노인복지의 제 측면중에서 노후의 경제적 안정은 적극적인 제도적 부양체제나 노후의 경제적인 준비없이 노년기를 맞는 한국노인들의 심각한 문제로 지적되고 있다(조병은, 1990). 최근 전국의 60세 이상 노인을 대상으로 한 연구에 의하면 64.9%의 노인들이 경제적 자립 능력이 없다고 보고되었다(한국보건사회연구원, 1990). 그들의 평균소득 수준도 매우 낮아 60세 이상의 재가노인들중에 월평균 수입이 20만원 미만인 자가 전체 대상자의 74.3%를 차지한다(박정은, 1990). 이러한 노후의 빈곤문제는 여성노인의 경우가 남성노인보다 더 심각한 것으로 밝혀졌다. 여성노인의 월평균 수입은 89,000원으로 남성노인의 월평균 수입 213,000원에 비해 41.6%에 불과하다(박정은, 1990).

노후의 경제적 안정은 노인들의 개인 심리적 복지 및 생활 안정에 가장 근본적인 필수요건으로 작용되므로 노인 복지를 이해하는데 핵심을 이룬다. 특히, 노후의 빈곤은 여성노인의 심리적 복지상태, 생활안정도, 삶의 만족도, 의료복지 혜택 여부등에 깊은 영향을 미친다고 밝혀졌다(한국인구보건연구원, 1989; 김영모, 1989; 조병은, 1990). 최근 연구에 의하면(박충선, 1990), 노후에 수입이 없는 노인보다 수입이 있는 노인이, 그리고 수입 수준이 높을수록 심리적인 복지상태가 높게 나타났다. 노인의 경제적 여건은 이와 같이 노인복지 전반에 걸쳐 영향을 미치는 요인이기 때문에 가족복지정책의 큰 분야를 형성한다. 미국의 경우, 빈곤노인들을 위한 경제적 지원 프로그램과 노인복지정책이 복지예산의 대부분을 차지할 만큼 노후의 빈곤문제는 가족복지정책 수립에 중요한 주제이다.[1]

---

* 효대, 경북대 강사, 사회학 박사

(1) Binstock(1985)은 1980년대에 미국정부는 매년 총 국가예산의 30%정도를 노인들을 위한 각종 복지 프로그램에 지출했다고 지적한다. 그 결과 노인의 빈곤율은 1969년에 25%에서 1987년에 12.2%로 감소되었다고 보고되고 있다(U.S Bureau of the Census, 1989).

The Social Security System and Poverty among Old Women

Jeong-Lim Nam

Lecturer in Kyemyung Univerity and Hyosung Women's Univertity

abstract

Economic insecurity is acknowledged as the most serious problem faced by the Korean elderly women due to recent socio-structural changes including women's longer life expectancy than men, the expansion of nuclear family, the weakening of family support, and increasin divorce rate, and a limited provision of societal support. Yet, our understanding on the mechanisms that reproduce poverty among older women is very limited. The social security system is reported as a major determinant of women's economic position in the old age. But the existing research focuses on the impacts of the system on economic inequality among different social classes wihtout considering the differential effects of the policy on men and women.

To understand the processes of generating old women's poverty, this study analyzes the social security system from a gender-sensitive perspective. Within the framework of the socialist feminism. it specifically examines how women's marital status and unequal sexual division of labor are linked to women's access to and benefits from the social security system. It analyzes how the social security system produces a gendered distribution of old age income and thereby sustains old women's poverty.

The major evidence for this study is provided by the National Pension Act and secondary statistics, primarily drawn from the National Pension Statistics, The analysis addresses four issues : (1) gender-specific access to the social security system, (2) the sexual division of labor and the gender-based benefit structure, (3) marital status and women's socialsecurity benefits, (4) the assumptions and the contradictions underlying the system.

The results of this study show that women are disadvantaged in their ability to enter the pension system because the coverage is limited to formal wage work. Those in the informal sector, family workers, and part-time employees, who are mostly women, have been excluded from mandatory participation in the social security system. Because women are overrepresented in small establishments which are exempt from the mandatory participaion, they are less likely to be covered by the system. Further, the relatively high rate of contributions applied to community-insured persons reduces women's ability to join the program through an alternative channel.

Even when women are covered by the pension system, they are less likely than men do to receive benefits, and the benefits they collect are frequently lower. One reason is the fact that the eligibility rules are designed to accommodate men's pattern of labor force participation. They provide maximum benefits to those with continuous, long-term employment. Since family roles and demands constrain women's than men's paid work, women are more likely to collect limited benefits such as lump-sum refund instead of full-scale benefits. Another factor influencing the gendered distribution of the benefits is women's low average wages in labor markets. Because the benefits are tied to previous earnings, women workers with low pre-retirement wages collect low amount of the basic pension.

The social security system is based on a male-oriented conceptualization of work. It distinguishes paid market work from unpaid family work and includes only the former in its scheme. Women who perform domestic and caring work are not recognized as contributors to the family and workers in their own right. Full-time housewives are not allowed to collect pension benefits on the basis of their contributions. Instead, a fixedd amount of spouse's benefits is added to the basic pensions of the husbands which the wives cannot claim independently. These findings suggest that the Korean social security system operates within the framework of a traditional family in which men are providers and women are their dependents.

The rule structure of social security assumes that women's marital status is permanent rather than transient. Accordingly, it reinforces the assumption of women's economic dependency on male breadwinners without paying attention to the economic results of marital dissolution. This analysis, however, reveals that women's poverty in the old age is the most serious among those without husbands(i.e. the divorced and the widowed). Since women's access to social security benefits is often mediated by men, those without men have to suffer a major source of old-age income. Among various groups of possible beneficiaries, divorced women receive the least benefits, deprived of spouse benefits offered to married women and survivor's pension for widowed women. The low rate of survivor's pension is also found as a reinforcer of women's poverty.

These results show that the allocation of income through social security is gendered in ways that (1) women's unpaid domestic work is not economically rewarede ; (2) the sexual division of labor disadvantages women's acquisition of pension benefits rather than men's ; (3) married women's economic dependency on men is reinforced ;(4) eligibility rules for pension structure contribute to women's poverty in times of marital breakup.

This analysis has important policy implications. To alleviate old women's poverty through the social secutiry system, several policy proposals are made by Western scholars. The present study suggests earnings sharing as a measure to reduce women's economic dependency without limiting them to reproductive roles. Future study needs to examine the applicability of these policies to the socio-structural context of the Korean ssociety.

자료 번호 31

자료 제목 3층보장체제를 위한 공적연금제도 확대방안: 최저보장 연금모델 제시와 문제점, 관련제도와의 연계 분석

자료 유형 학술지 논문

생 산 자 김진수

생성 연도 1992년

정 부 노태우 정부

비 고 『사회보장연구』, 제8권, 1~35쪽

주요 내용

이 문서는 공적연금제도 확대방안으로 연금제도의 3층보장체제를 한국적 맥락에서 어떻게 적용할 수 있는지를 분석한 논문이다. 일반적으로 공적연금제도의 전 국민 확대방안으로 국민연금제도를 그대로 유지하면서 그 대상만을 확대하거나 직종별로 각 계층을 위한 독립적인 공적연금제도를 도입하는 방식을 고려한다면, 저자는 연금제도의 3층보장체제로의 전환을 제안한다. 전 국민 최저 보장을 위한 새로운 제도 도입을 통해 1층 보장을 하고, 국민연금은 노동자 중심 연금으로 전환하며 농어민, 자영자 등 임의 가입대상자 계층에 대한 2단계 기초 보장을 하고, 개인보험을 통한 추가 보장을 3층 보장으로 하는 큰 틀을 제시한다. 공적연금 구상에 영향을 미치는 직접 요소와 간접 요소를 구분하고, 한국 연금모델의 주요 적용점을 설명하고 있다. 현재 한국의 경우 다층 노후소득 보장체계가 0~3층으로 구성되어 있다고 본다. 0층은 기초연금, 1층은 강제 공적연금인 국민연금, 2층은 강제 사적연금인 퇴직연금, 그리고 3층은 자발적 사적연금인 개인연금이 그것이다. 그간 한국 사회는 노후 빈곤 위험집단을 공적연금으로 포괄할 수 있는 정책적 접근과 함께 다층체계 활성화에 초점이 맞춰져 왔고(한신실 외, 2015), 이 다층체계 관련 논의가 본격화하는 시작 단계에 본 논문이 있다.

3層保障體制를 위한 公的年金制度 擴大方案
-最低保障 年金모델 提示와 問題點, 關聯制度와의 關係分析-

金 振 洙*

◁ 目 次 ▷

Ⅰ. 國民年金의 意義와 擴大

우리나라의 現行 국민연금제도는 公務員, 軍人, 私立敎員 등 일부 계층을 중심으로

* 한국 외국어대 강사

했던 범위에서 脫皮하여 勤勞者에게 한정되기는 하였으나 一般 國民을 대상으로 하고 있고, 제도 자체의 導入이 國家主導의 노후보장을 위한 사회보험의 定着이라는 측면에서 그 의의를 찾을 수 있다. 특히 私經濟에 法的強制性을 가미시킨 退職金제도가 노후생활 보장의 기능에 限界性을 나타내고 있고, 勞使關係의 변화와 사회보장에 대한 관심이 增加되고 있는 것에 비추어 볼 때, 일단 時代的 要請에 부응한 적절한 제도라 하겠다.

또한 국민연금제도가 사회보장의 중요한 手段으로서 導入단계에서 부터 국민전체의 약 40%[1] 를 직간접으로 포함하여 앞으로의 우리나라 연금제도의 發展形態와 方向에 중대한 座標가 되리라는 측면에서 큰 의의가 있다.

그러나 다른 선진국들의 연금제도가 導入 및 施行過程을 통해 제도 자체의 未洽한 부분을 改善하면서도 그 나라의 정치, 경제 그리고 사회적 변화에 따라, 또 사회 각 부문의 정책결정자나 이익단체들에 의하여 正常的으로, 때로는 歪曲되어 발전되어왔던 것과 같이, 현행 국민연금제도 또한 초기 도입과정에서 여러가지 陣痛을 겪어야 했던 것이 사실이며, 앞으로도 미흡한 부분에 대한 補完 및 건전한 제도로의 발전을 追求하기 위한 노력이 지속될 필요가 있다.

이러한 공적연금의 효과적인 發展을 위해서는 근본적인 노력으로서 정치·사회 등 각 分野에 걸쳐 硏究檢討가 先行되어야 하고, 구체적으로는 제도 자체내의 미흡한 부분의 修正과 補完이, 제도 外的으로는 종합적인 공적연금의 確立이 이루어져야 하며, 그래야만 전국민의 인간다운 생활을 보장할 수 있는 제도로 발전이 가능하다.

그동안 현행 국민연금 제도를 두고 학계와 각 단체 그리고 정부에서 제도내의 미흡한 부분을 보완하고 이의 適用對象을 擴大하기 위한 方案을 다각적으로 檢討해 왔다. 대개의 개선방향은 현행 연금제도가 가지고 있는 選別主義(Territorialitätsprinzip)에 의한 가입대상과 급여대상의 設定 문제와 이의 擴大 방안, 재정상태의 中長期的 展望과 그 對策, 그리고 제도내에서의 所得再分配 效果 등의 측면에서 주로 연구되고 있는데, 현행 국민연금제도의 성격으로 볼 때 공적연금제도를 전국민에게 擴散시키기 위한 방안은, 첫째는 현행 국민연금제도를 그대로 維持하면서 그 대상만을 擴大해 나아가는 방법이고, 둘째는 독일이나 오스트리아의 제도(Klassisches System)처럼 職種別로 현

1) 1990년 현재 가입자는 전체인구의 10.5%, 평균 부양 가족수 4.1명 기준임.

— 2 —

자료 번호 32

자료 제목 농어민연금 확대적용을 위한 세미나 개최

자료 유형 주무부처 보도자료

생 산 자 보건사회부 국민연금국

생성 연도 1993년

정 부 김영삼 정부

비 고 –

주요 내용

이 문서는 1995년 농어민연금 확대 적용을 앞두고 1993년 보건사회부 국민연금국에서 개최한 세미나 관련 공지문이다. 당시 주요 논의 내용은 농어민연금 확대 시기와 범위, 국고보조방안, 연금모형 구상, 소득파악방법, 갹출료 부과방법과 수준 등으로, 학계, 노총과 경총, 농수협 등 관계자가 참석했던 것으로 보인다. 농어촌지역으로의 국민연금 확대는 한국적 국민연금의 특성이라고 분석되기도 하는데(김용하·석재은, 1999), 당시 우루과이라운드 타결로 인한 농어업인의 경제적 보상 차원이 농어업인 노후소득보장 원리에 더해서 국민연금 보험료 지원이 결정되었다.

한국개발연구원

경제정보센터 > 경제정책정보

최신자료

농어민연금확대적용을 위한 세미나 개최

프린트

농어민연금 확대적용을 위한 세미나 개최

보건사회부 국민연금국

1. 목적

신경제 5개년계획에 따라 추진하고 있는 농어민연금 확대적용준비 일환으로서 우리 실정에 적합하고 시행가능한 농어민연금 확대방안을 마련하기 위하여 학계, 민간단체, 관련기관 등의 전문적 자문 및 의견을 수렴함.

2. 세미나 개요

가. 일시 : '93.12.1(수), 13:00-18:30

나. 장소 : 국민연금관리공단 회의실(4층)

다. 발표내용

o 제1주제 : 농어민연금 확대방안

- 인구노령화, 국민경제여건 등을 감안한 확대시기의 제시
- 전국민연금을 지향하는 확대적용 모형
- 확대범위 : 농어민지역 또는 농어촌지역
- 국고보조방안 및 농어민연금 재정운영방안

o 제2주제 : 농어민연금 각출료 부과방안

- 농어민 등 자영자의 소득파악방법 연구
- 각출료 부과방법 및 수준
- 국고보조대상 및 수준
- 농어민연금 장기재정 전망

라. 발표자 및 토론자 등

o 제1주제

- 사회자 : 유광호(정신문화연구원)
- 발표자 : 김상균(서울대)
- 토론자 : 이혜경(연세대), 정경배(보건사회연구원 부원장)
  문형표(한국개발연구원 연구위원)
  임인철(보건사회부 국민연금국장)
  서한혁(농림수산부 농업구조정책국장)

o 제2주제

- 사회자 : 박종기(조세연구원 원장)
- 발표자 : 고철기(보건사회연구원)
- 토론자 : 차흥봉(한림대), 정명채(농촌경제연구원 연구위원)
  안종범(조세연구원 연구위원)

마. 참석예정인원 : 150명

o 한국사회보장학회, 국민경제연구소 등 학술단체 및 학계, 노총.경총
농협.수협 등 관련단체, 각 언론기관 등을 초청

바. 기타사항 : 세미나 종료후 리셉션 개최

사. 세미나 자료 : 유인관계로 11.29(월) 배부예정

<세미나 일정표> (생략)

KDI | HTTP://WWW.KDI.RE.KR | CLOSE WINDOW ×

자료 번호 33

자료 제목 제169회 국회(폐회 중) 보건사회위원회 회의록(제7호)

자료 유형 국회 회의록

생 산 자 국회

생성 연도 1994년 8월 30일

정　　부 김영삼 정부

비　　고 제14대 국회(1992. 5. 30.~1996. 5. 29.)

주요 내용

이 문서는 김영삼 정부 시기 서상목 보건사회부 장관이 국회 보건사회위원회에서 1995년 7월 1일 실시를 앞둔 농어민연금 추진상황을 보고한 내용으로, 그 골자는 보험료율, 제도 확대와 안착을 위한 정부지원 내용이다. 법정연금보험료율은 표준소득월액의 9%이지만 제도 시행 초기 10년간은 보험료율이 단계적으로 3%부터 시작해 6%, 9%로 단계로 상승한다. 월 2,200원 정부지원으로 개인 부담을 낮추고, 1995년 8월부터 5년만 납부하면 60세 이후 수급 가능한 농어촌지역 특례노령연금제도를 함께 도입하는데, 농어민은 고령자 비율이 높아 전 가입자의 50.8%가 특례노령연금 대상에 속한다. 결과적으로 국민연금이 개인연금에 비해 최소 2배 정도 유리한 연금이다. 정부의 고민은 평균 연령이 70대인 해당 인구층에 대한 것이었는데, 이에 대한 방안으로 1991년부터 시행 중이었던 노령수당제도를 통한 지원을 언급한다.

면서 무슨 業을 하고 있는가를 안다는 것은 內務部에서 협조를 구한다 이렇게 되어 있는데 그렇게 구하지 말고 法的으로 制定해 놓으면 안되겠느냐 하는 얘기예요.

○保健社會部長官 徐相穆 農漁民 子女에 대해서 學費支援하는 事業이 이미 있습니다. 거기에 農漁民이 누군가 이것을 시행하는 그런 것이 있기 때문에 저희가 그 기준을 보아가지고 그대로 하든지 저희 경우에 좀 변형을 하든지 그런 의미에서 그 事業을 內務部가 하고 農林水産部가 關係部處이기 때문에 關係部處하고 實務的인 협의를 해서 구체적인 案을 만들겠다 그런 의미입니다.

○朱良子委員 資格을 內務部에서 부여해 주는… 이 사람이 이쪽에서 自營을 하고 있다. 무슨 業을 하고 있다 하는 것을 內務部가 알려주면…

○保健社會部長官 徐相穆 資格은 누가 부여하는 것이 아니고 기본적으로 年金公團에서 판단해 주어야 되는데 資格에 대한 기준을 農林水産部와 內務部와 협의해 가지고 農林水産部와 內務部가 여러 사업을 지금 하고 있기 때문에 그런 것하고 협의를 해서 이번에 農漁民年金의 경우에 農漁民의 資格이 무엇이냐 하는 기준을 우리가 확정한다 이거예요. 그러면 그 기준에 의해서 개별적인 것의 판단은 年金公團에서 해주어야지 그것을 內務部에 보낼 수는 없습니다.

○朱良子委員 그러면 資格을 다시 정하겠다는 이야기입니까?

○保健社會部長官 徐相穆 지금 현재 있는 자격기준을 그것으로 되겠다고 싶으면 그것대로 하고 최종 결정은…

○朱良子委員 그것을 하게 되면 市에서 무슨 業을 하더라도 그 사람이 농사를 짓기 때문에 1年에 90日만 農業을 하게 되면 農漁民이 되거든요. 그러면 이 사람이 市에 나와가지고 무슨 業을 해도 農漁民의 혜택을 받는다 이것입니다. 그럴 때 都市에 있는 庶民들은 언밸런스가 되지 않느냐 하는 것입니다.

○保健社會部長官 徐相穆 그래서 하여튼 그 사람이 어디에 살든 관계없이 農民에게만 해주어도 都市庶民의 입장에서는 우리도 살기 어려운데 우리한테는 왜 안해주냐 이런 문제는 제기가 될 수 있는 것입니다. 그렇기 때문에 그것은 도시에 살건 어디에 살건 관계없이 그 문제는 있을 수 있는 것이지요. 그런데 어차피 農民에 대한 支援은 UR 後續對策으로 特別待遇이기 때문에…

○朱良子委員 農民에 대한 것은 國家가 지원하기 때문에 그렇습니다. 都市에서 하는 것은 事業者가 지원하지만 여기에서는 國家가 지원하지 않습니까? 그래서 그것에 대한 갭이 있으니까 굉장히 불만이 많지 않을까? 그래서 그 資格을 市에서 자기가 自營을 하고 있는데에도 아까 이 규정에 따르면 農漁民이 되어 있습니다. 990m² 이상의 農地를 가지고 있고 1年에 90日동안에 農事를 짓고 있기 때문에 그 사람은 市에서 무엇을 하든간에 그 사람은 農漁民으로서 國家의 혜택을 상당히 받고 있는데 사실 이쪽에서 다른 것을 하고 있거든요. 이 報告에 보면 內務部의 협조를 받아서 그 사람이 무엇을 하고 있는지 알겠다 하는 그 이야기 아니겠습니까?

○保健社會部長官 徐相穆 뭘하는지 그것까지 조사할 필요는 없을 것이고요.

○朱良子委員 그렇다면 만일 이 사람이 이쪽에 自營業을 하고 있으면 農漁民에 속하지 않겠다 하는 이야기를 할 수 있느냐 이 말입니다. 여기에서 무엇을 하든지간에 農漁民의 카테고리속에 들어가면 農漁民으로 되어버리고 國家恩澤을 많이 받지요.

○保健社會部長官 徐相穆 그런 사람들을 지원하면 안된다는 말씀입니다.

○朱良子委員 그렇지요. 衡平이 안맞지요.

○保健社會部長官 徐相穆 아까 말씀드린대로 農發法에 農漁民의 범위가 있으니까 이것을 기초로 해서 또 제가 아까 말씀드린대로 지금 農漁民에게 여러가지 혜택주는 事業이 있습니다. 그래서 그 기준하고 보아가지고 저희가 關聯部處하고 협의해서 이 기준을 최종적으로 정하겠습니다. 이 자리에서 결정하는 것은 아니니까요.

(楊文熙幹事, 朴相千委員長과 司會交代)

○委員長 朴相千 그런데 그 점은 도시에서 다른 일을 하더라도 職業이 兼業되었을 때의 문제입니다. 그런데 도시쪽에서 하는 직업이라고 하는 것이 반드시 恒久的이냐 하

는 문제도 있고 그러니까 가급적이면 農漁民한테 유리하게 해야 됩니다. 깎아내리려고 하지 말고…

○保健社會部長官 徐相穆 알겠습니다.

다음에는 宋斗灝委員께서… 所得標準問題는 설명을 드렸고 管理費比重 過多는 아까 答辯을 드린 것같아서 넘어가도록 하겠습니다.

成武鏞委員의 所得金額 算出問題는 했고요.

醫療人力 흡수시 硏究職 고려는 100% 할 수 없고 希望者만 받는 것이니까 本人이 地域이 다르기 때문에 싫다고 하면 그만두는 것입니다. 강제로 데려가는 것이 아니기 때문에… 그래서 그 地域에다 일자리를 다 줄 수는 없기 때문에 불가피하다는 말씀을 드리고…

姜熹積委員의 所得合算問題는 아까 말씀드렸습니다.

金光洙委員께서 60歲이상 人口對策은 요새 문제가 있기 때문에 지금 一般 國民年金의 경우에는 60歲까지만 가입할 수 있는데 農村의 경우에는 65歲까지 加入을 해서 特例老齡年金을 받을 수 있는 길을 터놓았습니다. 그래서 그것이 하나의 特惠라면 특혜고 그 외에 70歲가 되신 분에 대한 特別對策은 다른 차원에서 강구를 해야 되지 않을까 이렇게 생각합니다.

○金光洙委員 정확한 수는 잘 모릅니다마는 요새 年齡이 平均 73歲 내지 75歲 아닙니까? 이것이 맞다면 그 문제도 여러가지 연구를 하셔야 될 것같아요.

○保健社會部長官 徐相穆 그래서 이것이 無醵出年金이 아니고 醵出年金이 되다보니까 醵出年金制度가 갖는 限界입니다. 그러니까 이미 노인이 된 분들에 대해서는 이것이 해당사항이 없는 것입니다. 앞으로 老人이 될 사람들에게 대한 제도이지… 그래서 이미 노인이 된 분들에 대해서는 老齡手當制度가 있거든요. 그래서 老齡手當을 農村에 계신 분한테는 특별히 더한다든지 그런 차원의 對策을 해야지, 年金을 가지고서는 年金制度의 특성상 이미 老人이 되신 분들한테는, 어떻게 할 수 있는…

○金光洙委員 그것을 생각하시면서 이 年金을 하셔야만 말썽이 많지 않지 않을까…

○保健社會部長官 徐相穆 그래서 그것은 별도 社會福祉對策 차원에서 강구해 보도록 하겠습니다.

○委員長 朴相千 그런데 그 점에 대해서 農漁民年金이 처음 실시될 때 金委員께서 지적하신 農村에 있는 老人들에게 아무런 혜택이 없고 거기는 적용밖이다 이러면 이것이 지금 UR協定 발효로 失意에 빠진 農民들을 慰撫하는데… 그래서 UR에 대한 政府쪽의 저항을 약화시키는데 도움이 되겠소? 經過措置를 둘 수 없습니까? 경과조치를 두는 방법을 지금 당장 좋은 妙案이 없으면 더 硏究를 하시라는 주문같습니다.

○保健社會部長官 徐相穆 그래서 지금 65歲까지 되신 분은 여기 들으서가지고 5年을 계속 불입하면 特例老齡年金을 받습니다. 이것이 상당히 유리하게 되어 있거든요. 그래서 그외 분들에 대한 對策은 저희가 별도로 연구해 보도록 하겠습니다.

그리고 朴相千委員님 質疑는 대개 答辯을 드린 것같은데요. 그리고 年金額을 한 1年 받다가 사망하는 경우에는 遺族年金이라는 것이 있습니다. 遺族年金이 年金의 한 60%를 받으니까 그런 문제는 遺族이 있는한… 그리고 돈을 줄 사람이 있어야지 아무도 없으면 國家가 줄 수 없거든요. 그래서 本人이 死亡을 하더라도 遺族年金制度가 있기 때문에 별 문제는 없다고 생각합니다.

○委員長 朴相千 그리고 一時金은 어느때 주는 것입니까?

○保健社會部國民年金局長 金龍文 返還一時金은 年金에 가입하던 자가 死亡한 경우 예를 들면 未婚女性이 5·6年 정도 가입하고 死亡한 경우에 遺族年金의 대상에 포함되는 18歲 미만의 子女가 있다든지 또 60歲 이상의 父母가 있다든지 2級 이상의 障害等級에 해당되는 子女가 있어야 遺族年金이 나가는데 未婚女性의 경우에 그런 것이 전혀 없는 경우 쉽게 말하면 가입된 자가 死亡한 경우에 전혀 무엇을 받을 것이 없는 경우 遺族에게 一時金을 줍니다.

○委員長 朴相千 遺族이 없다면서?

○保健社會部國民年金局長 金龍文 遺族年金이나 返還一時金을 받을 자격에 해당되는 유족은 없지만 그대로 遺族은 있으니까… 그 동안에 이 문제가 상당히 民願上 문제가

자료 번호 34

자료 제목 농어민연금 확대적용방안 및 재정추계에 관한 연구

자료 유형 정부출연연구기관 보고서

생 산 자 문형표, 김용하(한국개발연구원(KDI))

생성 연도 1994년 12월

정 부 김영삼 정부

비 고 한국개발연구원 정책보고서, 94-29.

주요 내용

이 문서는 1995년 7월 1일 농어촌지역 자영업자 및 농어민 대상 국민연금 시행을 앞두고 농어민연금 확대방안과 재정추계를 분석한 보고서이다. 1993년 12월 다자간 무역협상인 우루과이 라운드가 타결되자 김영삼 정부는 가장 큰 영향을 받은 농업 분야에 대한 구제책을 내놓아야 했다. 보고서에는 사회복지적 차원에서의 국민연금과 농업 구조조정 차원에서 보상연금적 성격의 경영이양연금을 합해서 농어민연금체계를 제시한다. 국민연금의 경우 갹출금 비율을 3, 6, 9%로 증가하는 안과 2, 4, 6%로 증가하는 두 개 안을 제시한다. 경영이양연금의 경우 60세 이후 경영이양을 완료한 노년층을 대상으로 한 제도로 농가소득보전 재원의 지속적 확보를 보장하기 위한 대책이었다.

Ⅲ. 農漁民 年金制度의 導入方案

1. 國民年金 擴大適用方案

農漁村地域으로 年金制度를 확대적용하는 데 있어서는, 기존의 國民年金制度를 農漁村地域 自營者階層까지 확대적용한다는 원칙하에 기존가입자와의 衡平이 유지되도록 적용방안이 구상되어야 할 것이다. 즉 현재 피용자에게 적용되고 있는 國民年金의 基本體系대로 所得再分配 效果를 반영한 所得比例年金模型을 동일하게 적용하고, 기존 가입자와의 衡平을 기하기 위해서 醵出料 납부시 별도의 國庫支援은 지양하는 것이 바람직할 것이다.

다만, 農漁村 自營者의 特性 및 負擔能力 등을 고려하여 다소간의 國民年金의 適用方法上의 조정은 필요할 것이다. 즉 農漁村 自營者의 경우 대부분이 家族經營에 종사하고 있어 個人別 소득원천의 구분이 어려우므로 個人加入原則보다는 世帶基準으로 가입하는 방안을 강구하고, 所得把握 및 醵出金징수상의 어려움 등을 고려하여 農漁村自營者의 경우 기존의 標準所得等級을 합리적으로 재조정하여 적용할 필요가 있다. 그리고 年金導入으로 農漁村家口의 醵出料負擔이 늘어나는 것을 완화해 주기 위해서는 衡平性을 저해하지 않는 범위내에서 醵出水準과 給與水準을 조정하는 방안도 고려할 수 있을 것이다.

가. 適用對象과 加入

- 17 -

Ⅳ. 農漁民年金에 대한 財政推計

1. 財政收支 展望

가. 財政收支 推計方法

國民年金의 農漁村地域 확대실시에 따른 國民年金推計模型의 初期의 예측능력은 加入對象者數, 加入對象者所得 등을 얼마나 정확하게 가정하느냐에 달려 있으나 長期的으로는 地域加入者와 事業場加入者가 자유로이 왕래하므로 가입자의 분류는 사실상 의미가 없다.

본 政策시뮬레이션에 사용된 外生變數들은 대부분 최근 몇년간의 統計資料를 분석한 결과들이며 현재의 變數가 계속 적용된다는 假定하에서 이루어진 것이다. 따라서 본 推計의 目的은 10년후나 20년후의 年金財政收支의 수치를 정확하게 예측하기보다는 현재의 條件이 변하지 않을 경우 예상되는 年金財政과 본 연구에서 제시하는 政策代案을 적용할 경우 예상되는 변화의 정도를 예상하는 데 있다. 推計期間은 1995부터 2050년까지이나 실제로는 1991년부터 추계가 이루어졌다. 한편 본 추계에서 사용되는 금액은 1990년 不變價格이다.

加入者數는 總人口를 郡部人口와 市部人口로 나누고 각각에 대하여 非經濟活動人口, 失業者, 就業者로 구분하고 就業者는 다시 5인이상 事業場 加入者, 農業自營者, 非農業自營者로 구분하였다. 加入者數 추계와 관련하여서는 郡地域의 農漁民을 포

- 26 -

<圖 2> 加入者數 推計 槪念圖

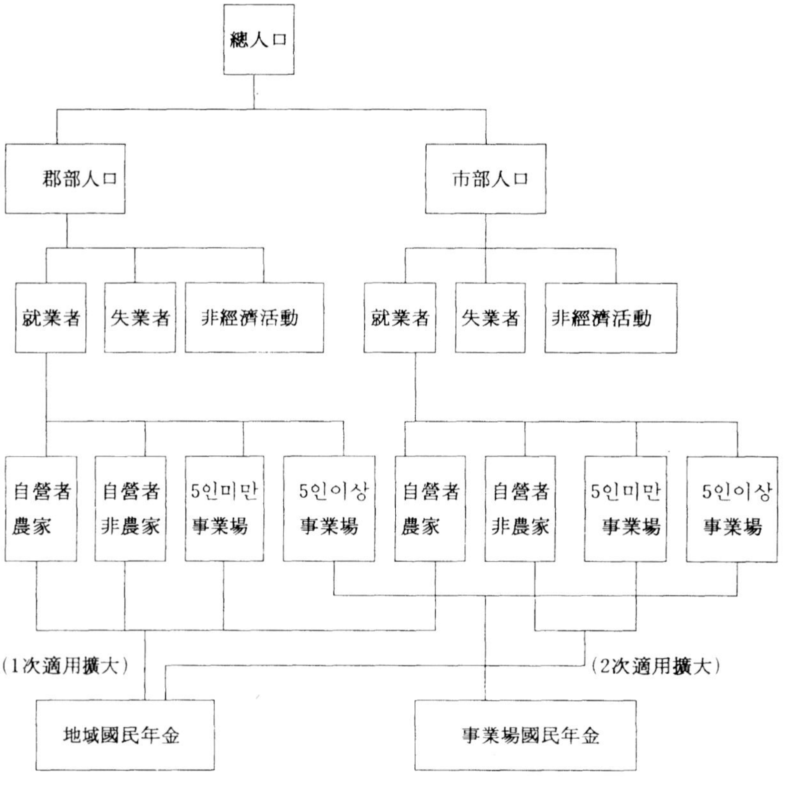

- 28 -

<圖 3> 推計模型의 흐름도

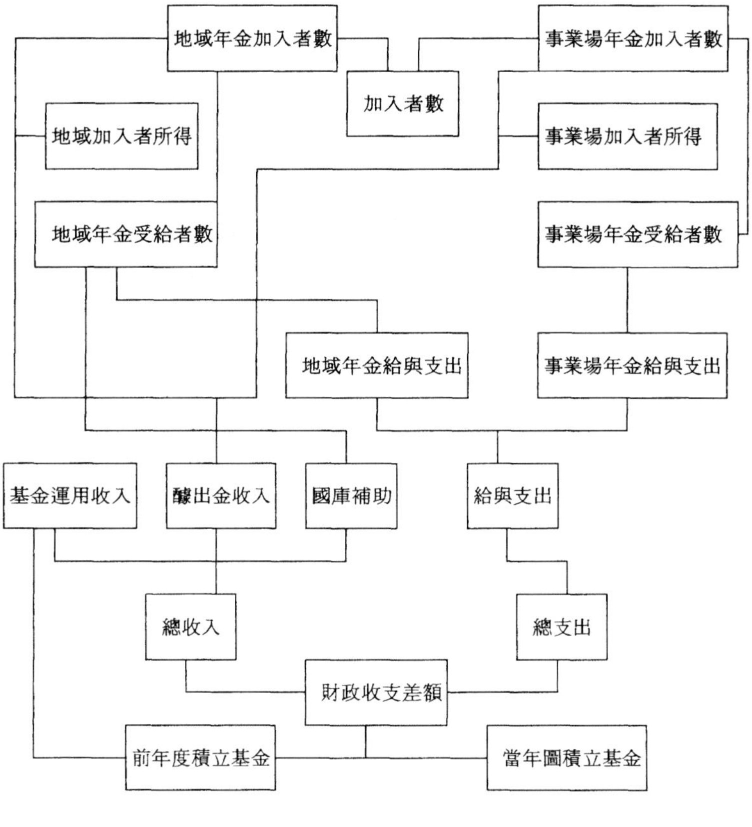

- 29 -

자료 번호 35

자료 제목 참여복지사회를 향한 시민행동

자료 유형 시민단체 행사자료집

생 산 자 참여연대

생성 연도 1994년

정 부 김영삼 정부

비 고 〈국민생활최저선 확보운동 및 관련 공익소송 설명회〉 자료집

주요 내용

이 문서는 참여연대 사회복지위원회에서 발간한 자료집으로 국민생활최저선 확보운동의 내용과 관련 공익소송을 설명하고 있다. 참여연대는 1994년 '참여민주사회와 인권을 위한 시민연대'라는 이름으로 시작한 시민단체이다. 경제개발에서 사회발전으로의 지향을 선언한다는 점에서 당시 정부의 경제개발 5개년 계획(1993~1997년)의 주요 방향인 사회적 형평 제고와 균형발전 목표와도 크게 다르지 않았다(정재형, 2010). 국민 생활의 소득 보장 최저선을 확보하는 방안 중에 국민연금의 임금대체율 40%를 보장하고, 장해연금 및 유족연금이 최저생계비를 보장하는 수준이어야 한다는 점을 지적하고 있다. 국민연금이 공공자금으로 강제 예탁되면서 금융 부문 이자율과 약 3% 차이가 나며, 그 결과 1994년 당시 3,143억 원의 기금 손실을 발생시켰다는 점에서 국민연금기금 운용 손실액에 대한 손해배상 청구소송을 진행한다는 점을 밝힌다.

지속가능한 인간발전(Sustainable Human Development/ SHD)
을 위한 국민생활최저선 확보운동!!

"참여복지사회를 향한 시민행동!!"

◆ 국민생활최저선 확보운동의 의의
◆ 선진 사회를 향한 '국민생활최저선(National Minimum)' 확보 운동을 시작하며
◆ 국민생활최저선의 세부항목
◆ 소송취지문
◆ 참고자료

내일을 여는 희망의 연대
참/여/연/대/(참여민주사회와 인권을 위한 시민연대) **사회복지위원회**

‘경제중진국- 복지후진국’ 에서
‘경제선진국- 복지선진국’ 으로!!

경제개발로 부터 사회적 발전
(Social Development)으로!!

인간발전이 보장되는 경제성장!!

진행순서

◇ 사회 - 박원순(朴元淳) 변호사 (집행부위원장)
◇ 인사말 - 이삼열(李三悅) 교수(숭실대 철학과, 운영위원장)
◇ 의의와 취지 - 조흥식(曺興植) 교수
(서울대 사회복지학과, 사회복지위원장)
◇ 사업계획 - 김대환(金大煥) 교수 (인하대 경제학과, 정책위원장)
◇ 소송취지 - 김연명(金淵明) 교수
(상지대 사회복지학과, 사회복지부위원장)
◇ 소송설명 - 이찬진(李粲珍) 변호사

국민생활최저선의 세부항목

1. 소득보장 :

〈 생활보호제도 〉

- 생활보호대상자 선정기준을 최저생계비 수준으로 상향 조정
- 급여수준을 최저생계비 수준 이상으로 상향조정
- 최저생계비와 가구소득을 비교 부족분을 지원하는 '보충급여' 실시
- 신청방식으로 어느 때든 즉시 판정되는 완전한 '신청보호' 방식채택.
- 주택부조제도 도입 : 주택수당 제공

〈 국민연금 〉

- 평균소득자의 임금대체율 40% 보장
- 장해연금, 유족연금의 최저생계비 수준 보장
- 노후생활의 최저선 보장을 위한 기금운영의 민주화

〈 상해급여와 유족급여의 임금대체율 40% 보장 〉

2 건강보장 :

- 의료보험료 부담의 형평성 확보 : 기본보험료 폐지
- 근로자 상병수당 실시
- 임산부 산전진찰 의무화
- 전국민에게 건강진단 제공
- 의료보험 본인 부담금 인하
- 의료보험급여 제한기간 180일 철폐
- CT·MRI 보험적용

3. 교육보장 :

- 중등교육과정까지 무상교육제도 도입
- 정부, 학교, 학부모 3자부담에 의한 학교급식 확대

– 6 –

국민생활최저선 확보 운동과 제1차 공익소송의 의의

우리 나라는 이제 자타가 공인하는 중진국이 된지 오래이며 이제는 더 나아가 OECD 가입을 추진하는 단계에 이르렀으나 국민의 삶의 질과 관련된 사회복지는 너무나도 낙후된 수준입니다. '경제는 선진국' 이나 '복지는 후진국' 이라는 표현이 우리 사회의 실상을 가장 잘 표현하고 있습니다. 최근 '세계화', '국제화' 를 논의하면서 경제의 선진화를 주장하는 목소리는 크게 들려도 사회복지 부분의 선진화를 주장하는 목소리는 크지 않습니다. 사회복지가 선진화되지 않은 세계화는 반쪽자리 세계화일 따름입니다.

참여연대에서는 이러한 문제의식 하에 우리 사회의 사회복지를 선진화시키는 문제에 대하여 창립단계에서부터 고민하였으며, 그 결과 선진사회로 가는 첫걸음은 '국민생활최저선' 의 확보에서 출발해야 한다는 결론을 얻게 되었습니다. 우리는 국민생활최저선확보 운동의 영역으로 크게 6가지 분야를 설정하였으며([국민생활최저선 확보 운동 사업계획서] 참조) 공익소송은 6대 운동영역중의 한가지 영역입니다.

참여연대의 국민생활최저선 확보 운동 중 가장 특징적인 운동분야인 공익소송은 선진국에서 보편화된 형태입니다(예를 들어 생활보호급여 수준을 인상해 달라는 청구소송을 낸 일본의 '아사이(朝日)소송'). 우리 나라에서는 1993년에 노인부부가 생활보호법(생활보호사업지침)의 위헌여부를 심판해 달라는 유사한 소송이 제기되기도 하였지만 아직 본격화되지 않고 있습니다. 이런 의미에서 이번에 참여연대에서 사회복지부문과 관련하여 제기한 제1차 공익소송은 체계적인 공익소송의 출발이라고 할 수 있습니다. 참여연대는 공익소송이 삶의 질과 관련된 우리 사회의 낙후된 측면을 공론화 시킬 수 있는 유력한 수단으로 생각하며 앞으로 보건의료, 연금, 노인, 탁아, 장애인, 주거문제 등 우리 국민의 삶의 질과 관련된 전반적인 영역에 대하여 지속적으로 공익소송을 제기할 계획을 갖고 있습니다. 국민생활최저선 확보라는 차원에서 이번 1차 공익소송이 갖고 있는 의미를 다음과 같이 간단히 정리할 수 있습니다.

1. 국민연금기금운용 손실액에 대한 손해배상 청구소송 건

이 소송은 현재 정부에 의해서 독단적으로 기금운용이 이루어짐으로써 재정파탄의 경고까지 나오고 있는 국민연금기금의 비민주적 운용에 대한 문제제기이다. 국민연금은 93년말로 약 5백만명이 가입되어 있고 약 7조 6천억원의 기금이 적립되어 있으나 공공자금관리기금법(93년 제정)에 의해 연금기금이 공공자금으로 의무예탁됨으로써 현재 3,148억원의 기

- 9 -

금손실이 이루어졌다. 특히 94년 이후로 갹출료 전액이 공공자금으로 흡수된다면 2000년에 정부가 갚아야 할 돈은 원리금 16조, 이자 3조 5,000억원으로 추정되기 때문에 이 때에 발생하게 될 정부의 원리금 상환불능과 이로 인한 연금재정의 파탄문제를 배제할 수 없다(자세한 내용은 <참고자료 1> '국민연금기금의 파행적 운용과 전국민의 노후생활의 불안' 참조). 이는 전국민의 노후 최저생활보장에 심각한 위협이 아닐 수 없으며, 한국경제의 지속적인 성장에도 중대한 악 영향을 줄 것이다. 이런 의미에서 이 소송은 국민연금기금 및 기타 공무원연금기금 등 국민의 노후 최저생활보장과 직결되는 각종 기금을 공공자금관리기금법에 의해 정부가 일방적으로 사용하는 행위의 정당성 여부를 공론화하고, 더 나아가 기금사용에 대한 국민적 합의를 유도하는 계기가 될 것이다.

2. 보건사회부장관 및 의료보험연합회장의 직권남용 고발 건

현행 의료보험제도의 가장 큰 문제점은 3조 4천억원이라는 막대한 의료보험적립금이 쌓여 있음에도 불구하고 CT, MRI 의 보험적용, 본인부담금 인하 등이 이루어지지 않고 있다는 점이다(이것은 현행 의료보험제도 운영방식이 조합방식을 취하고 있다는 데 근본적 원인이 있음). 그런데 보건사회부는 최근 의료보험조합의 적립금 중 일부를 갹출하여 약 5,000억원의 의료발전기금을 조성하고, 이 기금을 병의원 등 의료기관에 대출해 줄 수 있게 하는 '의료보험적립금 중 의료기관 자금 조성·관리규정' (보건사회부 예규 676호) 을 제정하여 의료보험 적립금을 보험급여 확대에 쓰기보다는 병의원의 신 · 개축비, 고가장비도입비 등으로 전용하려 하고 있다. 이 예규는 결산잉여금을 전3년 평균보험급여비의 100%까지 적립하고, 보험급여 외에는 다른 곳에 사용할 수 없도록 규정한 의료보험법 시행령을 정면으로 위반하는 불법적인 행위이다(자세한 내용은 <참고자료 2> '의료발전기금 신설문제 : 의료보험 급여확대의 장애' 참조). 따라서 의료발전기금 조성을 강제한 보건사회부장관 및 의료보험연합회장을 고발하는 것은 3조 4천억원에 달하는 의료보험적립금을 보험적용범위 확대에 사용하는 것이 보건의료부문에서의 국민생활최저선을 확보하는데 매우 중요하다는 점을 공론화 시키는 동시에, 사회복지부문에서의 정부의 불법행위에 대한 공공의 감시가 강화될 것이라는 점을 상기시키는 효과가 있을 것이다. 또한 이 소송은 현재 의료보험을 통합하여 적립금을 공동으로 활용함으로써 보험적용을 확대하자는 의료보험통합운동의 중요성을 다시 한번 강조하는 계기가 될 것이다.

3. 지역의료보험료의 보험료 부과처분 취소 심사청구 건

농어민과 도시자영자 등이 가입되어 있는 지역의료보험 대상자는 소득에 비해 너무 많은 보험료를 부담하고 있다는 문제제기가 지속적으로 제기되어 왔다. 자료에 의하면 농어민의 경우는 직장근로자보다 평균적으로 17%나 더 많은 보험료를 납부하고 있다. 특히 지역의보대상자 중에서 동일한 재산소득을 가진 사람이 서울 강남구에 거주하면 2만 200원을 월보험료로 납부하는데 반해 강원도 화천군에 거주하면 3만 3천 900원의 보험료를 납부하는

〈 참고자료 1 〉

국민연금기금의 파행적 운용과 전국민의 노후생활의 불안

가입자의 갹출료로 구성되는 국민연금기금은 퇴직자들에게 최저한의 노후생계를 유지할 수 있게 하는 재원이 된다는 점에서 기금의 운용은 매우 중요한 의미를 갖는다. 93년말 현재 약 5백만명이 가입한 국민연금은 <표 1>에서 처럼 KDI 추계로 2032년에 203조(1984년 불변가격), 한국보건사회연구원 추계로 2023년에 235조(1989년 불변가격)라는 막대한 기금이 형성되게 된다. 그러나 국민연금기금은 처음부터 적자를 전제로 한 재원조달방식(수정적립방식)을 취하고 있기 때문에 어느 시점에서는 연금기금이 적자로 돌아서고 그 적자 분을 다음 세대가 부담하는 형식을 취하게 된다. 때문에 연금기금을 어떻게 운영하는가 하는 문제는 현재의 가입자의 연금 확보뿐만 아니라 다음 세대의 경제적 부담을 완화한다는 점에서도 매우 중요하다.

< 표 1 > 국민연금의 장기재정 추계

	최 대 가입자	최 대 적립금	수 지 적 자	기 금 고 갈	최 대 부양비[3)]	본격지출 발생기간[4)]
한국개발[1)] 연구원	10,605천명 (2015년)	203조 (2032년)	2036년	2046년	29.6% (2050년)	38년
보건사회[2)] 연구원	7,523천명 (2020년)	235조 (2023년)	2027년	2037년	56.4% (2037년)	29년

비고 : 1) 1984년 불변가격
2) 1989년 불변가격
3) 노령연금수급자/가입자의 비율임
4) 완전 노령연금 수급자발생시부터 적자 발생시까지의 기간
자료 : 한국개발연구원, 「국민연금기금의 복지부분 활용방안」,1991,p.16

국민연금기금의 운용현황을 보면 <표 2>와 같다. 93년말을 기준으로 국민연금기금 순조성액 7조 6천억원 중에서 약 40.4%가 공공자금관리기금법에 의해 공공부문에 예탁되었고, 나머지 54.4%가 금융부문에 예탁되었다. 여기서 공공부문에 대한 과도한 예탁과 이로 인한 기금손실 문제점이 발생한다.

- 12 -

〈 표 2 〉 국민연금기금 운용 현황 (단위 : 억원)

구 분	연도					
	88	89	90	91	92	93
공공부문	2,880	6,278	10,178	15,178	21,278	30,800
복지부문	0	0	0	1,200	2,400	3,900
금융부문	2,399	6,055	11,809	16,897	23,825	41,418
합 계	5,279	12,332	21,987	33,275	47,503	76,118

공공자금관리기금법에 의해 공공부문에 예탁된 기금의 평균이자율은 11.0% 이고 금융부문의 이자율은 평균 약 14%에 달해 약 3%의 이자율 차이가 나며, 그 결과는 <표 3>에서 보는 것처럼 94년 6월까지 무려 3천 148억원의 손실을 발생시키고 있다.

〈 표 3 〉 공공부문운용으로 인한 국민연금기금 손실액 (단위 : 억원)

년도	공공투자잔액	평잔(A)	수익율			손실액
			공공부문	금융부문	차이(B)	(A x B)
88	2,878	1,305	11.0	12.95	△1.95	20
89	6,278	3,958	11.0	14.35	△3.35	133
90	10,178	7,697	11.0	13.83	△2.83	218
91	15,178	11,349	11.0	14.04	△3.04	345
92	21,278	16,661	11.0	14.07	△3.07	511
93	30,800	25,131	9.67	13.87	△4.20	1,058
94.6	42,350	17,829	9.79	14.63	△4.84	863
계						3,148

이러한 기금손실액은 국민연금기금의 규모가 늘어남에 따라 엄청난 액수로 증가할 것이다. 특히 중요한 것은 93년에 제정된 공공자금관리기금법으로 인해 금융부문의 기금마저 전액 공공부문예탁이 의무화되었다는 것이다. 국민연금관리공단의 추계에 의하면 국민연금기금을 전액 공공부문으로 예탁할 경우 2,000년에 정부가 부담해야 할 원리금 총액은 19조 5,000억 (원리금 16조, 이자 3조 5,000억)으로 추정하고 있다(신수식, "연금기금의 재정투융자활용에 대한 문제와 대책", 1993, 한국사회보장학회 발표문) 이런 식으로 공공부문의 예탁이 이루어지면 사실상 정부의 상환능력은 일단 의심스러운 것으로 보아야 하며 일부에서 제기하는 연금재정 파탄의 경고도 설득력을 얻게 된다.

이렇게 국민연금기금을 공공부문에 과도하게 예탁하는 것은 물론 정부가 사회간접자본에 대한 투자금액을 확보하기 위해서 이며, 이것을 법으로 뒷받침하는 것이 공공자금관리기금법 제 5 조에 규정된 각종 기금의 공공자금기금에의 의무예탁 조항과 연금기금운용의 결정권을 갖고 있는 국민연금법상의 국민연금기금운용위원회 그리고 공공자금관리기금법상의 공공자금관리기금 운용위원회이다. 국민연금기금운용위원회는 <표 4>에서처럼 현재 13인의 위원으로 구성되어 있는데 가입자를 대표하는 위원은 4인에 불과하고 나머지는 관료나 정부산하기관장으로 구성되어 있어 가입자의 의견이 제대로 반영될 수 없게 되어 있다. 전위원이 장관으로 구성된 공공자금관리기금운용위원회도 사정은 마찬가지이다.

물론 연금기금에 대한 국가통제가 전혀 없을 경우 막대한 연금기금이 자금시장을 교란시키는 등의 부작용도 발생할 수 있다. 또한 막대한 기금을 비생산적인 금융부분에만 묶어 두어 좀더 생산적인 부분에 사용할 가능성을 막는 것도 문제이다. 그러나 중요한 문제는 지금처럼 기금을 공공부문에 과도하게 예탁할 경우에는 가입자의 동의가 전제되어야 하며, 더 넓게 보아서는 연금기금의 운용 여하에 따라 상당한 경제적 영향을 받게 되므로 국민 전체의 동의가 있어야 한다는 것이다. 그러나 현재는 전혀 이러한 동의절차 없이 국가가 일방적인 자금운용을 하고 있다.

〈 표 4 〉 국민연금기금운용위원회 및 공공자금관리기금위원회의 위원의 구성

국민연금기금운용위원회	공공자금관리기금운용위원회
정부대표 (6인) 경제기획원장관(위원회의장), 보건사회부장관(위원회부의장) 재무부장관, 농림수산부장관 상공부장관, 노동부장관 가입자대표 (4인) 노동자대표 2인, 사용자대표 2인 전문가대표 (2인) 한국개발연구원장 한국보건사회연구원장 수급권자대표 (1인) 국 민 연 금 관 리 공 단 이 사 장 계 13인	정부대표 (11인) 경제기획원장관 (위원회의원장) 재무부장관 (위원회 부위원장) 총무처장관 교육부장관 문화체육부장관 상공자원부장관 보건사회부장관 체신부장관 한국은행총재 농수산부장관 노동부장관

국민연금기금의 운용문제는 전체 국민들의 노후생활의 최저선과 직접적인 관련을 갖는다. 국민연금기금은 수익성(금융부문에의 투자)과 공공성(공공부문에의 투자)이 적절히 조화될 수 있도록 운용되어야 하며 또한 가입자 및 전체국민들의 의견이 제대로 반영될 수 있는 구조가 전제되어야 한다. 이런 의미에서 또한 연금기금의 공공자금예탁비율이 수익성과 조화를 이루는 범위 내에서 재조정될 수 있도록 공공자금관리기금법의 의무예탁 조항이 개정되어야 하고 현재의 국민연금기금운용위원회와 공공자금관리기금운용위원회에 가입자 대표가 더 많이 참여하여 기금운용에 대한 결정권을 행사할 수 있도록 관련 법안도 개정되어야 한다.

- 14 -

자료 번호 36

자료 제목 국민연금법중개정법률안 제안이유 및 주요골자

자료 유형 법률안

생 산 자 정부

생성 연도 1995년 4월

정 부 김영삼 정부

비 고 –

주요 내용

정부는 1995년 8월 4일부터 상시근로자 5명 이상 사업장의 국내 거주 외국인과 사용자에 대해서도 국민연금제도를 확대 적용하기로 했다. 당시 김영삼 대통령은 "유럽순방기간 중 영국, 독일, 프랑스 등과 사회보장세를 면제하는 방안을 추진"(한국경제, 1995. 3. 22.)했다. 법률안 제안 이유는 선진국의 사회보장 관련 법규와 균형을 맞추고 해외 단기거주 국민이 사회보장비용을 이중으로 부담하지 않도록 하기 위함이었다. 즉 재한 외국인의 국민연금 가입을 의무화하고 개별 국가와 사회보장세 면제협정을 체결하여 우리 국민이 협정국의 사회보장제도에 의무 가입하지 않도록 하는 방안을 모색했다.

國民年金法中改正法律案

議案 番號	

提出年月日 : 1995. 4. .
提 出 者 : 政 府

提案理由 및 主要骨子

外國人에 대한 先進 各國의 社會保障關聯法規와 균형을 맞추고 海外에 短期滯留하는 國民이 社會保障費用을 이중으로 부담하는 不合理함을 解消하기 위한 與件을 造成하기 위하여 大韓民國에 滯留하는 外國人으로서 國民年金 適用事業場에 종사하는 者에 대하여 國民年金에 당연히 加入되게 하고 返還一時金의 지급을 제한하려는 것임.

- 1 -
293

法律 第 號

國民年金法中改正法律案

國民年金法중 다음과 같이 改正한다.

第102條를 다음과 같이 한다.

第102條(外國人에 대한 적용) ①이 法을 적용받는 事業場에 사용되고 있는 外國人은 第6條의 規定에 불구하고 당연히 事業場加入者가 된다. 다만, 이 法에 의한 國民年金에 상응하는 年金에 관하여 外國人의 本國法이 大韓民國國民에게 적용되지 아니하는 경우에는 그러하지 아니하다.

②第1項 本文의 規定에 의하여 事業場加入者가 된 外國人에 대하여는 第67條 내지 第69條의 規定을 적용하지 아니한다. 다만, 外國人의 本國法이 大韓民國國民에게 第67條 내지 第69條의 規定에 의한 返還一時金에 상응하는 給與를 지급하도록 規定하는 경우에는 그러하지 아니하다.

附 則

이 法은 公布한 날부터 施行한다.

-3-
292

자료 번호 37

자료 제목 농어민연금 시행현황보고

자료 유형 국무회의록

생 산 자 보건복지부

생성 연도 1995년 7월 25일

정 부 김영삼 정부

비 고 –

주요 내용

이 문서는 농어민연금제도 관련 사항에 대한 보건복지부의 국무회의 보고자료이다. 1997년 7월 1일부터 농어촌지역 자영업자 및 농어민 대상 국민연금이 실시되었다. 본 문서는 농어민연금 가입신고 대상자의 95.3%가 자진 신고하면서 농어민연금제도에 대한 주민호응도가 높았던 것으로 보고되었다. 농어민연금 가입자의 평균신고소득은 56만 4,000원으로 사업장 가입자와 농업소득 대비 60%대로 신고되어 다소 낮게 나타났다고 보고하고 있다. 이후 고소득 농어업인에 대한 보험료 지원 중단을 검토해야 한다는 공감대가 형성되었고, 2020년 7월부터는 고소득, 고액자산 소유 농어업인에 대한 지원은 중단되었다. 그 전에는 소득과 상관없이 농어민 보험료를 정부에서 지원해 왔는데, 이는 농어민의 경우 구체적인 소득 기준이 없었기 때문이기도 했다(한국일보, 2019. 10. 4.).

1. 사업개요

ㅇ 농어민연금제도가 '95. 7. 1부터 시행됨으로써 앞으로 농어민 및 농어촌지역 자영자는 국민연금에 의한 소득보장 혜택을 받게 되었음.

ㅇ 지난 4. 10부터 5. 31까지 일제가입신고 기간중 대상자의 95.3%가 자진신고를 마쳐 주민의 호응도가 매우 높게 나타났음.

ㅇ 이는 주민의 적극적인 관심과 내무부, 농림수산부 및 지방행정기관의 지원에 힘입은 바 큼.

2. 농어민연금 가입신고 결과

가. 가입자

ㅇ 일제가입신고 이후 미신고자에 대한 지속적인 가입독려 결과 가입 확정자는 '95. 7. 1현재 총 2,037천명이며, 이 중 농어민 가입자는 1,336천명(65.6%)임.

(단위 :천명 ,%)

계	농어민	자영자	납부예외자
2,037	1,336 (65.6%)	422 (20.7%)	279 (13.7%)

※ 전 가입자에게 7. 1부로 가입자증서 교부

- 1 -

403

113

－2－

나. 평균신고소득월액 및 연금보험료 부과액

ㅇ 농어민연금보험료는 사전에 제시한 신고소득기준에 따라 가입자가 신고한 소득을 기준으로 부과함.

ㅇ 농어민연금 가입자의 평균신고소득은 56만4천원으로 사업장가입자 대비 62.3%, 농업소득 대비 65.7%로서 다소 낮게 나타났음.

(단위 : 원)

평 균	농어민	자영자	비 고
564,959	574,420	535,770	- 사업장가입자 : 900,024 - 농업소득 : 860,417

* 농업소득 : '94 농림수산부 표본농가경제조사

- 이는 제도시행 초기 연금에 대한 이해가 아직 부족한 것에 기인하며 향후 적극적인 홍보추진, 연금수급자의 증가 등으로 점차 해소될 것으로 전망.

ㅇ 평균연금보험료 부과액은 17,000원 정도이며, 정부지원을 받게 되는 농어민은 15,000원 정도임.

(단위 : 원)

구 분	평 균	농어민	자영자	사업장가입자
보험료	16,960	17,230 (15,030)	16,070	54,000 노·사·퇴직금 각 1/3

* ( )는 농어민에 대한 정부지원금 2,200원을 차감한 금액임.

114

자료 번호 38

자료 제목 국민연금 '깡통 계좌' 된다

자료 유형 시사 잡지 기사

생 산 자 시사저널

생성 연도 1995년 8월 31일

정 부 김영삼 정부

비 고 『시사저널』, 제305호, 68~71쪽

주요 내용

이 문서는 국민연금 기금 고갈 문제를 분석한 주간지의 경제 기사이다. 골자는 국민연금은 설계 단계에서부터 기금 고갈을 예상하고 만들어졌다면서 수익률이 지나치게 높은 보험상품인 셈이라고 본다. 기금 고갈을 막기 위해서는 보험료를 인상해야 하지만, 쉽지 않다면 급여 수준을 대폭 줄여야 한다고 본다. 정부는 기금 고갈 위기가 심각하지 않다고 하지만 공무원, 군인 연금 기금이 이미 파탄 또는 그 직전의 위기라는 점을 볼 때 정치적 선심을 멈추고 고통스럽더라도 경제 논리로 국민연금 기금 고갈을 늦춰야 한다고 분석하고 있다.

경 제

국민 연금 '깡통 계좌' 된다

내줄 급여 많아 2033년 완전 고갈 예상…6공 정부 정치적 선심 탓

이탈리아 국민의 8분의 1이 94년 10월 거리로 뛰쳐나왔다. 성난 이들은 3월 자신들의 손으로 뽑은 실비오 베를루스코니 총리를 연일 성토하며 연금 개혁안을 철회하라고 요구했다. 베를루스코니 총리는 95년도 예산안에서 연금 개시 연령을 높이고 수혜 폭을 줄이는 것을 골자로 한 개혁안을 만들었다는 단 하나의 이유로 치솟던 인기가 급전직하했다.

94년 이탈리아의 연금 적자는 무려 85조리라(42조5천억원)에 달했다. 베를루스코니 총리는 개혁안을 통해 연금 적자를 9조리라 가량 감축하려 했지만 이것이 엄청난 저항을 불렀다. 이탈리아 정부로서는 연금 적자를 대폭 줄이지 않으면 더 이상 정부를 유지할 수조차 없는 지경에 몰려 있었다. 베를루스코니 정부를 위기로 몰아넣은 연금 문제는 과거 이 나라 정치 세력들이 적자가 눈덩이처럼 불어나도 인기에 연연해 근본적인 대책을 세우지 않아온 데 있다.

불안한 미래:표가 깎이더라도 국민 연금 파탄 위기는 경제 논리로 해결해야 한다.

2000년이면 전국민 가입

이탈리아의 노령 연금과 비슷한 한국의 국민 연금도 안전 지대에 놓여 있지는 않다. 한국개발연구원(KDI)에 따르면, 88년에 실시한 국민 연금은 그 골격이 바뀌지 않을 경우 2022년께 총지출이 총수입을 넘어선다. 불과 30여년 만에 적자 상태가 되는 것으로, 적자 발생은 필연적으로 기금 고갈을 예고한다. 그동안 차곡차곡 쌓인 적립 기금이 줄어드는 분기점이 되기 때문이다. 적립 기금은 2023년에 최대치에 도달했다가 급속히 감소하기 시작해 2033년에 완전 고갈될 것으로 전망되고 있다.

이같은 재정 수지 전망(90년 불변가격 기준)은 실질 이자율을 95년 6%에서 2050년 3.5%로 예측했고, 임금 상승률은 5.5%에서 3% 수준으로 떨어지며, 물가 상승률은 4%에서 2%대로 떨어진다고 가정했다. 이 경제 변수들의 움직임에 따라 적자 발생과 기금 고갈 시기가 당겨지거나 늦추어질 수 있다. 가입자와 수급자 수를 추계하는 정확도도 큰 영향을 미칠 것이다. 그러나 이언저리에서 기금 재정에 중대한 문제가 발생한다는 사실을 파악하는 데는 큰 문제가 없다.

국민 연금이 시작된 지 불과 40여년 만에 위기 상황을 맞을 것으로 예측되는 가장 큰 이유는, 연금 가입자가 낼 돈보다 받을 돈이 지나치게 많기 때문이다. 한국개발연구원 문형표 연구위원은 "장기적으로 본 국민 연금 재정의 취약성은 보험료 수준에 비해 너무 많은 급여 혜택을 주기 때문에 발생한다"고 지적했다. 이러한 구조적 수급 불균형을 시정하지 않으면 고갈될 위기를 피할 수 없다는 주장이다.

국민 연금은 의료보험과 함께 사회보장 체계의 중심적 구실을 하고 있다. 노후대비 저축과 개인 연금 등의 개인 보장, 퇴직금 같은 기업 보장과 함께 노후 생계를 위한 '3층 보장 체계'의 근간이다. 5인 이상 사업장의 근로자는 강제로

68 시사저널 1995.8.31

연금을 들어야 한다(당연 적용 대상). 지난 7월부터는 농어민도 국민 연금에 가입했으며 마지막 소외 지대인 도시 자영업자도 2000년까지는 국민 연금의 소속원이 될 것으로 보인다. 금세기가 가기 전에 국민 연금은 그야말로 전국민을 망라하는 사회 보험이 될 것이다.

이런 점에서 국민 연금은 이미 기금이 고갈된 군인 연금과 고갈 시기가 2004년께로 추정되는 공무원 연금이 초래했거나 야기할 파문에 비할 바가 아니다(71쪽 상자 기사 참조). 국민 연금은 어느 특정 세대나 계층이 아닌 국가 백년 대계를 위한 핵심적 사회보장 제도이기 때문이다. 보건복지부로부터 연금 관리와 운용 책임을 위임 받고 있는 국민연금관리공단은 95년 6월 말 현재 5백55만 가입자로부터 11조8천9백억원(5월 말 현재)을 갹출했다. 보험료는 국고 보조 없이(농어민에 한해 최저 소득 등급 보험료의 3분의 1을 정액으로 지원) 가입자가 모두 부담하는 기여 원칙을 따르고 있다. 사업장 가입자의 경우 사용자와 근로자가 분담하는 것으로 되어 있지만 '총고용 비용'이라는 점에서 보면 전액 근로자 부담으로 보는 것이 타당하다. 보험료는 표준 소득 월액의 3%에서 출발해 현재 6%(98년 이후 9%)이다. 공단은 이 돈을 금융시장과 공공 부문에서 굴려 기금 적립액을 13조1천4백억원(6월 말 현재)으로 불려 놓았다(오른쪽 상자 기사 참조).

설계부터 잘못된 '불량 보험 상품'

공단에 의하면, 국민 연금이 적립 방식(다른 하나는 부과 방식)으로 운영되기 때문에 당분간은 빠른 속도로 기금이 늘어날 것으로 보고 있다. 문제는 2차대전 이후인 45년부터 60년대 초까지 태어난 이른바 '베이비붐' 세대가 만 60세가 되어 연금 수혜자가 되면서부터다. 연금 적자 시기인 2020년께는 이들이 십중석으로 연금을 타기 시작해 기금이 바닥날 때와 거의 정확히 일치하고 있다. 빠르게 진전되고 있는 인구의 노령화도 연금 재정을 더욱 압박하는 요인이다. 게다가 인구 증가율 둔화에 따라 총가입자(사업장 및 지역 가입자) 수도 2030년께 1천1백20만명 수준을 고비로 하여 점점 줄어들 것으로 전망되고 있다. 연금을 탈 사람은 많고 연금을 부을 사람은 줄어든다는 얘기다.

한국개발연구원의 추계 모형에 따르면, 총수입(갹출금+운용 수입)은 가입자 수와 소득이 늘어나 90년 불변 가격 기준으로 2020년 38조원, 2030년 44조원, 2040년 52조원 등으로 크게 늘

관리 못하는 관리공단: 국민 연금으로 들어온 돈을 정부 재정에 과도하게 투자해 수익률이 떨어진다.

연금 금고는 정부 쌈지 돈인가

국민 연금 제도에는 재정의 건실성을 가로막는 구조적 요인이 도사리고 있지만 기금 운용상의 문제도 결코 가볍지 않다.

국민연금관리공단에 의하면, 6월 말 현재 총 13조1천4백억원의 적립 기금은 세 갈래로 투자되어 있다. 이 가운데 61.53%(8조8백억원)로 가장 많은 비중을 차지하는 것이 이른바 '공공 부문'이다. 국가 재정에서 가져다 쓰고 있는 것이다. 그 다음은 금융 부문인데, 34%인 4조5천억원을 금융시장에서 고수익 상품에 투자해 돈을 불리고 있다. 나머지 4% 남짓은 보건복지부가 가져가 그들의 복지 사업에 쓰고 있다.

기금 운용 상황을 들여다보면 한마디로 돈이 잘못 쓰이고 있다고 볼 수밖에 없다. 연금 가입자가 낸 돈이 재정이나 특정 부처사업에 투입되고 있기 때문이다. 연금 가입자가 국민의 세금으로 정부가 해야 할 일을 대신 해주고 있는 꼴이다. 정부는 지난해 아예 공공자금기금관리법을 만들어 방해 받지 않고 기금을 가져다 쓸 수 있게 만들어 놓았다.

물론 이들이 공짜로 기금을 가져다 쓰지는 않는다. 이자를 준다. 문제는 수익률이 금융 상품에 투자된 것보다 2~3% 포인트 낮다는 사실이다. 기금 운용 수익률은 89~94년 연평균 12.48%에 그쳤다. 94년의 경우 금융 부문의 운용 수익률은 13.9%~14%로 꽤 돈을 잘 굴린 셈이었으나 94년 전체 수익률은 12.10%에 그쳤다. 공공·복지 부문의 수익률이 11%대에 그쳤기 때문이다.

낮은 금리로 기금을 끌어다 쓰는 데에 대한 따가운 눈총을 의식한 정부는 공공 부문의 수익률을 94년 초의 11.38%에서 10월에는 12.2%로 올렸고 올해 4월에는 재차 13.08%로 인상했다. 그러나 여전히 금융 부문 수익률과는 1% 포인트 가량 격차가 존재한다.

국민 연금 기금은 금융시장에서 첫손에 꼽히는 '큰손'이다. 금융기관들은 이 기관투자가를 '모셔가지 못해' 안달이다. 파격적인 금리 조건을 제시하는 일도 왕왕 있는 것으로 알려져 있다. 돈의 덩치가 클수록 수익률 차이는 엄청난 결과를 가져온다. 국민연금관리공단 기금운용부의 한 관계자는 "1% 포인트의 차이는 몇천억원의 기금을 덜 불리게 하는 결과를 초래한다"고 수상했다.

결국 공공 부문 투자 비중 확대와 그로 인한 기금 증식 사업 축소는 기금 운용의 수익성을 낮출 수밖에 없다. 기금 운용 수익률은 장기적으로 연금 보험 수리상의 공정률과 뗄 수 없는 관계에 놓이므로, 수익성의 저하는 곧 장기적으로 가입자의 급여를 줄이게 된다. 결과적으로 연금 재정을 취약하게 만드는 것이다.

공공 부문 예탁을 의무화한 것을 철회하거나 규모를 대폭 줄이는 조처는 연금 개혁안에 반드시 포함되어야 할 것이다. 연금의 재정 구조와 기금 운용은 동전의 양면과 같기 때문이다. ■

SISA JOURNAL 1995.8.31

어난다. 그러나 총지출(노령 연금+유족 연금+장해 연금+반환 일시금)은 이보다 더욱 큰 폭으로 늘어나게 되어 있다. 이에 따라 2030년께 총수입에서 총지출을 뺀 수지 차(적자)는 31조원이 되며, 2040년께에는 두배가 넘어 손을 쓸 수 없는 지경에 이를 것으로 분석되고 있다.

국민 연금은 한마디로 잘못 설계된 보험 상품이다. 사회 보장 전문가들은 애초부터 불량품이었다는 근거로 두 가지 잣대를 들고 있다. 우선 연금 구조를 분석하는 데 가장 주요한 지표로 쓰이는 '내부 수익률'이다. 내부 수익률이란 가입자가 총 가입 기간 동안 부은 보험료의 현재 가치와 퇴직 이후 받게 되는 기대 연금 급여의 현재 가치를 같게 하는 연평균 실질 이자율을 말한다. 내부 수익률과 기금의 운용 수익률이 거의 일치한다면 재정 상태가 견실해 걱정할 필요가 없다.

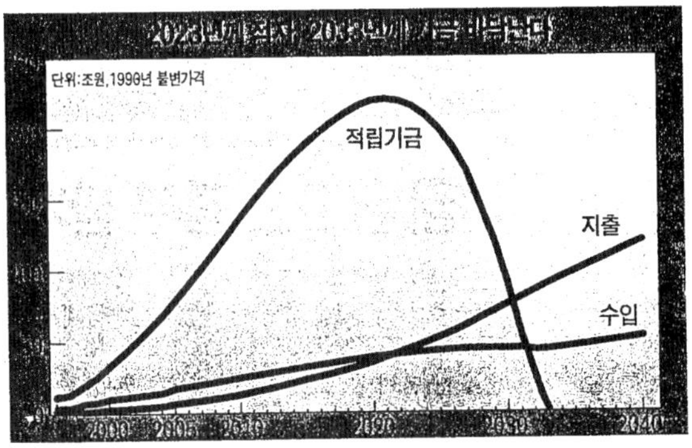

내부 수익률,
실질금리에 비해 너무 높다
(단위:%, 괄호 안은 가입 기간)

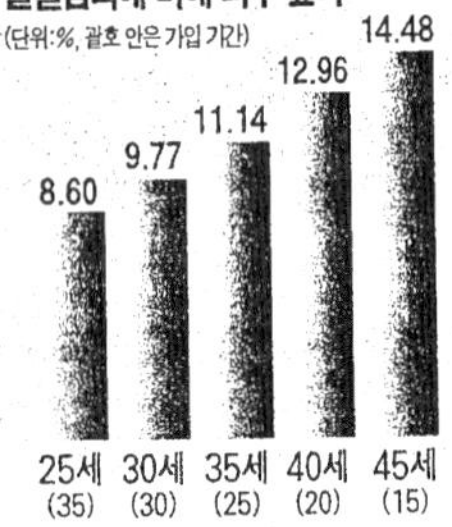

낸 돈보다 2~3배 많이 받는다
(배우자 혜택 감안시의 급여/보험료의 현재 가치 비교, 88년 불변가격, 단위:배
괄호 안은 가입 기간)

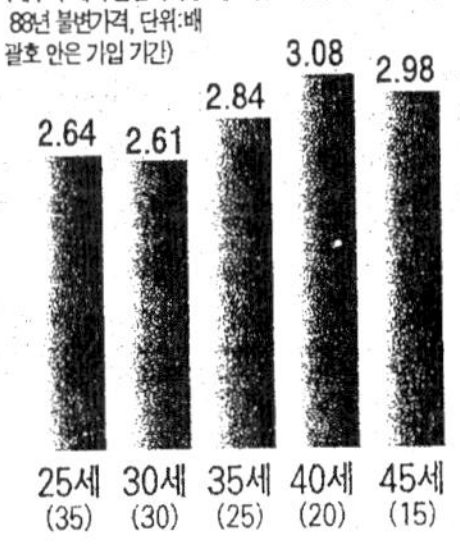

보험료의 3배까지 지급

국민 연금의 내부 수익률은 가입 기간에 따라 평균 8.08%에서 13.93%로 분석되고 있다. 가령 가입 기간이 15년으로 88년 당시 45세이던 가입자에게 차질 없이 연금을 주려면 수익률이 13.93%가 되어야 한다. 배우자 혜택을 포함할 경우 내부 수익률은 8.60%~14.48%로 더욱 높아진다. 미국 사회보장 제도(Social Security)의 내부 수익률은 국민 연금보다 훨씬 낮다. 25세 당시의 소득이 3만달러인 경우 내부 수익률이 도입 초기(1915년 출생자)는 5.46%, 도입 후기(1960 출생자)는 1.54%에 그치고 있다.

구조적인 재정 취약성은 보험료와 급여의 현재 가치를 비교하는 방식으로도 설명할 수 있다. 보험료와 급여의 현재 가치를 가입자 퇴직 시점을 기준으로 환산해 보면 보험료의 2~3배(배우자 혜택 포함)나 되는 돈을 급여로 받아가는 것으로 분석되고 있다. 국민 연금은 금융시장에서 유례를 찾아볼 수 없을 정도로 고금리 금융 상품인 것이다. 많이 받을 수 있으면 그것처럼 바람직한 것이 없겠지만 '수원'은 무한하지 않다. 바닥이 드러나게 마련이다.

혜택이 지나친 점 외에도 고소득층일수록 수혜의 절대액이 많은 점도 공적 부조의 원칙에서 보면 결코 바람직하지 않다. 절대 빈곤층에 대한 공적 부조조차 제대로 되지 않고 있는 것이 현실이기 때문이다.

연금 재정에 기여한 것보다 2~3배나 많이 받아가는 것이 기금 고갈의 가장 큰 원인이라면, 해결책은 혜택을 대폭 깎아내거나 보험료를 올리는 수밖에 없다. 우선 보험료를 올리는 방법이다. 국민 연금 전문가들에 따르면 보험료가 소득 월액의 20%쯤 되어야 균형점을 찾는 것으로 추정하고 있다. 이것은 현실 가능한 대안이 될 수 없다. 소득의 20%라는 살인적 수준을 버텨낼 수 있는 사람은 극히 드물 것이기 때문이다. 또 보험료를 계속 올릴 경우 초기 세대에 비해 후기 세대의 부담이 무거워진다는 점도 바람직하지 않다. 아버지 세대의 부담을 아들 세대에 진가하는 셈이이서 세대간 형평성 측면에서 부도덕한 일이다.

보험료 인상이 효과적이 못된다면 급여 수준을 대폭 줄일 수밖에 없다. 현행 급여 수준이 선진국의 공적 연금제도에 비해 결코 낮지 않다는 점에서도 이 대안은 타당성이 있다. 우선 수급 자격 조건을 까다롭게 하는 방법이 있다. 연금을 처음 주는 연령을 높이고 의무적으로 가입해야 하는 기간을 늘리는 것이다. 현재 60세(갱내 광부·어로사업 종사자 등 특수 직종 근로자는 55세)인 개시 연령을 최소 65세로 높이는 것을 검토할 만하다고 전문가들은 지적하고 있다. 은퇴 시기가 연장되고 평균 수명이 늘고 있다는 추세를 고려하면 그리 나쁜 선택이 아니다. 사회복지 비용 급증에 따른 재정 수지 악화를 막기 위해 미국·독일·프랑스·스웨덴은 개시 연령을 이미 65세로 높였으며 일본은 2010년에 상향 조정할 계획이다. 개시 연령을 65세로 높일 경우 연금 수지 개선에 상당한 효과가 있는 것으로 분석되고 있다.

그러나 개시 연령을 높이는 것만으로는 재정 취약성을 방어하는 데 역부족이다. 내부 수익률이 실질 이자율 전망치에 비해 여전히 높게 나타나고 있다. 개시 연령 상향 조정과 함께 급여 산식을 바꿔 혜택을 줄이는 방안을 모색할 필요가 커진다.

급여 산식을 조정하는 일은 시기 선택이 중요하다. 연금 지급이 본격화한 때, 가령 2010년 이후에 시도한다면 가입자 및 연금을 수령하고 있는 사람들의 거센 반발에 직면할 것이 분명하다. 연금이 정권을 뒤흔드는 위기로 비화하는 것을 외국의 예에서 찾는 것은 어려운 일이 아니다. 세대 간의 형평성에도 문제가 적지 않다. 문형표 연구위원은 "연금의 구조적 문제점을 수술하는 일은 빠르면 빠를수록 좋다"고 지적했다.

이밖에 반환일시금 제도나 소득 추계 제도가 불충분한 점도 연금 재정 구조를 악화시키는 요

시사저널 1995.8.31

가입자가 불가피하게 중도에 탈퇴할 경우 그동안 낸 보험료와 이자를 후하게 쳐서 돌려주는 제도이다. 전문가들은 실직·재해 등으로 보험료를 내기 어려운 상황이 발생하면 이 기간 동안 내지 않도록 하다가 다시 가입시키는 제도로 전환하는 것이 바람직하다고 지적한다.

정부 "고갈 위기 심각하지 않다"

소득추계 제도를 강화하는 것도 홍수에 대비해 제방을 튼튼히 하는 일일 수 있다. 현재도 재직자 노령 연금 제도를 통해 이를 부분적으로 도입하고 있기는 하다. 60세가 넘어서도 기본 연금액 이상의 소득이 있는 업무에 재직할 경우 65세까지 연금액의 일부를 삭감하고 있는 것이다. 그러나 소득 규모가 아니라 연령(60~64세)에 따라 기본 연금액의 50~90%를 주고 있기 때문에 충분하지 않다. 이를 소득 수준과 연동해 조정하는 것이 바람직하다는 견해가 나오고 있다.

국민 연금 제도는 한번 적자의 늪에 빠지면 당장 해일로 돌변할 가공할 파괴력을 지니고 있다. 가입자가 많기 때문에 지속적으로 적자를 메울 묘수가 없기 때문이다. 당장은 군인 연금처럼 국가가 이 구멍을 메우려 들 것이다. 그러나 재정 수지 전망에 의하면 2030년에 적자 폭은 31조원이나 되고 2040년은 67조, 2050년에는 84조원으로 기하급수적으로 늘어난다. 나라 살림 전체를 연금을 메우는 데 쓸 수는 없을 뿐더러 이것이 가능하지도 않다.

국민 연금을 책임지고 있는 보건복지부의 한 관계자는 "연금 고갈 위기론은 한 연구원의 문제 제기일 뿐이다"라고 일축했다. 그동안 간헐적으로 제기된 수많은 연구와 경고에도 불구하고 정부는 현재 어떠한 대책도 강구하고 있지 않는 것이다. 기금 고갈을 막을 최선의 방책은 수혜 폭을 줄이는 것이다. 정부로서는 인기가 뚝뚝 떨어질 일이나 업무를 못낼지도 모른다. 그러나 분명한 것은, 시계가 기금 고갈을 향해 계속 가고 있다는 사실이다.

독일 통일 후 통일 비용의 약 80%가 사회보장 관련 지출로 쓰인 옛 서독의 경우를 볼 때, 통일 이후를 대비한 국민 연금의 재정건실도는 더욱 중요하다는 점도 빼놓을 수 없다. 6공 정부의 후한 약속은 다음 정권에 큰 부담을 지워 놓았다. 국민 연금의 재정 부실은 철저한 정치 논리로 생겨났다. 국민 연금은 고통스럽지만 경제 논리로 풀어야 한다. ■

張榮熙 기자

공무원·군인 연금 이미 바닥

지난해 11월 총무처는 한 차례 홍역을 치렀다. 공무원 연금이 97년께 적자로 반전되고 2004년께는 기금이 완전 고갈될 것이라는 충격적인 소식이 전해졌기 때문이다.

관가는 크게 술렁거렸다. 도입 초기인 국민 연금 가입자와 달리 공무원들은 연금이 어떤 것인지를 잘 아는 사람들이다. 정부가 정치적인 이유에서 봉급 인상 대신 두둑한 연금액을 약속했던 터여서 이들의 불만은 더욱 거세질 조짐을 보였다.

총무처는 정부와 공무원 개인이 각각 5.5%씩 내고 있는 각출료를 7%로 높이고 기금 운용 효율화를 골자로 한 대책을 서둘러 발표했지만 '최하책'이라는 평가를 받았다. 기금 고갈을 다소 늦추는 미봉책이었기 때문이다.

60년에 생긴 공무원 연금 속에 있다가 63년에 분리된 군인 연금은 더욱 사태가 심각하다. 발족 첫해부터 연금을 탈 사람(61년 5천57명)이 나오기 시작한 데다 병역자 수에 변동이 거의 없어 가입자는 고정적인 데 비해 연금을 탈 사람은 80~91년 연평균 4.6%씩 늘어났기 때문이다. 기금이 고갈되자 정부의 지원으로 적자를 메우기에 급급하고 있다. 급여 지출을 위한 결손보전금은 75~92년 중 연평균 36.4% 추세로 매년 늘고 있으며, 93년의 경우 전체 수입의 70%인 4천9백억원을 국고에서 지원 받았다. 결손보전금은 98년에 1조원을 넘어설 것으로 예측된다.

시한폭탄:재정구조가 더 취약한 직역 연금은 이미 사회 문제가 됐다.

공무원 연금의 경우도 고갈되면 당장 2조원을 재정에서 메워야 하며, 2010년께는 5조원, 2020년께는 25조원이라는 어머어마한 돈을 지원해야 하는 것으로 추정되고 있다. 두 연금에 비해서는 상태가 양호하지만 75년에 실시된 사립학교교직원 연금도 재정 상황을 들여다볼 필요가 있다. 재원 조달이나 연금 급여 구조가 같고 가입 대상자의 연령 구조가 비슷해 공무원 연금과 비슷한 궤적을 밟을 공산이 크기 때문이다.

40년도 채 안돼 이들 연금이 빈사 상태에 놓인 것은 낸 돈보다 받는 돈이 많기 때문이다. 기대 수익률과 현재 가치 모두 국민 연금보다 훨씬 높은 것으로 분석되고 있다.

게다가 수혜 폭은 국민 연금보다 크면서도 가입 기간이 짧은 점도 부실을 앞당기고 있다. 국민 연금은 원칙적으로 60세 이후부터 지급이 시작되지만, 이들 직역 연금들은 퇴직 직후부터 가능하다. 공무원 연금의 경우 심지어 20년 재직한 37세 연금 수령자가 나오는 실정이다. 전체 수급자의 80% 이상이 60세 미만이다. 군인들의 평균 퇴직 연령도 45세에 불과하다. 또한 퇴직 직전 직급을 기준으로 연금은 주며, 현직의 봉급이 오르면 따라서 오르는 모순도 갖고 있다.

이들 직역 연금들이 파탄을 맞았거나 파탄 직전의 위기인 것은 이들의 재정구조상 너무나 당연해 보인다. ■

71

자료 번호 39

자료 제목 국민연금의 민주적 관리 운영

자료 유형 노동단체 발간자료

생 산 자 전국민주노동조합총연맹

생성 연도 1995년

정 부 김영삼 정부

비 고 민주노총「임단투와 사회개혁 투쟁지침」, 76~77쪽

주요 내용

이 문서는 민주노총이 국민연금 기금 관리에 대한 자신들의 의견을 정리한 문서이다. 1987년 노동자대투쟁을 기점으로 결집된 민주노조운동 세력이 성장·발전한 결과 1995년 민주노총이 출범했다(김세균, 2002). 민주노총은 정부가 1993년「공공자금관리기금법」을 만들고 국민연금 등 연기금을 공공사업 자금으로 사용하고 민간 부문 운용수익보다 낮은 수익률을 방조했다고 비판한다. 2023년 장기적자에 들어갈 것으로 예상하는 국민연금 기금 고갈이 우려되는 상황에서 그 운용손실액만 2,000억 원이 넘는다는 계산이다. 민주노총의 건의사항은「공공자금관리기본법」을 폐지하여 과도한 공공 부문 예탁비율을 낮추고, 국회의 승인과 감사 없이 일방적으로 사용하지 못하도록 법을 개정하며, 보건사회부 장관을 위원장으로 하고 노동자, 사용자 등 대표와 전문가로 구성된 국민연금기금운용위원회를 구성할 것을 제안한다. 이후 2001년「공공자금관리기본법」은 폐지되었는데, 정부는 2001년까지 총 39조 원의 국민연금 기금을 정부 사업 재원으로 사용했다(경향신문, 2004. 10. 12.).

76

2. 국민연금의 민주적 관리 운영

- 공공자금관리기금법 폐지를 통한 연금기금의 안정성 확보
- 국민연금법 개정을 통한 연금기금의 민주적 관리 운영 등

1) 국민연금제도는 88년부터 시행한 노후생활보장제도로서 94년말 5백만명 이상이 가입해 있고 국민연금기금 조성액은 10조에 이르고 있다. 그리고 국민연금기금 조성액은 보건사회연구원에 따르면 2023년에 최대 235조원에 이르고, 한국개발연구원에 따르면 2032년에 최대 203조원에 이를 것으로 추계되고 있다. 그러나 국민연금은 장기적으로 적자가 될 것을 예상하여 보건사회연구원에 따르면 2027년부터 적자로 전환하여 2037년에는 기금이 고갈되고, 한국개발연구원에 따르면 2036년부터 적자로 전환하여 2046년에는 기금이 고갈될 것으로 추계되고 있다.

2) 이처럼 막대한 규모의 국민연금기금을 잘못 관리.운용하면 국민경제에 미치는 폐해가 워낙 크기 때문에, 비록 공단의 관리운영비를 제외한 전액을 노동자와 사용자가 부담하고 있다 하더라도(노동자 2/3, 사용자 1/3) 정부가 기금을 관리.운용하는 것 자체는 타당성을 지닌다. 그러나 국민연금기금은 앞으로 노동자들에게 지급해야 할 연금이므로 정부는 어디까지나 선량한 관리자로서 연금재정의 안정성과 가입자의 권리를 최대한 보호해야 할 책임이 있다. 따라서 정부는 안정성, 수익성, 공공성의 원칙에 충실하게 기금을 운용해야 하며, 국민의 대표기관인 국회의 승인 감사와 가입자의 민주적 참여 하에 기금을 운용해야 한다.

3) 그러나 지난 5년(1988-1993년) 동안 정부는 국민연금기금을 재정자금 조달 방안으로만 인식하여 국민연금기금(신규 조성자금)의 60% 이상을 시중금리보다 낮은 11%(현재 9.5%)로 운용해 왔고, 그 결과 기금 전액을 금융부문에 운용했을 때에 비해(평균수익률 금융부문 13.7%) 운용손실이 2,265억원에 이르고 있다(표 2참조). 따라서 국민연금기금중 일정 부분을 재정자금으로 운용할 필요성을 인정한다 하더라도, 국민연금기금의 안정성을 유지하기 위해서는 투자수익률이 낮은 공공부문에의 과도한 운용을 줄일 것이 요구된다.

〔표3-13〕 국민연금 투자및 수익률차액

년도	공공투자잔액	평잔(A)	수익율			손실액 (A x B)
			공공부문	금융부문	차이(B)	
88	2,878	1,305	11.0	12.95	△1.95	20
89	6,278	3,958	11.0	14.35	△3.35	133
90	10,178	7,697	11.0	13.83	△2.83	218
91	15,178	11,349	11.0	14.04	△3.04	345
92	21,278	16,661	11.0	14.07	△3.07	511
93	30,800	25,131	9.67	13.87	△4.20	1,058
94.6	42,350	17,829	9.79	14.63	△4.84	863
계						3,148

4) 그럼에도 정부는 지난 93년 공공자금관리기금법을 일방적으로 통과시켜 국민연금, 공무원연금, 사립학교 교원연금, 체신기금 등 각종 기금을 의무적으로 공공자금관리기금에 예탁시켜 시중 금리에 훨씬 못 미치는 낮은 금리로 빌려쓰고 있다. 정부는 국민연금, 공무원연금을 전액 빌려 쓰고 있고(95년 기금예탁금 5조 7800억원), 가입자 동의는 커녕 국회의 승인과 감사도 받지 않은 채 일방적으로 전용하고 있다.

그 결과 공공자금관리기금법 시행 첫 해인 94년 상반기에만 국민연금은 863억원의 운용손실이 발생했고, 2000년에 정부가 갚아야 할 돈은 원금16조원, 이자만도 3조 5천억원에 이르게 된다. 이 경우 연금의 상환 자체가 사실상 불가능해지고, 그 결과 국민연금 가입자의 갹출료 부담과 국민의 조세부담이 증가하고 최악의 경우 국민연금제도 자체가 붕괴하는 등 커다란 사회적 혼란을 야기하게 된다. 그럼에도 정부가 이를 강행하는 것은 자신들의 집권기간에는 이러한 문제가 발생하지 않을 것이므로 일단 쓰고 보자는 안이한 발상에서 비롯된 것으로 간주될 수 밖에 없다.

5) 따라서 정부는 ① 공공자금관리기본법을 폐지하고 국민연금기금의 안정성이 보장될 수 있도록 공공부문에의 과도한 예탁비율을 줄여야 하며, ② 기금운용계획과 결산을 국무회의 심의를 거쳐 국회의 승인과 감사를 받도록 기금관리기본법을 개정하고 (현행 기금관리기본법은 기금운용계획과 결산에 대해 국무회의 심의를 거쳐 대통령이 승인하게 되어 있고 국회에는 제출.보고.질의.답변만 하도록 되어 있다) ③ 위원장을 보사부장관으로 하되 가입자 (노동자.사용자.농어민.자영업자) 대표와 관계전문가 중심으로 국민연금기금운용위원회를 구성하는 방향으로 국민연금법을 개정해야 한다.

자료 번호 40

자료 제목 제180회 국회 보건복지위원회 회의록(제4호)

자료 유형 국회 회의록

생 산 자 국회

생성 연도 1996년 7월 4일

정 부 김영삼 정부

비 고 제15대 국회(1996. 5. 30.~2000. 5. 29.)

주요 내용

이 문서는 1996년 제15대 국회 첫해 보건복지위원회 회의록으로, 국민연금관리공단 이사장이 국민연금관리공단 현황 및 추진 계획을 보고하는 내용을 담고 있다. 골자는 ① 1998년 도시지역 자영자에게까지 국민연금 적용 확대, ② 전산정보시스템 구축, ③ 기금 관리 전문화, ④ 사회보장협정을 통한 선진국 사회보장제도 연계장치 구축으로 재외 한국 근로자 공적연금 이중가입 방지 및 가입기간 합산급여 제공, ⑤ 휴양시설을 포함한 복지서비스 제공 건이다. 국회의원들의 질의는 주로 국민연금 적용 대상 중 빈곤계층이 주를 이루는 5인 미만 영세기업 종사자 등은 임의적용사업장 가입자나 지역가입자가 되는데, 그들이 자신들의 소득수준에 비해 높은 6%의 갹출료를 전액 본인 부담해야만 하는 문제를 다룬다. 세대주 중심의 현행 국민연금제도는 여성에게 불리한 구조로, 취업률과 소득수준에서 남성에 비해 불리한 여건에 있는 여성의 노후소득보장 마련이 어려운 구조라는 점, 도시지역 자영업자 확대 방식이 1세대 1연금제로 되어 있어 주부, 학생 등은 제외되는 구조로 미적용자가 상당수 발생하므로 세대원별 가입이 필요하다는 지적이 나타나 있다.

드리면 총 20조6,412억이 조성이 됐습니다. 그 조성내용은 연금보험료로서 15조9,900억원 그동안 연금이식금이 4조6,512억 그 중에서 지출이 2조6,927억 지출내용은 연금급여로서 2조4,463억, 공단 운영비로서 681억, 자산취득비로서 1,783억이 나갔습니다. 그래서 조성된 기금에서 지출을 빼고 남은 것이 운용비가 되겠습니다. 運用은 17조9,485억이 됩니다.

95년도 부문별 기금운용수익률을 말씀드리면 평균 12.11%가 되겠습니다. 공공부문 11.64%, 복지부문 10.68%, 금융부문 13.11%입니다.

長期 財政展望을 말씀드리면 95년말 현재 적립기금은 16조원이며 최대적립시점은 2021년에 355조원, 수지적자시점은 2025년, 적립금소진시점은 2033년으로 추정이 됩니다.

財政不安의 主要原因 및 安定化方案을 말씀드리겠습니다.

기금운용상의 원인도 있지만 연금보험료 부담액보다 연금급여 수급액이 더 많은 불균형한 구조에 근본적 원인이 있습니다. 따라서 보험요율, 급여수준, 수급개시연령 등 제도적인 부분의 장기적인 조정계획이 필요하여 국민복지기획단 과제와 연계하여 국민연금연구센타에서 연구를 수행하고 있습니다.

다음은 96년도 공단의 主要業務推進計劃을 보고드리겠습니다.

저희가 금년도에 가장 중요하게 과제로 추진하는 것이 첫째는 國民年金 都市地域 擴大適用 準備가 되겠습니다.

88년 10인이상 사업장을 대상으로 제도를 시행한 이래 5 내지 9인 사업장 및 농어민에 대하여 적용을 확대하였습니다. 98년도에는 도시지역 자영자에게까지 적용을 확대하는 것을 목표로 사전 준비작업을 추진하고 있습니다.

적용대상은 주민전산자료에 의한 추계결과 1,154만7,000명인데 18세에서 23세 미만인 264만1,000명을 무소득자로 볼 경우 890만6,000명이 되겠습니다.

앞으로 推進方向은 현행 농어민연금체계를 기초로 하여 농어민연금 시행과정에서 나타난 문제점 등을 보완해 나가겠고 도시지역 확대적용은 국민연금제도의 장기적 발전방향을 고려하여 확대모형을 개발하고자 합니다.

推進計劃은 96년4월 국민연금 도시지역확대 실무추진단을 구성해서 운영하고 있고 세부시행방안을 강구중에 있으며, 학계 정부 및 연구기관 등이 참여하는 자문위원회의 구성 및 운영을 하고 있으며, 세미나 공청회 등을 통한 의견수렴을 하고 있고 도시지역 확대 기본방안을 마련중에 있으며, 모의적용사업 추진으로 확대방안 검증 및 보완을 할 계획입니다.

두번째로 저희가 중요하게 추진하는 것은 先進化된 電算情報시스템構築이 되겠습니다.

국가기간전산망과 연계한 전산시스템의 개발 운영을 통하여 작은 조직으로 크고 경제적인 서비스를 제공코자 하며, 국민연금 특성을 반영한 5대 광역권별 분산처리체계의 구축으로 신속 정확한 자료 제공 및 농어민연금시스템 조기정착을 도모하고 있습니다.

국가기간전산망과의 정보연계시스템을 강화하기 위해서 住民管理電算網과의 連結 活用을 추진하고 있고 金融電算網과의 온라인 連繫處理로 징수수납 및 급여지급 정확성을 제고하고 의료보험, 국세청 등 유관기관과의 자료 연계이용을 확대하고 있습니다.

선진정보시스템 구축을 확대하기 위해서 超高速國家情報通信網과 接續 推進을 하고 있고 정부의 전자주민카드 경신계획에 적극 참여, 국민연금업무의 활용기반 조성을 하고 있으며 5개 지역전산관리소를 축으로 한 광역전산망 관리체계를 개선하고자 합니다.

사무자동화 확산에 의한 업무의 효율성 제고를 위해서 자동응답시스템과 연금 데이터베이스를 연계한 개인별 안내로 민원편의를 도모하고 있고 전자우편을 이용한 행정업무처리를 개선하고 있으며, 자동 투봉기 및 접합기의 효율적 운영체계 확립을 통한 대량 자료의 신속·적기처리를 하고 있습니다.

세번째는 金融 開放化에 대응한 年金基金財政의 效率的 管理를 위해서 금융시장 개방화등 내외여건의 상황변화에 따른 전략적 대응을 하고 있고 연금기금 규모의 증대에 따른 합리적이고 장기적인 기금관리기법의 전문화가 필요하다고 봅니다.

國民年金硏究센타 運營을 活性化하기 위해서 95년4월1일부터 연구직 8명과 일반직 5명으로 구성하여 연구업무를 수행하고 있으며, 선진기법의 도입 및 운용방법의 다양화를 위해서 투자 전문인력의 해외연수를 통한 선진운용기법을 도입하고 국제금리 평준화 및 기금자산의 누적적 증가에 대비한 투자방법을 다양화하겠습니다.

年金財政 推計 및 安定化方案을 강구하기 위해서 기본모형을 개발하고 고수익상품 발굴 운용 및 수익성 위주의 투자를 확대하고 저수익 공공부문의 단계적 축소 및 금융부문 운용규모 확대를 추진하고 있습니다.

네번째로 社會保障協定 關聯 國際協力을 強化하기 위하여 선진국 사회보장 수준에 상응한 제도적 연계장치를 강구하고 재외 한국근로자의 공적연금 이중가입 방지 및 가입기간 합산급여를 하고 국가간 사회보장협정 체결을 위한 실무지원을 하고자 합니다.

推進現況은 WTO체제 출범과 기업의 국제화에 따른 국민연금법령을 작년 8월에 개정했는데 그 내용은 사업장 종사 외국인근로자 당연가입 조치를 했고 외국인 사업장 가입자에 대하여 반환일시금 지급을 제한하는 것입니다.

그리고 社會保障協定 締結準備로 韓·美 協定文 및 行政協約 假署名을 했고 韓·캐나다 協定文 假署名을 했고 韓·英 2차 實務會談에 참석했습니다.

추진계획으로는 사회보장협정 체결에 대비한 제도적 정비를 위해서 협정체결 대상국의 연금제도 및 동향을 분석하고 있고 협정시행 대비 사무처리 지침 등을 제정하고 있습니다. 외국 사회보장기관과의 협력 및 교류를 강화하기 위하여 국제사회보장협회 등 외국 사회보장기관과 협력을 증대하고 있고 해외연수를 통한 전문지식 배양 및 교류에 힘쓰고 있습니다.

다섯번째, 國民 福祉欲求에 걸맞는 삶의 질의 향상을 위해서 사회복지욕구의 다양화에 따른 복지서비스를 제공하고 노인복지를 중심으로 한 종합휴양시설을 확충하여 국민연금 가입자 복지욕구를 충족시키며 보육시설을 적극 지원하여 근로여성의 생산부문 참여를 증대시킴으로써 국가경쟁력 향상에 힘쓰고 있습니다.

國民年金福祉타운 建立計劃을 가지고 있는데 추진방향으로는 노인휴양시설을 중심으로 하되 가족종합휴양공간으로 개발하기 위해서 연금수급권자에 대하여 저렴한 비용으로 여생의 보람과 건강을 유지 증진토록 하고 가입자 등 근로자에게는 에너지 재충전으로 생산성을 향상시킬 수 있는 장소로 활용하고 있으며 사업운영의 효율성·수익성 및 전문성을 고려해서 전문업체에 위탁관리하는 방안 등을 연구·검토하고 있습니다.

건립개요를 말씀드리면 충북 제천군 청풍면 교리일원에 부지 8만1,930평, 연건평 1만8,850평, 추정소요액 920억원, 공사기간은 96년에서 2000년입니다.

主要施設은 老人福祉施設로 숙박시설, 건강센타, 휴욕실, 교양문화교실, 게이트볼장이 있고 일반복지시설로 숙박시설, 연수시설, 체련시설, 판매시설 등이 있습니다.

保育施設 및 老人福祉施設 設置資金 貸與를 하고 있는데 근로여성의 생산성 향상을 위한 보육시설 설치자금 2,874억을 연리 8%, 2년 내지 5년 거치 3 내지 10년 분할상환으로 대여하고 있으며, 유료양로시설 설치자금으로 144억원을 연리 8%, 3 내지 5년 거치 5 내지 10년 분할상환으로 대여하고 있습니다.

公團의 自體 保育施設을 운영하고 있는데 95년 4월 개소하여 공단의 맞벌이부부 등 직원의 자녀와 인근 연금 가입자의 자녀를 수탁·보육하고 있고 규모는 68평에 50명을 수용하고 있습니다.

마지막으로 저희 國民年金管理公團 전 임직원은 농어민연금 정착과 도시 자영자연금 확대시행 준비에 모든 역량을 집결해서 社會保障制度의 제2의 도약기반을 마련하고 국민연금 가입자와 수급권자의 복지향상과 권익보호에 만전을 기하고 선진 전산시스템을 활용한 업무의 과학화로 공신력과 능률을 제고시켜서 公組織의 수범이 되도록 최선의 노력을 다 하고자 합니다.

이상으로 보고를 마치겠습니다.

감사합니다.

○**委員長代理 李聖宰** 수고하셨습니다.

다음은 의료보험연합회장 나오셔서 보고해 주시기 바랍니다.

○**醫療保險聯合會副會長 吳世旭** 안녕하십니까? 의료보험연합회 비상임 부회장인 吳世旭입니다.

연합회 회장이 갑작스런 병환이 생겨서 병원에 입원중이기 때문에 본인이 대신 위원님 여러분께 인사드리게 된 것을 대단히 송구스럽게 생각합니다. 위원님 여러분께서 많은 지도 편달 있으시기를 바라면서 저희 연합회 임원을 소개해 올리겠습니다.

먼저 常任監事 李昌雨監事입니다.

다음은 總務擔當 金一天常務이십니다.

다음은 業務擔當 金知永常務이십니다.

다음은 管理擔當 李仁燮常務입니다.

다음은 診療費審査委員會 李晟雨委員長입니다.

(간부인사)

로 제시하면서 이것을 연구하고 있는지 유무와 한다면 어떤 의사를 갖고 있는지를 밝혀 주시기 바랍니다.

그리고 진료비 청구 및 심사업무의 효율성 제고를 위해서 전산화가 더욱 확대추진되어야 분명히 이 제도가 정착할 수 있고 국민건강을 도모할 수가 있습니다. 현재 전산화사업을 추진중인 것으로 물론 알고는 있지만 그 현황, 이후 계획을 이런 경우 복잡하니까 서면으로 제출도 가능합니다.

끝으로 전반적인 부분에 대해서 오늘 말씀으로 하시기가 어렵다면 그 부분은 분명하게 언제까지 서면으로 제출하겠다는 말씀을 밝혀 주시기 바랍니다.

이상입니다.

○委員長 辛基夏 金洪信委員 수고하셨습니다.

다음은 黃圭宣委員 질의해 주시기 바랍니다.

○黃圭宣委員 말씀 잘 들었습니다.

우선 年金管理公團에 말씀을 여쭙겠습니다. 다른 분이 많이 질의하실테니까 저는 오늘 이 보고서에 나와 있지 않지만 요즘 많이 대두되고 있는 無醵出老人年金保險에 대한 말씀을 드려 보겠습니다.

지금 많은 관심을 가지고 있고 사회에서 많이 논의되고 있기 때문에 현재 無醵出老人年金에 대해서 어느정도 진전되어 있고 그 추진 상황이 어느정도 되어 있는가 이런 것을 좀 서면으로 자세하게 보고서를 보내주시기 바랍니다.

그리고 이것은 양쪽 다 해당되는 말씀인데 의료보험관리공단하고 국민연금관리공단이 뉘앙스는 좀 틀리지만 같이 표현된 부분이 있습니다. 의보연합 11페이지를 보면 보건예방사업 확대 이렇게 표현이 되어 있고 또 공무원 사립교원 여기에는 급여범위 확대라는 표현으로 되어 있습니다. 또 다른 여러가지 자료를 보면 98년도 부터 이 보철장구 예를 들어 말씀드리자면 보청기라든지 의수, 의족, 치과에서 의치같은 것 이런 것에 대한 보험급여를 확대하겠다 이런 논의가 되고 있는데 그에 대한 구체적인 시행방법, 또 언제부터 할 것인가 이런 것에 대한 구체적인 사항도 알고 싶습니다.

또 18페이지에 보면 한약에 대한 얘기가 나와 있습니다. 지금 한방은 의료보험에 포함이 안 되고 있는 것으로 알고 있는데 그것도 이번 확대실시에 한방의 첩약 흔히 사회에서 많이 얘기하고 있는 보약까지도 이런 한방의료에 포함해서 할 수 있는 것인가 그에 대한 앞으로의 계획 이런 것을 서면으로 자세하게 보내주시기 바랍니다.

이상입니다.

○委員長 辛基夏 黃圭宣委員 수고하셨습니다.

다음은 李聖宰委員 대신에 申樂均委員이 순서를 바꾸셨습니다. 申樂均委員 질의해 주시기 바랍니다.

○申樂均委員 먼저 國民年金管理公團에 질의드리겠습니다.

먼저 6페이지의 適用對象과 관련한 질의입니다. 적용대상이 국민의 老後所得保障制度라고 하는 국민연금제도의 기본취지에 걸맞게 설정 되었는가 하는 문제를 지적하려고 합니다.

연금제도의 적용대상중 빈곤계층이 다수를 구성하고 있는 5인미만의 영세기업 종사자 또 비공식부문 근로자, 임시시간 근로자, 專業主婦 그런 사람들은 현행 제도상에 임의적용사업장 가입자나 지역가입자가 될 것입니다. 그래서 소득수준에 비해서 높은 6%의 갹출료를 본인이 전액 부담해야 하기 때문에 가입이 어렵게 되어 있습니다. 그래서 그 결과 실제로는 이들이 所得保障制度에서 제외되고 있는데 이에 대한 대책은 무엇인가 그래서 이 기본취지에는 맞지 않는다 못사는 사람은 더 높게 책정이 되어서 가입을 꺼리는 이런 제도가 과연 연금제도의 기본취지에 맞는가 하는 질의입니다.

두번째는 年金給與에 관한 문제인데요. 현행제도는 급여를 규정하는데 있어서 취업유무, 사업장 규모 또 소득수준 및 가입기간에 따라서 부과하는 能力主義原則에 입각하고 있습니다. 그러면 이런 원칙으로 진행하고도 국민연금이 국민일반의 사회보장제도로 기능을 할 수 있다고 보시는지 답변을 바랍니다.

특히 이런 기준에서라면 여성이 아주 불리해질 수 밖에 없습니다. 현재 여성은 취업률에서나 소득수준에서 남성에 비해 불리한 여건에 처해있다는 것은 다 알려진 사실입니다. 이런 불평등한 고용현실에서 여성의 노후소득보장 마련이 더욱 어려워질 수 밖에 없습니다. 여기에 대한 어떤 대책이 있는지 답변해 주시기 바라고요.

자료로는 연금가입자의 남녀비율을 작업장가입자, 임의가입자, 지역가입자별, 또 직업별, 연도별 이런 것을 자료로 제출해 주시기 바랍니다.

그 다음 질의는 12페이지에 나오는 취업여성이 아닌 專業主婦의 경우에 대한 老後所得保障制입니다.

전업주부의 경우 남편을 통해서 연금수급권이 확보되긴 하지만 노령시에 충분한 소득보장을 할 수 없을 뿐만 아니라 장해를 입었을 때, 남편이 사망한 경우라든가 이럴 때 연금수급권이 매우 약해집니다. 일본처럼 주부의 基礎年金制度를 도입할 용의는 없으신지요? 그래서 연금수급권을 확실하게 보장해 줄 용의가 없는지 답변을 듣고 싶습니다.

우리나라의 경우도 이제 잘 알려졌지만 여성이 장수하고 남성들의 사망률이 여성에 비해서 연령도 얕고 높아지는 것에 비하면 이것은 상당한 사회안정의 문제가 되기 때문에 말씀드리는 것입니다.

또 하나 12페이지 연금급여의 受給權者 權益保護와 관련된 자료요청에 관한 것인데요. 국민의 노후소득 보장이라는 점에서 제도 자체에 대한 개선도 중요하지만 가장 선행되어야 할 것은 수급권자인 국민에게 국민연금제 시행의 모든 부분을 알리고 이해시키고 또 불편사항이나 이의제기가 있을 때 충분한 사후대책이 있어야 한다는 것입니다. 홍보가 충분치 않아서 이런 것이 활용이 잘 안되고 있다는 얘기입니다.

그래서 12페이지에 수급권자의 사전 · 사후 權利救濟를 위해 이의신청, 청문제도를 시행하고 있다고 했는데 이 제도가 만들어진 이후에 시행현황을 자료로 제출해 주시고요. 특히 지난 1년간에 대해서 처리결과등 제도 시행의 구체적인 내용을 알 수 있을 만한 그런 자료를 주셨으면 합니다. 아울러 국민연금에 대한 일반인의 민원접수 현황과 처리결과도 제출해 주셨으면 합니다.

이어서 13페이지에 基金 財政不安의 주요원인 및 안정화방안에 관한 질의인데요. 기금재정의 불안을 해소하기 위한 방안으로 제도적인 부분의 장기적 조정계획이 필요하다고 지적하고 계십니다. 그러나 이것이 社會保障的 취지를 축소해서는 안된다는 것입니다. 그래서 현재도 보험요율 또 급여수준, 수급개시연령에 대해서 합리적으로 정해진 것인가 하는 논란이 있습니다. 국민연금관리공단이 마련하고 있는 조정계획의 구체적인 내용과 일정을 자료로 주시고요. 국민연금연구센터의 연구내용도 제출해 주셨으면 하는 것입니다.

國民年金에 관한 마지막 질의입니다.

15페이지에 도시지역 확대적용과 관련한 질의인데요. 適用對象을 점진적으로 확대하시는 것은 아주 바람직하다고 봅니다. 그러나 국민연금을 현행방식으로 확대 적용했을 때 미적용자가 다수 존재할 것으로 보여서 여기에 대한 대책이 필요하다고 하는 것입니다. 현행 국민연금의 적용방식이 1세대 1연금제이기 때문에 국민연금을 도시지역으로 확대 적용할 경우에도 주부, 학생 등은 제외되어 미적용자가 상당수 있게 되는 것입니다. 그래서 적합한 세대원별 가입이 되어야 한다고 보는 것입니다.

지난 4월 구성된 국민연금 도시지역확대 實務推進團의 운영실태와 활동에 대한 자료도 제출해 주시고요. 또 자문위원단의 명단과 활동, 공청회 등의 의견수렴방안의 일정과 내용도 구체적으로 제시해 주셨으면 합니다.

특히 지금 시대적인 특성이 홀로 되는 여성이 상당히 많습니다. 독신 또 증가되는 이혼율 또 남편의 사망률이 높은 것, 이러한 여러가지로 1세대 1연금제가 현 시대의 상황에 상당히 어려운 경우라는 뜻으로 이런 질의를 드렸습니다.

이어서 醫療保險聯合會에 질의를 하겠습니다.

업무보고 7페이지에 보면 전체 累積積立金의 규모가 3조4,000억원의 적립금이 늘어나고 있다고 했습니다. 이것은 대단한 금액이라고 보는데 이러한 추세에도 불구하고 地域醫保組合은 아주 매년 7,000억원에 달하는 정부지원을 받고 있습니다. 전체 진료비의 68%는 개인이 부담하고 있고 高價醫療서비스는 물론 자궁암 검사등 예방서비스조차도 보험적용이 되지 않고 있는 실정입니다. 쌓이는 적립금에 형편없는 보험급여 또 돈이 많게 되는 조합에 빈약하기만한 의료보험체제 이런 것이 우리 의료보험제도의 지금 현주소인 것 같습니다.

그래서 왜 이러한 모순이 발생하고 있는지? 이러한 상황이 어떻게 해서 발생되고 있는지? 또 이에 대한 대책이 어떤 것인지? 그리고 이러한 것이 왜 보고에서는 누락되었는지? 거기에 대한 질문이 있습니다.

특히 地域醫保組合과의 불균형은 저희들이 이해하기로는 獨立採算制로 운영되고 있기 때문이라고 보는데 이러한 것을 개선할 의도는 없으신지요? 다시 말하면 독립채산제를 폐기하고 새로운 운영체제를 모색해야 한다고 보는데 의료보험연합회측의 입장이 어떠신지 묻고 있는 것입니다.

그 다음에는 본인부담이 많은 것에 대해서인데 지금 5페이지에 보면 입원인 경우 본인이 20% 외래의 경우 55%인데 우리보다도 소득수준이 낮

자료 번호 41

자료 제목 국민연금의 소득계층별 후생분석

자료 유형 정부출연연구기관 연구보고서

생 산 자 전영준(한국조세연구원(현 한국조세재정연구원))

생성 연도 1997년 4월

정 부 김영삼 정부

비 고 –

주요 내용

이 문서는 국민연금의 소득계층별 소득재분배 효과를 분석한 논문이다. 각 소득계층의 후생 변화는 국민연금제도가 부재했던 경제상황에서 누리던 후생수준을 1로 가정하고 국민연금이 시행되는 시기와 비교하는 방식으로 계산했다. 각 계층 개인들이 평생 누릴 것으로 기대하는 평생 기대효용수준을 부로 환산한 결과, 고소득층, 즉 고학력층으로 갈수록 국민연금의 후생비용이 증가하고 경제 내 모든 경제주체들의 후생을 감소시키는 것으로 나타났다. 이는 국민연금 보험료가 기본적으로 노동에 대한 추가 과세이며, 평생 기대수명이 같다는 전제하에 진행되었기 때문에 얻게 된 결과로 보인다. 민간 보험시장의 실패를 감안하면 이는 국민연금 무용론을 주장하기 위한 근거가 아니며 지나치게 높은 수준의 연금급여나 갹출료의 급격한 인상이 경제주체들의 후생에 악영향을 미친다는 점을 연구 결과 해석으로 도출해야 한다고 제안한다.

〔圖 3〕 年齡別·所得階層別 消費分布(21~80세, 國民年金 不在)

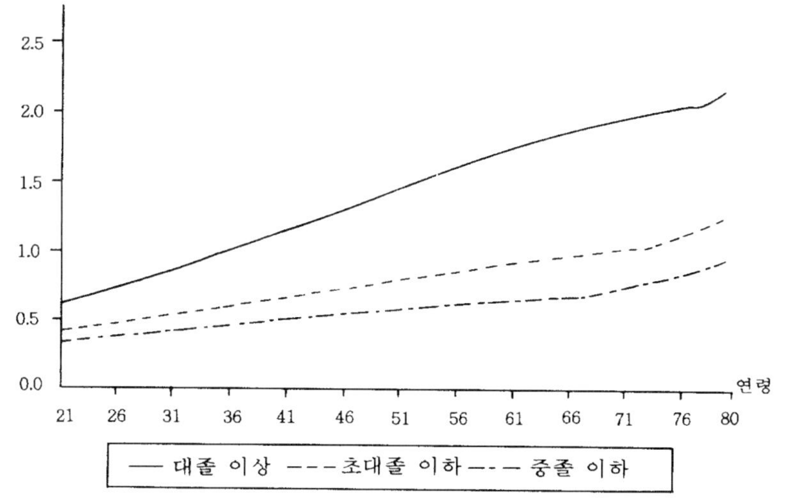

〔圖 4〕 年齡別·所得階層別 勞動供給(21~80세, 國民年金 不在)

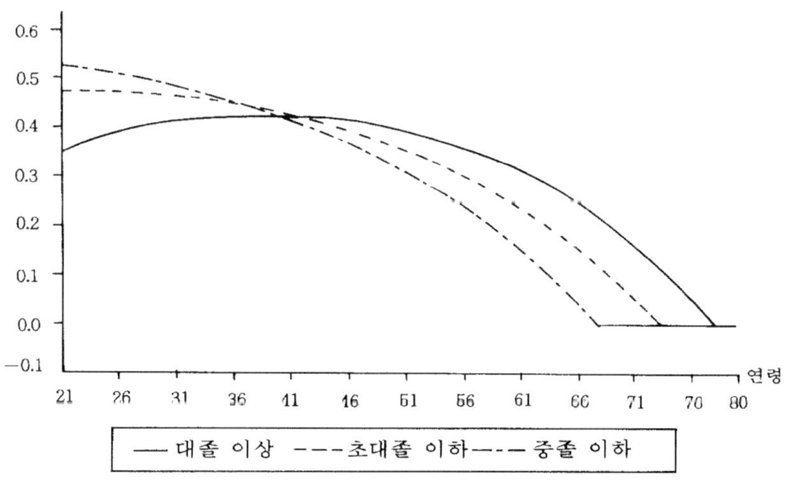

52

〔圖 5〕 年齡別·所得階層別 資産分布(21~80세, 國民年金 不在)

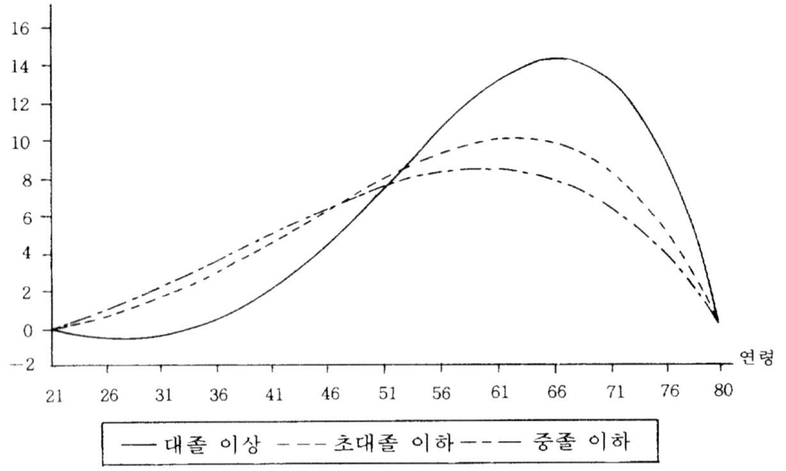

〔圖 6〕 年齡別·所得階層別 勞動供給(21~80세, 國民年金 不在)

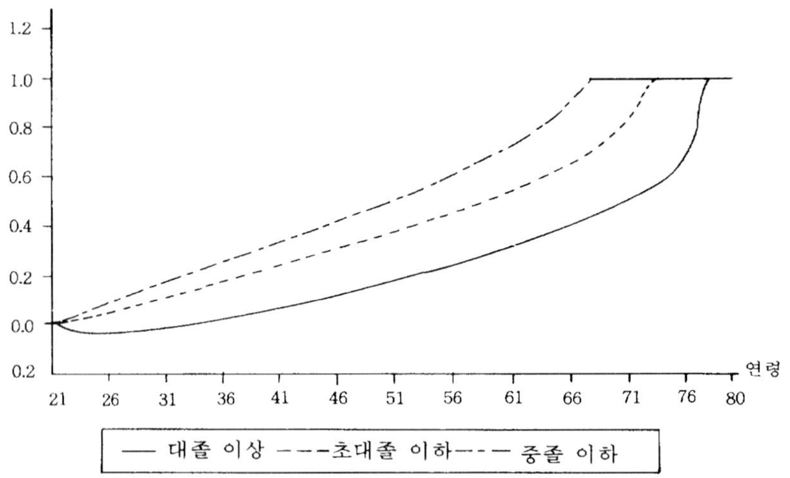

자료 번호 42

자료 제목 국민연금제도 개선활동

자료 유형 노동단체 사업보고서

생 산 자 한국노동조합총연맹

생성 연도 1997년

정 부 김영삼 정부

비 고 한국노총 사업보고서(1997), 141~149쪽

주요 내용

이 문서는 한국노총의 국민연금 관련 청원활동 내용을 상세히 기술하고 있는데, 향후 국민연금제도와 관련된 현실화된 주요 개선 방향을 담고 있다. 먼저, 「공공자금관리기금법」에 따라 국민연금 전액을 정부재정에 강제 예탁하는 것은 안정성, 수익성, 공공성 측면에서 충실하지 못한 결과를 낳고 있으므로 이 규정을 삭제해야 한다고 본다. 국민연금기금운용위원회에 가입자 참가를 확대하고 재정경제원 장관이 아닌 보건복지부 장관이 위원장이 되어야 한다고 제안하는데 왜 보건복지부 장관이 위원장이 되어야 하는지에 대한 근거는 제시하지 않는다. 연기금 재정자금 차입 시 국공채 발행을 의무화하여 원금상환 책임을 분명히 하도록 하고, 투자 결과의 사후평가를 위한 연금기금운영평가위원회(가칭) 설치를 제안한다. 그간 현실화되지 않은 부분인 4대 사회보험 적용, 징수체계 일원화에 대해서 한국노총은 노동부를 노동사회부로 개편하고 총괄 관장하되 관리·운영은 현 공단이 담당하도록 하고, 적용, 부과, 징수 체계 일원화는 필요하다고 보았다. 1998년 4대 사회보험통합추진기획단을 설치하면서 4대 사회보험 통합방안을 모색했고, 뒤이은 노무현 정부에서 국세청 산하 조직이 4대 보험의 부과·징수 기능을 관리하도록 하는 방안을 논의했으나 각 공단 노조의 반발로 무산되었는데, 이는 지속적으로 검토·논의되고 있는 사항이다(한겨레, 2006. 8. 17.).

Ⅳ. 국민연금제도 개선활동

1. 청원활동

한국노총은 97. 9. 10 국민경제사회협의회 명의로 국민연금제도 개혁에 관한 청원을 제출하였다.

<국민연금제도 개혁에 관한 청원>

Ⅰ. 청원의 이유

공적노후보장체제로서 국민연금의 재정안정성 확보 여부는 전체 국민의 노후생활 보장과 직결되는 중요한 문제입니다. 특히 퇴직금의 상당부분을 국민연금에 신탁하고 있는 근로자의 입장에서 보면 국민연금은 퇴직후 근로자의 노후생활을 좌우하는 관건이라 할 수 있다. 또한 국민연금기금은 연차적으로 막대한 기금이 조성되는 바, 기금운용방식에 따라서는 자본축적, 생산성, 경제성장에 지대한 영향을 미치게 되며 이는 종국적으로 한국경제의 효율성을 결정하는 요인으로 작용하게 될 것이다.

따라서 이러한 국민연금기금은 다음과 같은 방향에서 서로 부합될 수 있도록 적절하게 운용되어야 한다. 첫째, 안정성과 수익성의 원칙이다. 국민연금제도는 가입자의 보험료로 조성되는 국민의 신탁재산인 만큼 기금의 안정성과 수익성을 제고하여 그 실질가치를 유지함으로써 연금이 국민의 노후생활 보장이라는 본래의 목적을 실현하는데 최선을 다해야 한다. 특히 급여와 보험료간의 관계에서 급여가 보험료에 비해서 상대적으로 큰 경우에는 효율적인 기금운용을 통한 기금의 실질가치의 유지와 재정증대가 더욱 중요한 것이다.

둘째, 공공성의 원칙이다. 국민연금기금은 사보험과는 달리 사회보험으로서 전 국민에 의하여 형성된 것이고 그 규모가 매우 커서 국가 전체에 미치는 영향이 막대하므로 국가 경제사회의 발전에 부응하도록 운영되어져야 할 것이다.

그러나 현행 공공자금관리기금법은 우리나라 사회보장의 핵심재원인 국민연금을 전액 정부재정에 강제예탁케 함으로써 국민들의 미래를 보장하기 위한 사회보장제도의 본질을 손상시키고 있으며, 국민의 의사와는 상관없이 정부가 일방적으로 국민의 재산권을 침해하고 훼손하고 있는 실정이다. 이는 결국 국민연금재정의 파탄을 가져와 국민의 내일을 위협하게 될 것이며, 궁극적으로 국가재정의 파탄을 초래할 위험을 내포하고 있다.

따라서 헌법에 보장된 국민재산권을 침해하는 공공자금관리기금법을 즉각 개정하고 국민연금을 정부와 가입자대표가 공동으로 운용하는 한편, 국민의 재산권을 보호하는 내용으로 개정되어야 한다.

Ⅱ. 주요 내용 및 개정이유

1. 공공자금관리기금법

1) 국민연금기금의 강제예탁 규정을 삭제함(제5조)

현 행	개 정 안
- 국민연금기금 등 각종 연금기금의 여유자금을 공공자금으로 강제예탁하도록 함. - 기금의 설치목적을 달성하기 위하여 직접 필요한 자금을 제외한 자금을 여유자금으로 규정	- 공공자금관리기금법 제5조 삭제

(개정이유)

- 공공자금관리기금법 제5조 제1항은 국민연금기금 등 각종 연금기금의 여유자금을 공공자금으로 강제 예탁하도록 규정하고 있으며, 제2항은 그 기금의 설치목적을 달성하기 위하여 직접 필요한 자금을 제외한 자금을 여유자금으로 규정하고 있음.
- 이에 따라 국민연금기금의 경우 연금급여, 자산취득비, 공단운영비를 제외한 대부분의 기금이 여유자금으로 분류되고, 이 여유자금 중 60~70%에 해당하는 자금이 공공자금으로 강제 예탁되고 있음.
- 96년말 현재 국민연금기금 전체 조성액 25조2백억원중 지출은 13.4%에 해당하는 3조 3천억원이며, 나머지 운용기금 21조 6천억원 중 67.7%에 해당하는 14조 6천억원이 공공자금으로 강제 예탁되고 있음.

<국민연금기금 부문별 운용추이>

(단위 : 억원, %)

연 도	운용 기금 총액	공 공 부 문	금 융 부 문	복 지 부 문
1988	5,279(100.0)	2,880(54.6)	2,399(45.4)	0
1989	12,332(100.0)	6,278(50.9)	6,054(49.1)	0
1990	21,987(100.0)	10,178(46.3)	11,809(53.7)	0
1991	33,275(100.0)	15,178(45.6)	16,897(50.8)	1,200(3.6)
1992	47,503(000.0)	21,278(44.8)	23,825(50.2)	2,400(5.0)
1993	76,118(100.0)	30,800(40.5)	41,418(54.4)	3,900(5.1)
1994	113,557(100.0)	65,520(57.7)	43,209(38.1)	4,828(4.3)
1995	159,553(100.0)	104,355(65.4)	48,896(30.6)	6,302(4.0)
1996	216,709(100.0)	146,752(67.7)	63,012(29.1)	6,945(3.2)

※ 자료 : 국민연금관리공단(1996)

- 일반적으로 국민연금이 갖는 공적 성격에도 불구하고, 당세대가 보험료를 갹출하고 이를 적립해 두었다가 노후에 본인이 저축해 두었던 보험료로부터 급여를 받는 이른바 적립 방식인 우리나라의 국민연금기금은 사적 임금의 신탁이라는 성격을 강하게 가지고 있음.
- 특히 국가의 보험료 갹출에 대한 보조없이 순수하게 노사의 보험료 갹출에 의하여 기금이 적립됨은 물론 후불적 성격의 임금인 퇴직금마저 보험료로 전입되고 있는 사실은 국민연금기금이 근로자 임금을 정부에 신탁해 놓은 신탁자산이라는 것을 입증하는 것임.
- 따라서 이러한 사적임금의 성격을 가진 국민연금기금을 공공자금으로 강제예탁하는 것은 헌법에서 보장하고 있는 재산권 및 인간다운 생활을 할 권리를 침해하는 것임.

— 142 —

- 더욱이 강제예탁되는 연금기금의 수익률과 규모를 채권자인 가입자의 의사와 상관없이 채무자인 정부가 일방적으로 결정하는 것은 가입자의 실제 재산손실을 야기하는 행위인 것임.
- 또한 국민연금기금은 장래의 연금급여를 위한 책임준비금으로서 장기적 성격으로 인해 발생한 부채의 성격을 갖는 것임에 불구하고 이를 여유자금으로 분류하는 것은 연금기금의 특수한 성격을 무시한 일방적이고 통제적인 조치인 바, 공공자금관리기금법 제5조를 삭제해야 함.

2. 국민연금법

1) 국민연금기금의 운용에 있어 가입자의 참가를 확대함(제84조)

현 행	개 정 안
- 재정경제원장관이 국민연금기금운용위원회의 위원장이 됨. - 위원회 위원은 정부 5명, 지역가입자 대표 3명, 수급권자 대표 1명, 관계전문가 2명, 사업장 가입자 대표 노·사 각 2명 등 총 15명으로 구성	- 보건복지부장관이 국민연금기금운용위원회 위원장이 됨 - 위원회 위원은 가입자대표를 3분의2(근로자대표·농어민대표 및 사용자대표)로 하고 정부·관계 전문가를 3분의 1로 함. - 단, 관계전문가의 위촉은 정부와 노·사가 각각 반수의 인원을 추천하는 것으로 함. -수급권자 대표인 국민연금관리공단 이사장은 위원에서 제외

(개정이유)

- 국민연금법 제84조는 기금의 운용에 관한 중요사항을 심의·의결하기 위하여 국민연금기금운용위원회를 두고 있으며, 동 위원회는 위원장인 재정경제원장관을 포함하여 총 15인의 위원으로 구성되어 있음.
- 그러나 구성을 살펴보면 재정경제원장관 등 5명의 장관은 당연직 위원이며, 지역가입자 대표 3인(농협회장, 수협회장, 대한변협회장), 수급권자 대표(국민연금관리공단 이사장), 관계전문가 2인(KDI원장, 한국보건사회연구원장)으로 구성되어 있고, 5백만명에 달하는 사업장 가입자 대표는 노·사 각 2명(한국노총위원장, 금융노련위원장, 경총회장, 중소기업협동조합중앙회장)에 불과한 실정임.

— 143 —

자료 번호 43

자료 제목 범국민적인 사회보장개혁위원회를 구성해야 한다

자료 유형 시민단체 성명서

생 산 자 참여연대

생성 연도 1998년 1월 7일

정 부 김영삼 정부

비 고 –

주요 내용

이 문서는 시민단체인 참여연대 사회복지위원회에서 내놓은 성명서로 IMF 외환위기와 김대중 정부 인수과정에서 사회보장개혁위원회를 구성할 것을 주장한다. 골자는 고성장, 저실업 사회에서 저성장, 고실업 사회로의 상황 변화를 인정하고, 사회보험 행정체계의 비효율성을 개선하고 방만하게 운용되는 사회보험 기금의 합목적적 운용방안을 찾아야 한다고 보았다. 외환위기 시대에 요구되는 작은 정부의 역할은 과도한 규제를 해소해야 한다는 것이지 사회복지 부문을 축소해야 한다는 것을 의미하는 것이 아님을 주장하며, 범국민적인 사회보장개혁위원회를 구성하여 국가의 복지기능 확대전략 수립에 나서도록 해야 한다는 주장이다. 특히 국민연금의 경우 새로 들어설 정부가 노후소득 보장기능이 불가할 정도로 급여수준을 낮춘 개혁안을 발표했다고 비판한다. 국민연금은 제도 실시 후 1998년 김대중 정부와 2007년 노무현 정부에서 두 차례 개혁했고, 소득대체율이 70%에서 각각 60%, 40%로 낮춰졌다.

범국민적인 사회보장개혁위원회를 구성해야한다
4대 공적연금 통합 및 4대 사회보험의 관리운영 통합을 포함한 사회보장제도의 전반적인 개혁이 필요하다
사회복지위원회 1998-01-07

최근의 IMF 사태와 김대중 정부의 정권 인수과정을 지켜보면서 우리는 한국 사회의 질적 발전에 대해 심각한 우려를 금하지 않을 수 없다. 선거기간 내내 김대중 당선자가 강조한 사회적 약자에 대한 배려, 사회복지예산 확대 등의 구호는 사라지고 온통 '경쟁'과 '효율', '사회복지예산 삭감'같은 구호만 난무하고 있기 때문이다. 경쟁과 효율을 통한 정부조직과 기업조직의 재편은 우리 사회의 질적 발전을 위해 시급한 과제임은 누구도 부정할 수 없다. 하지만, 지금과 같은 사태를 맞아 국민 누구나 우리 사회가 이룩한 기본적인 삶의 수준을 영위하며, 사회적 낙오자가 되지 않도록 사회적 안전망을 구축하는 국가기능의 재정립이야말로 한국 사회의 질적 발전을 위해 더욱 더 중요한 과제이다.

기존의 사회복지 제도는 더 이상 국민을 보호할 수 없다.
우리나라는 그동안 세계에서 유래를 찾아볼 수 없는 고성장을 지속해 왔다. 그래서, 우리 사회의 사회복지제도는 '고성장, 저실업', 그리고 기업과 가족의 보호기능을 전제로 국가책임보다는 개인책임을 전제로 짜여져 있었고, 그에 안주할 수 있었다. 그러나, 닥쳐오고 있는 '저성장, 고실업' 구조와 기업과 가족의 복지기능 약화라는 상황 속에서는 기존의 복지 제도는 더 이상 사회적 안전판의 역할을 할 수 없다. 즉, 고도성장을 통한 대량의 고용창출이 불가능하며, 우리 사회가 한번도 경험하지 못한 대량실업 사태가 전개되는 상황에서 더 이상 국민 개개인이 자신의 삶을 완전히 책임질 수도 없는 것이다.

무력화되는 사회 보험, 방치되는 국민
하지만 우리의 복지제도는 어떠한가. 당장 실업을 당한 사람은 아무리 길어야 7개월밖에 지급되지 않고 아무리 많아야 100만원이 되지 않는 실업수당으로 가족의 생계를 꾸려 나갈 수가 없다. 본인부담이 50%가 넘는 부실한 의료보험제도는 실업자에게 의료혜택을 원천적으로 박탈할 것이며, 부실한 공교육제도와 공공주택이 없는 상황에서 과중한 사교육비와 주거비 부담은 한 가정을 완전한 파탄으로 몰아갈 것이 분명하다. 더욱이 그 동안 실업시 유일한 소득보장 기능을 해 왔던 퇴직금 마저 그 기능이 현저히 축소되었기 때문에 우리 사회에서 대량 실업의 사회적 파장은 예측하기 힘든 엄청난 사회문제를 몰고 올 것이다. 또한 최후의 소득보장제도인 생활보호제도 마저도 65세 이상이거나 18세미만 이라는 조건을 충족시켜야 하기 때문에 사지가 멀쩡한 청장년 실업자는 국가가 보장하는 최저생활도 보장받을 수 없는 상황이다. 운이 좋아 직업을 계속 유지한다 하더라도 저성장과 임금삭감이 진행되는 현재의 상황에서는 한 개인의 임금으로 의료비, 주거비, 교육비를 모두 충당하는 것은 벅찬일이 아닐 수없다. 또한 국민연금 마저 기금 불안을 이유로 노후소득보장 기능이 무색할 정도로 급여수준이 낮추어진 개혁안을 발표하면서 되려 그 기금을 부실채권인수기금으로 전용하려한다는 소식은 노후 역시 아무도 보장받지 못하는 상황을 예고하고 있다.

현재의 상황을 적극적으로 대처하기 위한 새로운 사회복지 전략이 절실하다.
이처럼 작금의 상황은 사회복지제도의 축소나 예산삭감이 아니라 공공 사회복지제도의 확충과 혁신, 그리고 기존 행정체계의 재편을 통해 사회문제를 적극적으로 대처해 나가야 하는 새로운 사회복지전략이 절실한 시기이다. 따라서 기존의 공적연금제도, 퇴직금제도, 고용보험제도, 의료보험제도, 생활보호제도 등 각종 소득보장 및 의료보장 관련 제도를 대량실업과 저성장(임금삭감)이라는 새로운 사회적 상황에 대응하여 유기적, 혁신적으로 재편하여야 하며, 의료보험조합, 국민연금관리공단, 근로복지공단 등 수없이 쪼개져 있는 기존의 사회보험 행정체계도 최대한의 효율성을 갖출 수 있도록 대대적인 통폐합을 단행하여야 한다. 그리고 수십조원에서 수조원에 달하는 각종 사회보험의 기금운용방식도 사회적 안전망의 구축이라는 관점에서 근본적으로 혁신되어야 한다. 또한, IMF 시대를 맞아 작은 정부의 필요성이 언급되고 있지만 정부기능의 축소는 과도한 규제를 일삼아 왔던 기구에나 해당되는 것이지 사회복지부문에 까지 확대되어서는 안된다. 오히려, 저성장, 고실업이라는 새로운 사회적 상황을 대비하여 각종 사회복지제도를 재편하고, 집행하기 위해서는 국가의 복지기능이 그 어느 때 보다도 대폭적으로 확대되어야 하며, 이것이 차기 정부의 주요한 과제가 되어야 한다.

범국민적인 '사회보장개혁위원회'를 구성할 것을 제안한다.
그래서, 우리는 국가의 복지기능 확대를 위한 전략수립과 청사진 마련을 위한 범국민적인 '사회보장개혁위원회'를 구성할 것을 제안하고자 한다. 사회보장개혁위원회는 기존의 국민연금제도개선기획단이나, 의료개혁위원회처럼 개별 제도의 개선이 아닌 사회적 안전망의 구축이라는 총체적 틀에서 의료보험, 연금, 고용보험 등 각종 사회보장제도를 근본적으로 재검토하여야 한다. 구체적으로 다음과 같은 과제가 사회보장개혁위원회의 과제가 될 수 있다.

- 사회보장개혁위원회에서 다루어져야할 과제-
- 저성장, 고실업에 대비한 고용보험, 퇴직금, 연금 등 각종 소득보장제도의 개편방향
- 의료보험, 산재보험 등 각종 의료보장제도의 통폐합 및 내실화 방안
- 4대 사회보험 행정체계의 통폐합 및 효율화 방안
- 국민연금, 공무원연금, 군인연금, 교원연금 등 4대 공적연금 제도의 통합
- 방만하게 운영되는 막대한 4대 사회보험의 기금의 합목적적 운용방안
- 보건소 등 보건의료전달체계와 사회복지기관 등의 연계를 통한 사회복지서비스 전달체계 개편 방안

앞으로 전개될 한국의 사회적 변화는 새로운 사회적 안전망의 구축, 즉 내실 있는 사회복지제도의 구축을 필요로 하고 있으며, 이는 국가가 국민의 기본적인 삶의 수준을 담보하는 국가의 사회복지기능의 강화와 재정립으로 축약될 수 있다. 우리는 김대중 당선자가 그 누구보다 사회복지에 대한 관심과 애정 그리고 식견이 있음을 알고 있으며, 국민회의의 사회복지 공약이 다른 어떤 정당보다 충실하고 사회복지에 대한 의지가 나타나 있음을 알고 있다. "국민 누구도 국가로부터 버림받았다는 생각을 갖지 않겠다"고 선언한 김대중 대통령 당선자의 발언을 수시할 것이다. 사회복지의 축소와 예산삭감이 아닌 새정부의 혁신적인 사회복지 전략을 국민의 이름으로 기대한다.

자료 번호 44

자료 제목 재정경제부는 국민연금기금의 투명한 운영방안을 조속히 마련하라

자료 유형 시민단체 성명서

생 산 자 참여연대

생성 연도 1998년 5월 15일

정 부 김대중 정부

비 고 –

주요 내용

이 문서는 재정경제부에 국민연금기금의 투명한 운영에 필요한 법 개정을 요구하며 참여연대 사회복지위원회가 낸 성명서이다. 1994년부터 시행된 「공공자금관리기금법은」 "기금 등의 여유자금을 통합관리하여 재정융자 등 공공목적에 활용"(제1조)하는 등의 목적을 가진 법이다. 그런데 1998년 당시 동법 제5조 제1항에는 국민연금을 비롯한 기금들의 여유자금을 강제 예탁하는 규정이 있었고 참여연대는 이 조항의 폐지를 요구하고 있다. 해당 조항 폐지 요구 근거로는 투명하고 민주적인 절차를 통한 연금기금 운영이 불가능하다는 점을 들고 있다. 결과적으로 1999년 1월 29일 자로 관리금에의 예탁의무를 규정한 제5조에서 국민연금기금을 포함한 기금 목록을 열거한 제1항이 삭제되었다. 대신 2020년 12월 31일까지의 관리기금 예탁 의무를 부칙에 따로 규정했다.

자 료

재정경제부는 국민연금기금의 투명한 운영방안을 조속히 마련하라

사회복지위원회 1998-05-15

국민연금법의 개정 과정이 공공자금관리기금법 개정 문제로 국회에서 난항을 겪고 있다. 우리는 그 동안 국민연금기금 운용의 투명성과 민주성이 확보되지 않는 한 국민연금법 자체의 개정은 의미가 없다는 점을 누누히 강조해 왔으며, 공공자금관리기금법 개정 등의 선행 조치 마련을 정부, 특히 주무부처인 재정경제부에 촉구해 왔다. 이런 점에서 우리는 공공자금관리기금법의 개정 등 선행조건의 충족을 주장한 한나라당 및 국민회의 보건복지위원회 소속 국회의원들과 전적으로 입장을 같이하고 있다.

국민연금기금 운용의 투명성과 민주성을 확보하기 위해 가장 필요한 조치는 국민연금기금의 강제예탁을 규정한 공공자금관리기금법 제 5조 1항의 폐지라는 점에 대해서 의문의 여지가 없다. 공공자금관리기금법이 제5조 1항이 폐지되면 마치 연금기금의 정부재정자금화가 불가능한 것처럼 오해하는 분위기가 있다. 그러나 이는 전혀 사실과 다르다. 공자법이 폐지된다 하여도 기금관리기본법에 의해 얼마든지 재정자금으로의 전환이 가능하다. 참여연대에서는 연금기금의 재정자금화를 반대한 적이 없으며 다만 연금제도와 국가의 장래를 위하여 투명하고, 민주적인 절차에 입각한 재정자금화를 요구한 것이다.
그러나 불행하게도 재정경제부는 지난 2월 제1차 노사정위원회의 합의사항이기도 한 공공자금관리기금법 5조 1항의 폐지문제에 대해 3개월이 지난 지금까지도 어떤 대안도 제시하지 않고있다. 오히려 복지부에서 기금운용의 투명성 확보를 위해 마련한 개혁조치 조차도 수용하지 않는 '재정경제원' 시절의 오만한 태도를 그대로 보이고 있다. 재정경제부는 국민이 납부한 연금액을 부실하게 운용해 1조원이 넘는 손실이 났음에도 그에 대한 일말의 책임을지지 않는 무책임한 태도를 보여 주고 있다.

신정부가 출범한지 100일이 다가오고 있으나 사회복지분야에서 가시적인 개혁성과는 아직 나타나지 않고 있다. 국민연금기금의 투명하고 민주적인 운용을 위한 제도 개선은 사회복지분야에서 가장 중요한 개혁 사안임을 다시 한번 강조하며, 국민연금법의 개정에 앞서 다음과 같은 제도개선이 반드시 이루어져야 함을 재차 촉구한다. 이러한 제도개선이 이루어지지 않은채, 도시지역 자영자로 연금을 확대한다면 확대가 노동 및 농민단체와 시민단체의 강력한 반발을 불러 올 것이며, 이는 결국 국민의 정부에 엄청난 정치적 부담으로 작용할 것이다.

1. 재정경제부는 국민연금기금의 강제예탁의 근거가 되는 공공자금관리기금법 5조 1항을 폐지하여야 한다. 기금관리기본법에 따라 국민연금기금의 관리 주체와 재정경제부가 상호합의하에 연금재정을 정부 재정으로 차입해야 한다.

2. 국민연금기금을 정부가 차입할 경우 환가성이 없는 '예수금 증서' 대신 국공채를 발행하여 차입하여야 한다.

3. 재정경제부는 기금관리기본법을 개정하여 공공기금의 운용계획이 국회에서 사전 심의가 이루어지도록 하여야 한다.

4. 재정융자특별회계법을 개정하여 국민연금계정을 신설함으로써 국민연금기금의 사용 내역을 투명하게 하여야 한다.

참여연대에서는 지난 5월 12일 국민연금법 개정과 함께 공공자금관리기금법, 기금관리기본법, 예산회계법, 재정융자특별회계법 등의 개정안을 청원하였다. 국회에서 이 청원안에 대한 진지한 검토가 이루어지기를 기대하며, 재정경제부는 구태를 벗고, 국민을 위한 개혁의 대열에 합류하기를 기대한다.

자료 번호 45

자료 제목 국민연금 10년사

자료 유형 집행기관 연구보고서

생 산 자 국민연금관리공단(현 국민연금공단)

생성 연도 1998년

정 부 김대중 정부

비 고 –

주요 내용

국민연금관리공단은 국민연금 10년사, 20년사, 30년사를 출간해오고 있다. 10년사의 경우 사회보장의 기본원리부터 국민연금제도 변천사와 확대계획, 국민연금 사업 현황과 연금재정, 과제와 발전방향까지 400여 페이지에 달하는 단행본을 만들어냈다. 전 국민을 대상으로 한 사회보장제도의 도입과 한국에서의 적용까지 각 섹션이 갖는 정리, 해석 역할이 큰 자료이다. 특히 제도 시행 초기부터 10년간의 시행령을 포함한 법률 개정의 주요 골자를 정리한 '법률의 개정' 부분과 국민연금관리공단을 포함한 국민연금 관리조직의 변화와 구성 및 기능까지 꼼꼼하게 설명하고 있다. 그뿐 아니라 제도 시행 시 발생했던 문제와 해결과정을 기록하고 필요한 경우 관련 통계를 보여준다.

하는데, 이러한 운영방식은 '91년도 업무표준화 시행전까지 계속되었다. 그러나 사업장별 담당제는 담당직원의 휴가 또는 사고시 업무공백이 발생하고, 전문성이 약하여 업무처리에 착오가 발생할 가능성이 있으며, 사업장과의 밀착관계에 따른 부정의 소지 등이 우려되었다. 하지만 책임감을 고취시켜 짧은 시간에 제도정착을 이룰 수 있었고, 관리자가 직원 관리를 용이하게 할 수 있는 장점도 있었다.

3. 제도시행중에 제기된 주요 문제

1) 당연적용사업장의 적용시기 문제

국민연금법 제8조 제1항 및 동법 시행령 제19조 제1항에 의하면, 상시 근로자 10인 이상인 당연적용 해당사업장('92년부터는 5인 이상으로 확대적용)은 10인 이상의 근로자를 채용하게 된 날로부터 의무적으로 국민연금에 가입해야 하며, 아울러 동법 제11조 제1항의 규정에 의하여 가입대상이 되는 근로자와 사용자 역시 같은 날에 가입자 자격을 취득하게 된다. 그리고 동법 시행규칙 제3조의 규정에 의하여 당연적용대상이 되는 사업장의 사용자는 법정기한내에 해당 사실을 신고하여야 한다.

그러나 현실적으로는 사용자가 법정기한내에 자진 가입신고를 하지 않고 대부분 신고를 지연하였는데, 법에서 정한 대로 가입조치할 경우 적게는 1개월에서 많게는 1년까지 소급적용하여 그 동안 밀린 연금보험료를 일시에 납부해야 하는 상황이었다. 그러나 사용자는 재정압박을 이유로 근로자는 가계부담을 이유로 이러한 소급적용에 부정적인 입장을 보였다. 일례로 경기도에 있는 한 버스회사의 경우 경영압박에 따른 임금체불을 이유로, '88년 6월 8일 개최한 회사 내부의 노사협의회에서 국민연금가입을 '89년 1월 1일에 가입하기로 서로 합의하고, 이를 공단 경기서부출장소에 노·사 대표자 명의의 문서로써 가입유예를 건의한 바 있었다. 이러한 사례는 미신고사업장을 신고독려하거나 가입조치할 때에 흔히 발생하였던 문제로서 공단과 미신고사업장과의 충돌 원인으로 작용하여 가입률을 높이고 연금제도를 조기에 정착시키는 데 큰 장애가 되었다.

이와 같이 법과 현실적용간에 괴리가 발생함에 따라 공단은 당연적용 미신고사업장에 대한 적용시기 문제를 보건사회부에 질의하였다. 보건사회부는 '88년 4월 9일의 회신에서 첫째, 사업장 가입자인 근로자 등의 법적 권리를 보장하고 연금수혜자의 범위를 조기에 확대함과 아울러, 향후 당연적용 해당사업장의 성실신고 동기를 부여함으로써 제도실시의 목적을 보다 충실하게 달성하고, 둘째, 법규정을 준수하여 신고의무를 성실히 이행한 사업장 사용자와의 형평성을 유지하기 위해, 원칙적으로 당연적용사업장에 해당하게 된 날로부터 소급적용하되 실제 운영상에 있어서는 제반 현실여건을 고려하여 탄력적으로 운영할 수 있는 예외적용을 허용하였다. 이후 공단은 지부·출장소장의 책임하에 사례별로 적용시기를 결정하다가, '94년도부터 임금체불, 공과금 2개월 이상 체납, 부도 등의 사유가 있고 가입대상자 전원이 소급적용을 희망하지 아니할 때에는 '국민연금 미소급적용희망각서'를 징수한 후 신고시점부터 적용할 수 있도록 하는 구체적인 지침을 정함으로써 적용시점에 관한 문제를 해소하였다.

2) 보험료부과 소득기준과 세법상 비과세 소득기준의 충돌

소득세법에서 비과세로 규정하고 있는 소득이 국민연금법상 보험료산출의 기준이 되는 소득에서는 제외됨으로써 국가 정책간에 상충문제가 발생하였다. 구체적으로 살펴보면 소득세법 제12조에서 규정하고 있는 비과세 소득 [생산 및 그 관련직에 종사하는 근로자로서 일정 급여수준에 있는 근로자가 연장시간근로, 야간근로 또는 휴일근로로 인하여 받고 있는 일정 급여액('97년 기준 월20만원)] 과 동법 시행령 제16조에서 규정하고 있는 비과세 소득(국외에서 근로를 제공하고 받는 보수 중 '97년 기준 월 100만원 이내의 금액)은 국민연금법 시행령 제3조 제1항 제4호의 규정에 의하여 보험료 부과대상 소득에서 제외됨으로써 해당 근로자에게 불이익을 주는 결과가 되었다.

이는 다른 근로자와의 형평에 맞지 아니한다는 논란을 야기시켜 소득세법 제12조에서 규정하고 있는 비과세소득은 '89년도 국민연금법 개정시에, 그리고 소득세법 시행령 제16조에서 규정하고 있는 비과세소득은 '95년도 농어민과 농어촌지역 국민연금 확대적용을 준비하면서 법령을 보완하여 문제점을 해소하였다.

3) 복잡한 신청절차

앞에서 살펴본 바와 같이 국민연금은 의무적으로 가입하는 '당연적용방식'과 일정한 요건을 갖춘 자의 희망에 의해 신청가입하는 '임의적용방식'이 있는데, 임의적용제도는 그 가입요건과 절차가 매우 복잡하고 까다로와 자유로운 가입을 원천적으로 가로막거나 민원인에게 불편을 주는 요인으로 작용하였다. 예컨대 농어민, 자영자, 주부 등 본인의 희망에 따라 가입하는 지역가입자나 임의계속가입자의 경우, 가입 전에 발생한 질병이나 부상으로써 부당하게 장해연금을 받는 것을 방지하기 위하여 의료기관에서 발급한 고가의 건강진단서를 제출하도록 요구하였다. 그리고 공단에 가입신청을 하더라도 그 즉시 수리되지 않고 이를 다시 보건사회부에 인가신청하여 승인된 후에야 비로소 가입이 허용되었기 때문

자료 번호 46

자료 제목 "국민 연금(軟禁)하는 국민연금" 불만 폭발

자료 유형 신문 기사

생 산 자 조선일보

생성 연도 1999년 2월 13일

정 부 김영삼 정부

비 고 –

주요 내용

이 문서는 1999년 국민연금 도시지역(비 직장인) 확대시행을 앞두고 보건복지부와 국민연금관리공단이 시민사회단체를 대상으로 개최한 설명회 관련 기사이다. 시민사회단체가 비약적으로 성장하던 1990년대, 정부와 조직된 시민사회와의 관계를 단적으로 보여준다. 당시 참석한 시민사회단체는 참여연대, 민주노총, 한국여성단체연합, 서울 YWCA, 한국소비자연맹, 대한주부클럽연합회 등으로 시민과 영세사업장에서 정부 정책과 시행에 대한 불만을 시민사회단체에 문의 또는 제보하고 있으며, 정부에서도 이러한 상황을 알고 이들 단체를 대상으로 한 설명회 자리를 마련했다는 점이 당시 사회 분위기를 보여준다.

西紀 1999年 2月 13日 土曜日 조 선 일 보

"국민 軟禁하는 국민연금" 불만 폭발

도시지역 확대시행 설명회

"국민정서 모르는 준비안된 정책"

"보험료 안내면 압류" 겁 주기도

"民願 해소할 핫라인 개설하라"

『최근 상황으로 미루어 볼 때 국민연금 보험료에 대한 조세저항이 생길 것 같은 느낌입니다.』『국민 불만이 이렇게 확산되면 국민연금 제도 자체가 붕괴될 수도 있습니다.』

12일 열린 「국민연금 도시지역(비 직장인) 확대적용사업 설명회」에서 이같은 불만과 우려가 시민-사회단체들로부터 쏟아져 나왔다. 이 자리는 원래 보건복지부와 국민연금관리공단이 시민-사회단체들의 협조를 구하기 위해 마련한 자리였다. 그러나 한시간여에 걸친 주최측의 설명이 끝나자 마자 시민-사회단체 관계자들은 국민연금 확대와 관련, 국민의 불만을 전달하며 40여분간 복지부와 연금공단의 실책을 집중 성토했다.

참여연대 김기식(金起式) 정책실장은 『연금공단 직원들이 이번 연금확대를 어떻게 하는 것인지 제대로 이해 못하고 있어, 국민연금 확대에 대한 불만 전화가 하루 수백통씩 사무실로 걸려온다』고 말했다. 김 정책실장은 실제 신고 소득이 신고권장소득의 80%미만일 경우 신고를 받게 되어 있는데도 이같은 신고를 받지 않는 직원들이 많은가 하면, 어떤 직원들은 『보험료를 안내면 압류에 들어간다』고 겁을 주는 사례가 빈번하다고 말했다.

대한주부클럽연합회 김인숙(金仁淑) 총무는 『「의료보험료도 제대로 내기 힘든 요즘 어떻게 연금보험료까지 내느냐」는 민원이 제일 많다』며 『우리 단체 명의로 정부에 공문을 보내 연금확대 시기를 연기해 달라고 요청했다』고 말했다.

민주노총 이병우(李柄恩) 정책국장은 『새로 가입대상이 되는 5인미만 사업장 근로자들로부터 항의성 민원전화가 쏟아진다』며 『이는 대부분 정부와 연금공단의 홍보부족에서 기인한 것』이라고 지적했다. 이 국장은 『최근 사태는 정부와 연금공단이 행정편의주의에 빠져 IMF로 시름에 빠진 국민들의 감정을 헤아리지 않고 준비없이 정책을 시행하고 있기 때문』이라고 질타했다. 한국여성단체연합 노주희(盧周姬) 부장은 『남편이 연금보험료를 내야 하는데 어떻게 소득없는 아내에게 또 보험료를 내라는 통지서가 날아오는가』라고 반문했다. 서울YWCA 조주은(曺珠恩) 간사는 『민원인들의 궁금증을 해결하기 위해 우리가 2월초부터 지금까지 여러차례 복지부에 문의전화를 했는데도 아직도 연락이 없다』고 말했다.

한편 대안으로 참여연대 김기식 실장은 『소득을 신고하는 방식에 직접 신고뿐 아니라 전화-팩스 접수도 허용하며 제도 시행후 상당기간 보험료 연체에 대한 연체료 부과나 재산 가압류는 자제해야 할 것』이라고 제안했다.

한국소비자연맹 여운연(呂運延) 사무총장은 『최근 발생한 국민 불만을 해소하기 위해서도 복지부나 연금공단은 시민-사회단체 사이에 핫 라인을 가설해야 한다』고 주장했다.

<金昌璲기자·ckkim@chosun.com>

◇국민연금관리공단이 12일 시민단체들을 위해 가진 국민연금 확대시행 설명회. 시민단체들의 항의성 질책과 보완요구가 쏟아졌다. <鄭敬烈기자·krchung@chosun.com>

서울에서 살던 미국인들이 만든 영문 잡지 「The Korea Review」의 1901년 1월호에 보면 마치 피사의 사탑(斜塔)처럼 동대문 다락이 북동쪽으로 기울어가고 있었던 것같다. 이에 삼으로 꼰 굵은 동아줄로 다락과 남서쪽

이 잘 타오를 수밖에 없다.

맞바로 있는 관악산이 화산(火山)이요 그 불기에 맞불을 질러 화기를 약화시키기 위한 세로 현판이다. 지금 메워지고 없지만 숭례문 앞에 남지(南池)란 못을 파 풍수화기에 대처하기도 했었

자료 번호 47

자료 제목 국민연금 확대추진상황 및 문제점 분석

자료 유형 국무회의록

생 산 자 보건복지부

생성 연도 1999년 3월 2일

정　　부 김대중 정부

비　　고 1999년도 제7~8회 국무회의 회의록, 656~661쪽

주요 내용

이 문서는 1999년 3월 2일 제7~8회 국무회의의 국민연금 확대 추진상황과 문제점에 대한 보건복지부 보고자료이다. 1999년 4월 1일 전 국민 연금 실시를 앞두고 소득신고절차 간소화로 소득신고 건수가 급속히 증가했으며, 실제 소득보다 낮게 신고하는 경우가 있어 이러한 문제점을 최소화하기 위해 복건복지부, 공단 직원, 그리고 2만 명에 달하는 공공근로요원이 투입되어 대면 설득을 통해 실제 소득에 근접한 금액을 신고하도록 하고 있다는 내용이다. 아울러 야당의 도시지역 확대반대 서명운동 등 정치적 움직임을 우려하기도 한다. 지역별로 충청도 지역 소득신고율이 서울, 부산, 인천과 같은 대도시 지역보다 높았는데, 특히 일부 하부 단위 지역들의 신고율이 높았던 이유는 동장과 통장이 주민을 직접 만나 일대일로 대면 설득한 결과였다는 보고를 담고 있다.

1.추진상황

<민원발생 및 소득신고접수의 일별 현황>

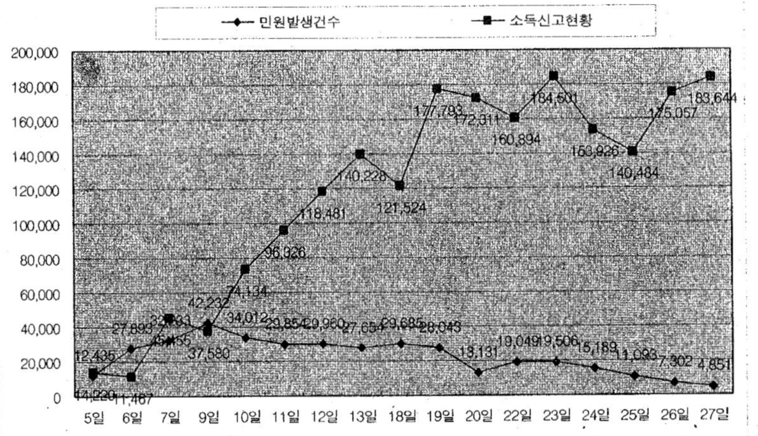

● 절차간소화 조치(2.9)

● 구정연휴익일(2.18)

● 대통령님의 「국민과의대화」 (2.21)

● 추가보완대책 발표(2.22)

● 환경변화(2.23이후) (상임위논란,정치권의 연기론 확산등)

실업대책위원회의 공공근로요원 연금홍보인력 활용방침확정(2.26) ●

국무총리님 주재 관계장관회의, 확대실시 방침재확인(2.27) ●

657

-1-

- 2 -

가. 민원동향 및 신고서 접수현황

□ 민원동향

- 민원은 소득신고절차 간소화(2.9) 및 추가 보완대책(2.22) 등의 추진으로 지속적으로 줄어드는 추세임
  · 42,232건(2.9) → 4,851건(2.27), **89% 감소**

- 특히, 초기에 가장 많았던 「신고권장소득 과다제시」에 대한 민원은 급격히 감소
  · 21,829건(2.9) → 1,521건(2.27), **93%감소**

-「일방적 가입통지」등 제도자체에 대한 민원도 크게 감소
  · 4,961건(2.9) → 754건(2.26), **85% 감소**

※ 그러나, 최근 들어서는 연기론 등의 잦은 언론보도로 혼란이 초래되어 제도시행이 확실한 지를 묻는 등의 새로운 유형의 민원 발생

□ 신고서 접수현황

- 초기에 1일 2~3만 수준이던 신고인원이 18만명 수준까지 증가하고 있으며,
- 2.27 현재 전체대상자의 20%인 총 200만8천명이 신고함

나. 민원 및 신고서 접수현황 분석

□ 민원은 언론의 부정적 보도로 증가하다가 신고절차 간소화 조치(2.9)이후 감소추세로 돌아섰음. 특히, 후속 보완대책이 발표(2.22)된 이후에는 급격히 줄어드는 추세임

658

□ 소득신고 1일 접수건수는 신고절차간소화 조치 이후 18만 건까지 급속히 증가하다가

- 2.18일부터 제도시행의 연기와 행정의 미숙이 집중 보도되면서 16만 건으로까지 감소하였으나,

- 2.21일 대통령님의 「국민과의 대화」와 2.22일 후속 보완대책 발표로 18만5천 건까지 증가하였음

- 2.23일 이후에는 국회상임위원회에서의 논란과 정치권의 연기발언, 임의가입론 대두 및 추가 보완대책 발표가능성 등의 보도에 영향을 받아서 14만 건으로까지 감소하였으나

- 지난 2.27일에는 실업대책위원회의 공공근로요원을 국민연금 홍보인력으로 활용한다는 방침 확정(2.26), 국무총리님 주재 관계장관회의에서의 확대실시방침 재확인(2.27)발표 등으로 토요일임에도 불구하고 1일 접수기록으로는 2번째로 높은 18만4천 건으로 증가하였으며,

  · 앞으로 정책혼선을 초래케하는 발표나 보도가 더 이상 나오지 않는다면 이러한 증가추세는 계속될 것으로 전망됨

※ 언론의 보도에 따라 신고접수가 영향을 받고는 있지만 현장은 점차 안정된 모습을 찾아가고 있음

- 다만, 지금까지 신고한 내용을 분석해 보면 우선 소득을 신고하는 대로 접수하도록 함으로써 소득을 낮게 신고하는 경향이 있으며, 실직 등으로 보험료납부예외를 신청한 경우가 51%로 높은 수준을 나타내고 있어 다소 거정스러운 면도 있음

-3-

659

· 이러한 문제점을 최소화하고자 복지부 및 공단직원과 보험 모집인 수준으로 교육된 2만명의 공공근로요원을 투입하여, 연금제도의 수익성(많이 내면 많이 받게 되고, 수익률이 개인 연금에 비해 2~4배 높다는 사실) 등을 대면 설득함으로써 실제소득에 근접된 소득을 신고토록 적극 유도해 나가겠음

- 그러나 야당의 도시지역확대 반대서명운동 등 정치적 움직임이 있을 경우 다시 혼란이 초래될 우려가 있음

다. 향후 계획

□ 3.13일까지 1차신고를 한 사람에 대해서는 3.31일까지 보험료 예비고지를 하여 본인이 정정할 수 있도록 하고

□ 4.15일까지로 되어 있는 2차신고가 끝난 후에는 미신고자를 개별적으로 방문하여 가입토록 적극 설득하겠음

2. 관계부처 협조요청 사항

□ 일선기관에서 많은 협조를 해 주시고 언론보도가 소강상태로 접어들게됨에 따라 다시 신고접수건수가 증가하고 있음

□ 지역별로도 충북이 48%, 충남이 37%, 대전이 31%로 높은 실적을 나타내고 있음 (서울, 부산, 인천 지역은 20%미만임)

□ 특히, 천안시는 27일 현재 63%의 실적을 나타내고 있으며 그 중 대룡동은 가입대상자 1,151명 전원과 일부 적용제외자의 임의가입으로 1,237명이 신고하여 107%, 부산시 동래구 명장2동의 25통(198명), 동두천시 상패동의 3통(144명)등은 100%의 신고실)을 나타내고 있는데)

660

- 이와 같이 높은 실적을 올리고 있는 지역은 분석결과 동장 및 통장이 열의를 가지고 주민과 1대1의 대면설득을 한 결과인 것으로 나타남

□ 따라서, 전국민연금의 성패는 일선기관장의 관심과 노력 여하에 달려있다고 해도 과언이 아님. 행정자치부장관께서는 일선기관에서 적극 협조할 수 있도록 다시 한번 독려해 주시면 감사하겠음

□ 아울러, 법무부, 국방부, 교육부, 노동부, 병무청, 국세청, 보훈처 등에 국민연금 적용제외대상자를 파악하기 위해 최신자료를 요청하였는 바 (2.24 공문협조요청, 2.25 ~ 26 방문협조요청), 적극적으로 협조해 주시기로 한데 대하여 관계부처 장관님께 감사드리며, 최단시일내에 자료를 입수할 수 있도록 각별한 관심을 가져 주실 것을 다시 한번 부탁드림

※ 부처별 자료 요청 사항

- 국방부 : 군입대자 명부
- 병무청 : 군입영대상자 명부, 공익근무요원 명부
- 교육부 : 현재의 대학생 명부
- 노동부 : 구직등록 신청자 명부, 실업급여 수령자 명부
- 국세청 : 사업등록자 명부, 휴·폐업신고자 명부, 과세특례자 명부
- 법무부 : 재소자명부, 경비교도대 명부
- 보훈처 : 보훈급여 대상자 명부
- 경찰청 : 군입대자 명부(의경)

-5-

661

자료 번호 48

자료 제목 직장인만 손해보는 '졸속연금'

자료 유형 신문 사설

생 산 자 조선일보

생성 연도 1999년 4월 27일

정 부 김대중 정부

비 고 –

주요 내용

이 문서는 1999년 4월 1일부터 시작된 전 국민 국민연금 실시 현황에 대한 비판적 사설이다. 골자는 국민연금 가입이 부진하고 신고소득이 정부 예상 수준보다 훨씬 낮아 재정결손을 피하기 어려워졌다는 점이다. 도시자영자 등 국민연금 가입 대상에 대한 정부의 예상 소득신고 수준은 월평균 144만 원이었는데 실제 소득신고액은 월평균 84만 2,000원이었다. 사설에서는 고소득층은 상대적으로 연금을 적게 받고 저소득층은 많이 받는 하후상박(下厚上薄) 구조의 국민연금 특성상 도시자영자는 소득을 낮게 신고할 수밖에 없다고 본다. 연금기금이 줄어든 만큼 이를 보완하는 방안을 모색해야 하는데, 정부가 재정을 보조하는 방법, 낸 만큼 돌려받는 구조로 연금지급 구조를 바꾸는 방법, 직장근로자 연금과 도시지역 연금을 분리 운영하는 방법이 있으며, 그중에서는 기금을 분리 운영하는 마지막 방안이 제일 낫다고 제안한다. 이는 의료보험이 직장과 지역을 분리 운영하는 것과 같으며, 직장근로자들이 연금 결손분을 떠맡지 않도록 해야 한다고 보고 있다.

社 說

직장인만 손해보는 '졸속年金'

국민연금 가입대상을 전국민으로 확대한지 채 한달이 지나지 않았음에도 당초부터 우려했던 문제점들이 나타나고 있다. 가입실적이 부진할 뿐 아니라 신고소득 역시 정부가 예정했던 수준보다 훨씬 낮아 당장 심각한 재정결손이 불가피해진 것이다. 이로 인해 내년부터 직장 가입자들의 연금이 최고 13%나 줄어들 것이라는 관측까지 나오고 있다. 그런 만큼 이제라도 서둘러 대책을 강구해야 하겠다.

지난 4월 1일부터 도시자영자 등을 국민연금 가입대상으로 확대한 결과, 이들의 월평균 소득신고액이 84만2000원으로 기존 직장가입자 148만원의 56.9%에 머물렀다. 보건복지부의 신고권장 소득액 144만원과 비교해 볼때도 58.5%에 불과해 이번 연금확대조치 과정에서 정부가 얼마나 사전준비 없이 '시행부터 하고 보자'는 식으로 서두르기만 했는지를 잘 보여주고 있다. 이 때문에 파생되는 가장 큰 문제는 그 피해가 직장가입자들에게 돌아갈 수밖에 없다는 점이다. 연금기금을 통합운영하는데다 기금이 줄어든 그만큼 상대적으로 더 많이 낸 직장근로자들이 손해를 보게 돼있기 때문이다.

직장근로자들이 손해보지 않도록 하려면 세가지 방법을 생각해 볼 수 있다. 첫째는 자영자(自營者) 등 도시지역 연금가입자들이 덜 낸 부분을 정부가 재정보조로 채우는 방법, 둘째는 연금 지급체계를 단일화해 '낸 만큼' 연금을 받는 구조로 바꾸는 방법, 셋째는 직장근로자 연금과 도시지역 연금을 분리운영하는 방법이 그것이다. 첫째 방법은 일응 그럴듯해 보이지만 정부 재정이 감당할 수 없을 것이고 또 설사 가능하다고 해도 또다른 형평(衡平)의 문제가 발생한다.

연금 지급체계의 단일화 문제는 검토가치가 있다. 정부는 '사회 안전망' 구축이라는 측면에서 연금기금을 많이 내는 고소득층은 연금을 상대적으로 적게, 기금을 덜 내는 저소득층은 더 많이 받도록 하는 '하후상박(下厚上薄)' 구조로 짜놓았다. 도시자영자 등이 소득을 적게 신고하려는 경향을 보이는 이면에는 세원(稅源) 노출을 꺼리는 측면도 있지만 기금을 적게 낼수록 유리하다는 심리도 깔려 있다. 현실적으로는 세번째 방법이 가장 설득력을 지니고 있다. 의료보험과 같이 연금도 직장과 지역을 분리운영하면 한쪽의 불길이 다른 쪽으로 번질 가능성이 없어 안전하다. 정부가 무리하게 밀어붙인 도시지역 연금의 결손분을 직장근로자들이 떠맡아야 할 이유도 없다.

자료 번호 49

자료 제목 최근의 국민연금 논란에 관한 시민·사회·노동·농민단체의 입장

자료 유형 시민단체 성명서

생 산 자 민주노총, 전국금융사무노동조합총연맹, 참여연대, 한국여성단체연합, 한국농업경영인중앙연합회, 환경운동연합

생성 연도 1999년 5월 18일

정 부 김대중 정부

비 고 –

주요 내용

이 문서는 1999년 4월 1일부터 시작된 도시지역 국민연금 확대를 둘러싼 논란에 대한 시민, 사회, 노동, 농민단체의 공동성명서이다. 민주노총, 전국금융사무노동조합총연맹, 참여연대, 한국여성단체연합, 한국농업경영인중앙연합회, 환경운동연합이 함께 내놓은 국민연금 관련 주장의 요지는 다음과 같다. 자영자가 소득액을 낮게 신고하고 있으니 직장가입자와 도시지역가입자의 연금재정을 분리시키는 것은 임시방편일 뿐이고 소득파악 개선 노력을 하는 것이 맞다는 것이다. 다른 하나는 도시지역 자영자 소득 파악 방식이 빠른 시일 내에 개선되지 않으면 국민연금 신뢰도 자체가 낮아지므로 이에 대한 세정·세제 개혁의 구체적인 안을 정부와 정치권에서 내놓아야 하고, 그와 관련해서 사회보험료 징수를 국세청으로 일원화하는 방안도 있다는 점을 밝힌다.

최근의 국민연금 논란에 관한 시민·사회·노동·농민단체의 입장

사회복지위원회 1999-05-18

도시지역 국민연금 확대에 대한 정부의 안이한 인식과 행정으로 전국민 의 노후생활을 담보할 국민연금제도의 기능이 의문시되고 있다. 지난 3월 이후 시민·노동단체는 국민연금의 도시지역 확대 실시와 관련하여 정부측에 국민연금이 제대로 작동하기 위한 자영자 소득파악 개선 등 여 러 가지 근본적인 개선책을 요구한 바 있다. 정부는 시민·노동단체가 요구한 사항 중 자영자소득파악위원회 설치 등 일부에 대하여 개선책을 내놓았으나 우리는 그러한 조치가 아직도 만족할만한 조치가 될 수 없다 는 점에 인식을 같이 하였다. 우리가 여러 차례 요구안과 개선책을 제 시하였으나 이에 미온적인 태도를 보여온 정부는 결국 480만명에 이르는 납부예외자와 신고자의 60.0%의 납부율이라는 반쪽짜리 연금제도를 만 들어 버렸다. 또한 정부는 자영자의 낮은 소득신고율과 납부율 등에 대 한 적극적 대안 없이 홍보요원을 동원하는 등의 실적 올리기식 임시방편 적 대안에 주력함으로써 연금에 대한 국민적 불신을 가중시키고 있다. 따라서 시민·노동단체는 더 이상 최근 국민연금의 도시지역 확대실시와 관련하여 나타나고 있는 여러 가지 쟁점에 대한 정부의 해결의지를 신뢰 할 수 없다는데 입장을 같이 하고, 다음과 같은 세 가지 입장을 밝힘과 더불어 이를 정부측에 강력히 요구하기로 결의하였다.

첫째, 직장가입자와 도시지역가입자의 연금재정 분리 주장에 단호히 반 대한다.

자영자의 낮은 소득신고로 기존 직장가입자의 연금재정과 도시지역 가 입자의 연금재정을 분리시키자는 일각의 주장이 있으나 우리는 이를 단 호히 반대한다. 자영자의 낮은 소득신고로 인해 발생될 기존 직장가입자 의 손실은 기금을 분리시켜 해결할 문제가 아니며 국가가 자영자의 소득 을 정확히 파악함으로써 개선되어야 할 문제이다. 자영자의 소득파악을 개선하지 않은 채 임시방편으로 재정을 분리시킨다면 이는 사회통합의 실현이라는 사회보장의 고유목적에 비추어 볼 때 결코 올바른 방안이라 할 수 없다. 더불어 우리는 이러한 주장들이 자영자의 낮은 소득파악이 라는 현실적 문제를 등에 업고 국민연금의 기능과 의미를 약화시키려는 목적으로 제기되고 있다는 점에서 더욱 동의할 수 없다. 따라서 정부는 사회통합의 실현이라는 국민연금의 목적을 훼손시킬 수 있는 기금분리운 영과 같은 제반 주장을 불식시키기 위한 단호한 의지를 밝혀야 할 것이 다. 자영자의 소득하향신고로 인해 발생한 내년 연금수급자의 손실은 자 영자소득파악을 통해 문제가 해결될 때까지 별도의 조치로 그 손해를 보 전해 주어야 한다. 내년 연금수급자의 손실분을 보상하는 방법에 대해서 는 99년 12월 전체 가입자의 평균소득에 의해 연금수급액 손실의 정도가 결정되기 때문에 정부에서 추진하는 도시자영자의 소득신고 상향조정의 상황을 주시하며 추후에 시민·노동단체의 입장을 밝힐 것이다.

둘째, 9월 정기국회전에 도시지역 자영자 소득파악에 대한 정부의 구체 적 입장과 정치적 의지를 구체화시킬 것을 요구한다.

무엇보다 국민연금의 성패는 신뢰할 만한 자영사 소득파악이 얼마나 빠 른 시간 안에 되는가에 달려있다. 자영자 소득파악을 위한 조치들이 가 능한 빨리 되기 위해서는 올 가을 정기국회에서 관련 법령과 제도의 개 선이 이루어져야 하는 만큼 자영자 소득파악을 위한 세정·세제 개혁의 구체안, 사회보험료 징수의 국세청 일원화 방안 등에 대한 정부의 가시 적인 조치가 시급히 요구된다. 따라서 이러한 일정을 무시하고 빠른 시 일 안에 정부의 가시적인 조치가 나오지 않을 경우 우리는 현 정부가 정 확한 자영자 소득파악을 통한 국민연금, 의료보험 등 사회보험의 정상화 에 대한 의지가 없는 것으로 간주하여 온 국민과 함께 조세정의와 사회 보험의 정상화를 위한 대정부 투쟁을 전개할 것이다. 따라서 그 이후 벌어지는 모든 사태와 혼란에 대한 책임은 정부측에 있음을 확실하게 밝혀 두고자 한다.

셋째, 도시지역 가입자 중 약 430만명에 달하는 5인미만 영세사업장근 로자, 일용직·임시직 근로자를 사업장가입자로 편입시킬 것을 요구한다.

5인미만 영세사업장근로자, 일용직·임시직 근로자 등 430만명에 달하는 불완전취업층은 전체 납부예외자의 66%를 차지하고 있어 이들을 자영자 의 범주로 계속 묶어두게 되면 국민연금의 혜택에서 영원히 제외될 가능 성이 높다. 특히 신고한 대상자 중에서도 실제 연금 납부자 비율은 영세 사업장근로자 57.4% 일용직·임시직 근로자 56.0%로 사업장 가입자의 93.8%에 비해 현격히 떨어짐으로써 이들이 국민연금에서 제외 될 수 있 다는 우려를 가중시키고 있다. 따라서 이들을 사업장가입자로 편입시켜 보험료의 부담을 사용자와 본인이 공동 부담하게 함으로써 부담을 덜어 주고 국민연금의 혜택을 받도록 해야 한다. 이에 우리는 올 정기국회에 서 영세사업장근로자와 일용직 근로자를 사업장가입자로 편입시키는 국 민연금법 개정이 이루어지기를 요구한다.

시민·노동단체는 향후 조세정의 확립 및 국민연금의 정상화를 위해 긴 밀한 정책적 협력체계를 유지하면서 정부의 정책 하나 하나를 감시해 나 갈 것이다. 조세정의와 국민연금의 정상화를 위해 정부가 획기적인 법 적, 제도적 개선안을 빠른 시간 안에 마련할 것을 다시 한번 강력히 촉 구하는 바이다.

민주노총. 전국금융사무노동조합총연맹. 참여연대.
한국여성단체연합. 한국농업경영인중앙연합회.환경운동연합.

자료 번호 50

자료 제목 자영자소득파악위원회 문제 있다

자료 유형 시민단체 성명서

생 산 자 경제정의실천시민연합

생성 연도 1999년 8월 5일

정 부 김대중 정부

비 고 –

주요 내용

이 문서는 시민단체인 경제정의실천시민연합(경실련) 사회복지위원회에서 낸 성명서로 자영자소득파악위원회의 문제점을 지적하고 개선을 요구하고 있다. 경실련은 1989년 경제정의를 기치로 시작한 시민단체이다. 문제는 해당 위원회가 법적 지위가 없는 임의기구로 정책방향을 제시할 뿐 구체적인 일정과 계획을 마련할 권한이 없다는 것이다. 결과적으로 자영업자의 소득하향신고로 인한 직장가입자에 대한 역형평성 문제를 포함해서 구체적인 언급이나 정책제안이 부재한 상황이라는 것이다. 자영자소득파악위원회는 의사, 변호사 등 도시 고소득 자영업자의 정확한 소득 파악을 1차 목적으로 1999년 4월 국무총리 산하에 설치되었고, 학계, 관계부처 공무원, 민간 전문가와 시민단체 대표 등이 참여했다.

성 명 서

경제정의실천시민연합
Citizens' Coalition for Economic Justice
경실련 100-120 서울시 중구 정동15-5 정동빌딩 별관5층 (전화) 02-771-0376 (전송) 02-757-7382 ~4 천리안 ccej / 하이텔, 나우누리 ccej 1

수 신 각 언론사 사회부, 경제부 기자
발 신 경실련 사회복지위원회 위원장 최성재 교수 (☎ 02-880-6463)
/ 김승보 정책실장, 이윤정 간사 (☎ 02-771-0376)
제 목 자영자소득파악위원회 정책건의에 대한 경실련 입장

자영자소득파악위원회 문제 있다.

8월 2일 자영자소득파악위원회가 처음으로 '자영자소득파악을 위한 정책건의안'을 정부에 제출하였다. 그러나 자영자소득파악위원회가 발표한 정책들은 기존에 제기되었던 각종 문제점들을 단순 조합하여 정리함으로써, 현재 사회보험 실시와 관련하여 쟁점이 되고 있는 자영자 소득파악을 위한 구체적인 방안 제시와는 거리가 먼 것이다. 자영자소득파악위원회가 그간 그 위상과 존립근거, 활동방향 등과 관련하여 논란을 빚어온 사실에 비추어 과연 이 정도 활동을 위해 자영자소득파악위원회가 존재해야 하는가하는 의문을 갖게 된다.

자영자소득파악위원회는 국민연금의 확대적용과정 속에서 자영자 및 영세사업장 근로자들의 소득파악이 이루어지지 않아 발생하는 문제점을 해결하고자 소집되었다. 특히 자영자 소득파악 모형도출과 이를 통한 소득실사가 늦어지면 직장가입자의 손실은 가중되고 수급자 불만은 급증하게 되기 때문에 소득파악과 관련된 자영자소득파악위원회의 강화는 사회보험제도의 사활이 달려있는 시급하고도 중요한 문제였다. 그럼에도 불구하고 정부의 자영자소득파악위원회의 위상은 법적 지위가 없는 임의기구에 머물렀고 이에 대한 정부의 의지도 극히 미약하여 자영자소득파악위원회는 사회보험 시행과정에 대한 국민적 불만을 해소시킬 수 있는 기구인지에 대한 의문과 함께 출범한 조직이다.

자영자소득파악위원회가 이번에 보고한 정책건의안은 이러한 문제점을 그대로 드러내고 있어 이제 그 존립의미를 재검토 해야하는 시점이 되었다는게 우리의 판단이다.
우선, 정책건의에 금융소득종합과세 실시에 대한 구체적 언급이 전혀 없는 것은 위원회의 한계를 여실히 보여주고 있다.
건의서를 통해 위원회는 금융소득종합과세 실시의 필요성을 누차 강조하고 있다. 그럼에도 무슨 이유에서인지 금융소득종합과세 조기실시에 대한 정책제언은 전혀 찾아볼 수가 없다. 사실 보고서에서 건의한 '과세자료 수집 및 관리에 관한 특례법'이 건의안대로 만약 올해 통과되면 2000년도부터 금융소득이 국세청에 보고되기 때문에 2000년부터 금융소득종합과세를 더 이상 연기할 이유가 없게 된다. 그럼에도 금융소득종합과세 조기실시 문제를 비켜가는 것은 이해하기 힘들다.

둘째, 소득세법과 국민연금, 의료보험에서 규정하는 소득의 개념이 서로 다르게 규정되어 혼란과 문제점이 제기됨을 인식하면서도 이를 해결하기 위한 구체적인 대안제시가 없는 것도 이해하기 어렵다. 소득개념의 차이는 공정한 사회보험료부과뿐만 아니라 4대 사회보험통합과 관련해서도 시급히 해결해야 할 과제임은 누차 강조되어 온 것이다. 그럼에도 이를 해결하기 위한 구체적인 대안 제시를 내어 놓지 못한 것은 위원회로서 일종의 직무유기라 해야 할 것이다.

셋째, 최근 국민적으로 급속히 확산되고 있는 사회보험거부감정의 가장 큰 원인인 소득하향신고에 따른 직장가입자의 역형평성 문제를 해결하기 위한 효과적인 대안제시 또한 내어 놓지 못하고 있다. 정부는 당초 직장인과의 형평성을 권장소득방식에 의해 대략이나마 맞추겠다는 방침을 철회함으로써 결국 지역가입자들의 전반적인 소득하향신고 사태를 초래하였다. 월평균 신고소득이 사업장 근로자의 60%에 불과한 84만원 정도로 신고됨으로써 직장가입자들의 소득역진 문제가 제기됨으로써 사회보험 시행이 난항을 겪게 되었던 것이다. 그럼에도 불구하고 위원회는 여전히 이러한 문제를 확인하는 정도에서 그치고 이의 해결을 위한 이렇다할 진전된 대안을 제시하지 못하고 있는 것이다.

넷째, 자영자 소득자료의 공개과정에 있어 국세청과 보건복지부의 협력체제에 관한 언급이 미흡하다. 자영자소득파악위원회는 자영자에 대한 정확한 소득 파악을 통해 적정한 사회보험료를 부과하고 사회보험의 본래 기능을 수행하도록 하기 위해 설치되었다. 그럼에도 불구하고 본 보고서에는 세제세정에 대한 제의가 있을 뿐 수집된 자료를 효과적인 사회보험제도의 운용을 위해 어떻게 사용할 것인지에 대해서는 구체적으로 제시하지 않고 있다. 이에 대한 입법화가 필요하다.

그간 자영자소득파악에 따른 문제점은 각계에서 이미 충분히 제기하여 온 바다. 지난 4월 구성된 이래 겨우 기존의 문제제기를 정리하는 정도의 수준이라면 자영자소득파악위원회는 구태여 존립할 이유가 없다. 우리는 다시 한번 정부당국이 사회보험제도 정착의 전제조건인 자영자소득파악을 이루어내기 위한 자영자소득파악위원회의 설립목적과 필요성, 그 긴요성을 다시한번 숙고하여 자영자파악위원회가 적극적으로 활동할 수 있는 여타 제반조건을 마련해 줄 것을 요구한다.

하나, 자영자소득파악위원회가 자영자소득파악을 위한 일반적 정책방향의 제시뿐만 아니라 구체적인 일정과 계획을 마련할 수 있는 기능을 담당하도록 해야 한다.

하나, 이를 위해 필요하다면 대통령 직속의 법적 구속력을 갖는 기구로서의 격상 등 모든 가능한 조치를 적극적으로 강구해야 한다.

1999년 8월 5일

경제정의실천시민연합

공동대표 柳鉉錫 趙昌鉉

제 Ⅳ 부

국민연금제도의 조정과 변화

(2000~2021년)

자료 번호 51

자료 제목 1999년 국민연금 통계연보

자료 유형 통계집

생 산 자 국민연금관리공단(현 국민연금공단)

생성 연도 2000년 8월

정 부 김대중 정부

비 고 –

주요 내용

이 문서는 국민연금관리공단(현 국민연금공단)에서 발간한 1999년 통계연보이다. 주지하듯이 1999년은 전 국민 국민연금이 실시된 해로 통계적 변화가 컸던 해이다. 발간사에서 통계연보를 구성함에 있어 이전 통계항목을 최대한 유지하면서 변화 내용을 정리해 넣기 위해 노력했다고 밝힌다. 연보는 크게 가입자 현황, 징수 현황, 급여 현황, 기금 현황의 네 장으로 나뉘고, 각 장은 세부 통계항목을 가져 총 76개의 통계표를 제공하고 있으며 필요한 경우 통계도표를 따로 제시하고 있다.

발 간 사

국민의 생활안정과 복지증진에 기여하기 위하여 1988년부터 실시된 국민연금제도가 올해로 시행 13년째를 맞이하면서 중추적인 사회보장제도로 정착되어 가고 있습니다.

우리공단은 금년에 16,585,390명의 가입자와 466,582명의 수급자에 대한 연금업무를 성실히 수행하고 있습니다. 특히 1999년 4월에는 도시지역에 거주하는 자영업자, 일용근로자 등에게 국민연금제도를 확대실시하여 명실상부한 전국민연금시대를 실현하였으며, 이제는 제도의 내실화 단계를 거쳐 조기정착에 온 힘을 기울이고 있습니다.

이러한 시점에서 발간되는 국민연금통계연보 제12호는 이용자 여러분의 편의를 도모하고자 국민연금사업시행결과를 가입자현황, 징수현황, 급여지급현황, 기금운용현황 등으로 분류·수록하였습니다. 또한 통계도표는 이러한 각 분야의 연도별 변화추이와 현황의 특성을 반영하였고, 그 동안 발간된 국민연금통계연보와 일관성 및 계속성을 유지하기 위하여 통계항목을 최대한 동일하게 정리함으로써 국민연금의 주요 현황을 다각도로 비교·평가할 수 있도록 하였습니다.

아울러 금번에 발간하는 통계연보가 국민연금제도의 개선과 발전을 위해 중요한 기초자료로 활용되기를 기대하며, 앞으로 보다 유용한 통계자료를 제공할 수 있도록 미흡한 부분을 보완하는 데 최선의 노력을 기울여 나가겠습니다.

이를 위하여 연금 및 사회보장분야를 연구하고 있는 학자와, 이에 종사하는 실무자는 물론, 관계 전문분야의 관심있는 분들의 아낌없는 지도와 협조를 바랍니다.

2000. 8.

국 민 연 금 관 리 공 단
이 사 장 인 경 석

1. 사업장 및 가입자 현황

Number of Workplaces & Insured Persons

■ 1999년도 가입자 현황

Number of Insured Persons as of Dec. 31. 1999

명(In persons)

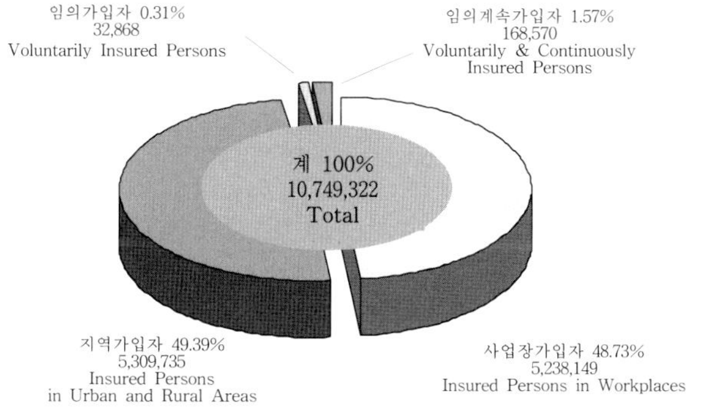

천명(In thousand persons) 천개소(In thousand each)

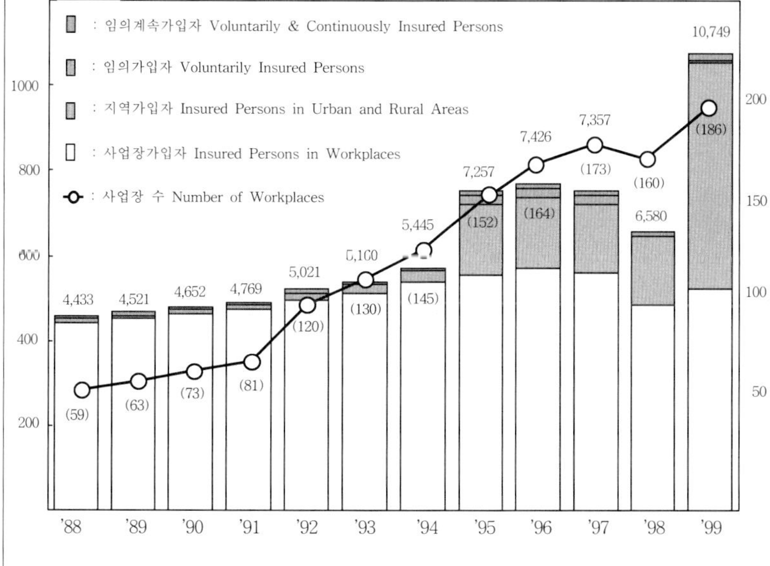

1. 종 별 가 입

Number of Insured Persons by

단위 : 개소, 명(in each, persons)

	총 가 입 자 수 Total Insured Persons	사업장가입자 Insured Persons in Workplaces	
		사 업 장 Workplaces	가 입 자 Insured Persons
1988	4,432,695	58,583	4,431,039
1989	4,520,948	62,952	4,515,680
1990	4,651,678	72,511	4,640,335
1991	4,768,536	80,987	4,747,605
1992	5,021,159	120,374	4,977,441
1993	5,159,868	129,703	5,108,871
1994	5,444,818	144,910	5,382,729
1995	7,257,394	152,463	5,541,979
1996	7,425,700	164,205	5,677,631
1997	7,356,931	172,759	5,600,947
1998	6,580,265	160,027	4,849,926
1999	10,749,322	186,106	5,238,149
1 월 January	6,571,045	161,728	4,845,073
2 월 February	6,575,836	164,056	4,872,793
3 월 March	6,596,815	167,579	4,917,124
4 월 April	10,684,635	174,496	4,992,716
5 월 May	10,713,801	176,164	5,019,311
6 월 June	10,709,253	177,368	5,044,200
7 월 July	10,709,456	178,847	5,069,318
8 월 August	10,679,200	180,181	5,100,249
9 월 September	10,684,657	181,636	5,140,902
10 월 October	10,636,150	183,126	5,158,994
11 월 November	10,648,643	184,525	5,208,158
12 월 December	10,749,322	186,106	5,238,149
서 울 Seoul	3,242,614	61,326	2,121,015
부 산 Pusan	771,390	14,905	344,615
대 구 Taegu	515,132	9,397	208,497
인 천 Incheon	502,520	9,543	251,582
광 주 Kwangju	260,220	3,718	93,803
대 전 Taejeon	265,518	3,845	111,528
울 산 Ulsan	213,696	3,527	130,134
경 기 Kyonggi	1,752,327	31,714	820,646
강 원 Kangwon	291,810	4,545	86,091
충 북 Chungbuk	288,212	5,149	117,837
충 남 Chungnam	377,649	5,061	131,528
전 북 Cheonbuk	385,998	5,222	111,122
전 남 Cheonnam	431,337	5,569	102,850
경 북 Kyongbuk	654,548	9,390	262,764
경 남 Kyongnam	683,557	11,224	310,846
제 주 Cheju	112,794	1,961	33,291

주 : 지역가입자 중에서 납부예외자는 제외하였음.

자 현황
Type of Coverage

지역가입자 Insured Persons in Urban and Rural Areas	임의가입자 Voluntarily Insured Persons	임의계속가입자 Voluntarily & Continuously Insured Persons
–	1,370	286
–	4,036	1,232
–	8,274	3,069
–	14,921	6,010
–	32,238	11,480
–	40,452	10,545
–	48,332	13,757
1,650,958	48,710	15,760
1,681,915	50,514	15,640
1,606,542	47,208	102,234
1,583,201	29,024	118,114
5,309,735	32,868	168,570
1,578,031	28,128	119,813
1,554,034	26,467	122,542
1,528,954	25,156	125,581
5,529,004	34,250	128,665
5,530,798	33,573	130,119
5,497,129	33,967	133,957
5,468,341	33,297	138,500
5,404,204	32,578	142,169
5,364,834	32,502	146,419
5,294,066	32,227	150,863
5,252,308	32,410	155,767
5,309,735	32,868	168,570
1,104,077	11,380	6,142
420,519	3,299	2,957
301,984	1,833	2,818
247,895	1,352	1,691
162,404	1,762	2,251
151,932	976	1,082
81,960	312	1,290
912,871	5,870	12,940
195,727	650	9,342
162,587	454	7,334
230,197	392	15,532
253,581	1,307	19,898
294,924	938	32,625
360,628	760	30,396
353,575	1,270	17,866
74,874	223	4,406

Note : The insured excepted from contributions payment among the Insured Persons in Urban and Rural Areas are excluded.

자료 번호 52

자료 제목 규제개혁위의 비정규직 및 영세사업장 노동자 국민연금 직장가입전환 보류 결정은 즉각 철회되어야 한다.

자료 유형 시민단체 논평

생 산 자 참여연대

생성 연도 2000년 11월 14일

정 부 김대중 정부

비 고 –

주요 내용

이 문서는 정부의「국민연금법」및「국민연금법시행령」개정안에 대한 규제개혁위원회의 법안상정 보류결정을 비판하는 시민단체 성명서이다. 김대중 정부는 IMF 외환위기 이후 급증한 비정규직 및 5인 미만 사업장 노동자를 직장가입자로 전환하고자 했는데 규제개혁위원회는 경제 상황과 기업 부담을 고려할 때 정부 입법안이 적절치 않다고 보았다. 비정규직 노동자는 지역가입자로 분류되면서 보험료 전액을 본인이 부담해야 하고, 5인 미만 영세사업장은 비정규직 비율이 높으며 사업자 등록을 하지 않은 경우도 많을 뿐만 아니라「근로기준법」을 포함해 여러 법 적용에서 차등 설정되어 일부만 적용되는 등 개정안은 노동자들이 보호받기 어려운 제도적 한계를 가지고 있다(한겨레, 2016. 11. 1.). 성명서에서는 해당 법안이 국회에서 논의되지 못하도록 규제개혁위원회가 보류결정을 내린 데 대해서도 비판한다. 규제개혁위원회는 1993년 행정쇄신위원회로 시작한 이후「행정규제기본법」에 근거하여 1998년 대통령 소속 위원회로 승격되면서 현재에 이르고 있다. 규제개혁위원회는 "부처에서 제출한 규제영향분석서 등을 기초로 신설, 강화 규제의 타당성 여부를 심사"한다(규제정보포털). 2012년 이후 정부는 두루누리 사회보험료 지원사업을 통해 10인 미만 사업장 근로자와 사업주를 대상으로 고용보험과 국민연금에 대한 보험료를 40~60%까지 지원하고 2017년 서울시는 50억 특별융자제도를 마련해 4대 보험 가입을 지원하는 정책을 추진했다.

참여연대

참여연대 공동대표: 김중배·박상증 ·박은정 110-240 서울시 종로구 안국동 175-3 안국빌딩신관 3층 전화:723-5300 팩스: 723-5055
천리안·하이텔·나우누리 PSPD 유니텔 :참여연대 / 전자우편:pspd@pspd.org / 인터넷 http://peoplepower21.org

수 신 각 언론사 사회부 및 국민연금 담당기자

발 신 참여연대 사회복지위원회(담당 : 문혜진 : 723-5056, moon@pspd.org)

제 목 규제개혁위원회 국민연금법 개정안 상정 보류결정은 철회되어야 한다.

날 짜 2000. 11. 14. (총 2 쪽)

논 평

규제개혁위의 비정규직 및 영세사업장 노동자 국민연금 직장가입전환 보류결정은 즉각 철회되어야 한다.

2000년 11월 14일 (화) 참여연대 사회복지위원회

지난 8월 보건복지부는 국민연금법과 국민연금법시행령을 개정하여 현재 지역가입자인 비정규직 및 5인 미만 사업장의 노동자를 직장 가입자로 전환하는 개정안을 입법예고하였고, 참여연대를 비롯한 시민사회단체들은 이러한 개정취지를 긍정적으로 평가한 바 있다.

그러나 11월 13일 규제개혁위원회가 정부의 입법안에 대해 경제여건과 기업의 보험료 부담을 고려하여 적절치 않다고 평가, 법안상정을 보류하는 결정을 내렸다.

지금까지 5인미만사업장 노동자 및 임시·일용직, 시간제 노동자 등 비정규직 노동자는 열악한 고용상태에 있음에도 불구하고 지역가입자로 분류되어 국민연금 및 건강보험 보험료 전액을 본인이 부담하여 왔다. 이로 인해 보험료의 많은 부담으로 인해 연금가입을 기피하여, 정작 노후대책이 필요한 저임금 노동자가 연금의 사각지대로 방치되는 결과를 초래해 왔다. 따라서 비정규직 및 영세사업 가입자의 직장가입으로의 전환을 통해 복지에 있어 수혜와 부담의 형평을 도모하고 사회보험의 범위를 확대해 나가야 한다는 주장이 지속적으로 제기되었다.

비정규직 노동자의 수가 이미 전체 노동자의 50%를 넘어섰고, 비정규직 및 5인미

만 영세 사업장 노동자의 근로조건은 정규직 및 대규모 사업장과 비교하여 임금 뿐 아니라 각종의 복지혜택을 감안할 때 더욱더 큰 격차를 보이고 있는 상황에서 "기업의 부담"만을 고려하여 사회보험의 확대적용을 반대하고 나선 규제개혁위원회의 결정은 사회적 필요와 시대의 조류에 역행하는 결정임이 분명하다.

규제개혁위원회를 비롯한 정부는 경제여건의 악화로 인한 고용불안을 겪고 있는 노동자들의 입장에서 제도개선의 방향을 결정하여야 한다. 다수 근로자들의 복지증진을 위한 국민연금 직장가입 범위의 확대에 관한 법률개정은 규제개혁위원회 차원에서 논할 것이 아니라, 국회에서 논의되어야 함이 마땅하다. 따라서 규제개혁위원회의 법안 보류결정은 즉각 철회되어야 한다. 앞으로 노동시민사회단체는 국민연금, 건강보험 등 사회보험의 확대적용을 위한 법개정운동 등 지속적인 활동을 벌여나갈 것이다.

※ 이 자료는 홈페이지에도 올라갑니다. http://peoplepower21.org

자료 번호 53

자료 제목 정부는 국민연금법 개악기도를 즉각 철회하고 개악을 주도한 관련부처 장관, 관료 등 책임자를 문책하라.

자료 유형 시민단체 성명서

생 산 자 경제정의실천시민연합

생성 연도 2003년 11월 5일

정 부 노무현 정부

비 고 –

주요 내용

이 문서는 2003년 노무현 정부가 국회에 제출한 「국민연금법」 개정안에 대한 경제정의실천시민연합(경실련)의 비판 성명서이다. 정부안에서 기금운용기구를 상설화하고자 한 것을 긍정적으로 보면서도 가입자 참여를 줄이고 경제부처의 힘이 강해지는 위원회 구성안을 비판한다. 정부의 필요에 따른 제도 운영과 기금 운용을 위해서는 국민연금 관련 위원회의 자율성과 독립성이 보장되어야 한다는 점을 강조한다. 특히 국무총리실에 신설되는 국민연금정책협의회의 경우, 국민연금제도 운영과 관련된 모든 문제를 장악하게 될 것인데, 그 구성원이 국무총리, 재정경제부 장관, 기획예산처 장관 등을 포함시켜 경제논리가 강하게 작용하고 정치상황에 민감할 수밖에 없도록 해두었다고 보았다. 당시 경실련뿐만 아니라 민주노총, 참여연대 등도 연금정책협의회 설치 구상을 철회할 것을 요구했다. '관치' 기금 운용의 위험성 방지와 경제·금융정책과의 조화 달성은 국민연금기금운용위원회에서 달성해야 할 부분이라고 보았다. 제16대 국회 임기 만료로 정부 제출 법안은 폐기되었고, 노무현 정부 임기 말의 정부 제출안에서는 정책협의회 부분을 삭제했다.

성명서	경제정의실천시민연합 Citizens' Coalition for Economic Justice	회원가입 : 756-1400 후원ARS : 7000-321

경실련 100-120 서울 종로구 신문로2가 89-27 피어선빌딩 2층, 전화:02-754-8841~3(代), 전송:02-757-7382 홈페이지 : http//:www.ccej.or.kr

수 신	국회 보건복지위원회, 보건복지부, 각 언론사
발 신	경실련 사회복지위원회 (위원장 : 김통원 성균관대학교 사회복지학과 교수)
문 의	경실련 사회복지위원회 (김진수 연세대학교 사회복지학과 교수) 경실련 정책실 (김대훈 간사, T. 02-771-0376)
일 자	2003. 11. 5. (화)
제 목	정부의 국민연금법 개악기도에 대한 경실련 성명

문제점 고치고 지적사항 반영한 법안을 제출하겠다던 정부, 오히려 改惡(안) 제출

정부는 국민연금법 개악기도를 즉각 철회하고 개악을 주도한 관련부처 장관, 관료 등 책임자를 문책하라.

경실련, 국민연금법 개악의 책임소재를 가려 국민에게 알리기 위해 국무회의 회의록 등에 대한 정보공개를 청구할 것.

정부는 국민연금법 개정을 위해 정부(안)을 확정하여 지난 10월 31일 국회에 법안을 제출했다. 정부는 국회에 제출한 국민연금법 개정(안)의 취지를 '인구구조의 급속한 고령화에 대비하여 세대간 형평성을 제고할 수 있도록 연금 급여수준과 보험료율을 조정하는 등 장기적인 재정안정화 방안을 마련하고, 기금규모의 급증과 금융환경 변화에 적극적으로 대응하기 위하여 국민연금기금운용위원회를 상설화하여 책임성·전문성을 강화하는 등 현행 국민연금제도상 나타난 일부 미비점을 개선·보완하려는 것'이라고 설명하고 있다. 그러나 이번 정부가 국회에 제출한 정부(안)은 재정안정에 대한 논의와 근본적 개선 노력은 뒤로 한 채 위원회와 관련하여 부처 이기주의적 발상에 따라 마구잡이로 만들어 오히려 개선 취지를 무색하게 하고 있다.

현행 국민연금법에 하에서 제도운영에 관련해서는 <국민연금심의위원회>와 <국민연금기금운용위원회> 및 <국민연금실무평가위원회>가 설치되어 운영되고 있다. 이번에 국회에 제출된 정부(안)은 <국민연금실무평가위원회>는 폐지하는 한편 기존의 <국민연금심의위원회>의 구성을 개편하고 <국민연금기금운용위원회>는 상설화하되 위원수를 총 21인에서 9인으로 대폭 축소하고

있다. 또 국무총리를 위원장으로 하는 <국민연금정책협의회>를 신설하는 방안을 담고 있다.

이번 국민연금법 개정에 있어 주로 재정안정화 방안에 관심의 초점이 집중되면서 관리운영 및 제도에 대한 개정사항에는 크게 관심이 모아지지 않았다. 그러나 국민연금관리운용 및 기금운용과 관련된 내용에 있어 입법예고(안)에서부터 문제가 심각한 상황이어서 경실련은 국회에 제출한 의견서를 통해 문제점을 지적하고 우려를 제기하는 한편 대안을 제시한 바 있다. 이 문제는 국회 국정감사에서도 심각하게 문제가 지적되었고 보건복지부 장관은 지적사항이 충분히 반영된 법안을 국회에 제출하겠다고 공언한 바 있다. 그럼에도 불구하고 최근 국무회의를 통과하여 국회에 제출된 정부(안)은 입법예고(안)에 대하여 국회 국정감사에서 지적되고 장관이 공언사항들이 전혀 반영되지 않았을 뿐 아니라 오히려 반개혁적 방향으로 개악되어 있다.

국민연금 기금이 앞으로 장기간에 걸쳐 막대한 규모로 누적됨에 따라 기금운용의 책임성과 전문성을 높이기 위해 국민연금기금운용위원회를 상설화하는 방안은 매우 적절하고 시급한 과제이다. 그러나 이번에 확정된 정부(안)은 기금운용기구의 상설화라는 긍정적 조치에도 불구하고 국민연금제도운영의 전반적 과정에서 가입자의 참여를 배제, 형식화하는 반면 정부, 특히 경제부처의 강력한 통제 하에 국민연금제도를 두려는 도저히 납득할 수도, 용납할 수도 없는 방향으로 개악되고 있어 그대로 좌시할 수 없을 뿐 아니라 국무회의가 대통령을 보좌하면서 올바른 정책을 펼쳐나갈 수 있는 능력이 있는지를 심각하게 의심하지 않을 수 없다.

현재 개정안에서 논의되고 있는 위원회는 세 가지로 국민연금심의위원회, 국민연금기금운용위원회, 국민연금정책협의회이다. 국민연금과 관련된 위원회에 있어 가장 우선적인 필수과제는 자율성과 독립성 확보라고 할 수 있다. 즉, 정부의 필요대로 일방적인 제도 운영과 기금운용이 되지 않도록 자율성과 독립성이 보장되고 궁극적으로는 가입자에 의한 자율적 운영이 이루어지도록 해야 한다는 것이다. 이를 위해서는 위원회 구성에 있어서 가입자 대표가 구성원의 중심이 되도록 하는 정책방향이 전적으로 타당하고 반드시 그렇게 가야 한다. 국민연금제도에 있어서 기금 및 관리운영과 관련된 내용 중 각 위원회의 구성과 기능에 관한 구체적인 문제점은 다음과 같다.

1. 국민연금심의위원회

그럼에도 불구하고 입법예고(안)과 확정된 정부(안)에서는 이러한 원칙에 심각하게 반하고 있다. 입법예고(안)에서는 국민연금심의위원회에 참여하는 가입자 대표자 수를 14명에서 10명으로 줄이는 대신 복지부 공무원 1명, 그리고 공익위원을 5명에서 8명으로 늘리는 안을 제시함으로써 국민연금심의위원회에서의 가입자의 참여를 제한하고 정부의 입김이 강하게 개입될 수 있도록 하였다. 이 안도 문제가 심각한데 한술 더 떠 국회에 제출된 정부(안)은 가입자 대표는 현행 14명에서 12명으로 줄이면서 재경부, 기획예산처 공무원을 당연직 위원으로 참여시킴으로써 국민연금에 대한 정부의 간섭과 통제를 더욱 강화하고 있다. 이는 명백한 반개혁적 발상이다.

2. 국민연금기금운용위원회

마찬가지로 국민연금기금운용위원회에 있어서도 입법예고(안)에서는 상설화라는 명분 하에 위원수를 총 21명(가입자 대표 14명, 공무원 6+1명)에서 총 9인으로 대폭 축소하면서 구성에 있어서도 위원장과 상임위원장은 추천위원회의 추천으로 대통령이 임명하고 공무원 3명과 가입자가 추천하는 위원 4명으로 구성하도록 하고 있다. 그러나 확정된 정부(안)은 이보다 더 어이없는 시도를 하고 있다. 위원장, 상임위원장을 비롯해 나머지 위원의 추천, 위촉에 있어서도 추천위원회가 아닌 국민연금정책협의회라는 급조된 정부주도의 위원회가 추천권을 갖도록 만들어 국민연금기금운용위원회의 구성에서부터 관여하고 통제하여 결국 연금기금의 운용을 정부의 의도대로 좌지우지하려 하고 있기 때문이다. 또 국민연금기금에 관심이 높은 부처로 경기부양 및 주식투자 그리고 공적자금 회수 등의 정치적인 목적에 경도되어 있는 재경부와 기획예산처 공무원이 당연직 위원으로 참여하도록 하고 있는데 이는 그동안 연금기금을 정부 마음대로 사용하여 심각한 국민적 불신을 초래한 경험에 비추어 볼 때 매우 위험한 발상일 뿐 아니라 연금제도에 대한 불신을 더욱 깊게 할 수밖에 없을 것이다.

3. 국민연금정책협의회

무엇보다도 경악을 금할 수 없는 것은 국민연금제도운영에 있어 무소불이의 기관이 탄생하는 것이라 할 것이다. 소위 국민연금정책협의회라는 이름으로 국무총리실에 신설되는 협의회가 바로 그것이다. 이 협의회는 국무총리를 위원장으로 하여 재경부장관, 기획예산처장관, 보건복지부 장관, 국무조정실장, 대통령 비서실 정책실장, 국민연금기금운용위원장, 그리고 총리가 지명하는 2인의 전문가로 구성하도록 하고 있다. 이 국민연금정책협의회는 국민연금기금운용위원회의 위원장, 위원 구성문제를 비롯해 국민연금과 관련된 기본정책에서 기금운용에 이르는 모든 문제를 실질적으로 장악, 통제할 수 있도록 하고 있다. 또 경제논리에 치우친 경제부처와 정치상황에 민감할 수밖에 없는 기관의 구성원에 의해 철저히 장악되어 있다. 이러한 조건에서 국민연금정책과 기금운용의 독립성, 자율성이라고 하는 것은 허울에 불과한 것이며 국민연금기금운용위원회를 상설화하는 의미도 상실될 수 밖에 없다. 국민연금기금이 사회보장으로써의 역할에 최대한 충실하게 하는 일보다는 기금을 형성하고 이를 유용하는 데에만 관심을 가진 구성원으로 짜여지는 협의회를 신설하겠다는 정부의 발상에 우리는 개탄하지 않을 수 없다.

이같은 문제를 지적하며 경실련은 다음과 같은 사항을 국회와 정부, 청와대에 촉구한다.

1. 국회와 보건복지위원회는 국민연금법을 개악하는 정부의 개정(안)을 절대로 통과시켜서는 안 될 것이며 개선(안)이 아닌 개악(안)을 국회에 제출한 보건복지부 장관을 비롯해 이

같은 발상을 한 부처의 장관, 관료에 대해서 엄중한 책임을 물어야 한다.

: 올해 국정감사에서 보건복지부 장관은 국민연금기금운용위원회 등 국민연금에 관련된 위원회에 가입자 대표가 과반수 이상 참여하도록 하여 독립성과 자율성을 높여야 한다는 대다수 의원들의 지적에 대해 분명히 가입자의 참여를 과반수 이상으로 확대하고 자율성, 독립성이 보장될 수 있도록 국정감사에서 지적된 사항들이 시정, 반영된 법안을 국회에 제출하겠다고 공언한 바 있다. 그러나 실제 제출된 정부(안)은 오히려 이전의 입법예고(안)보다도 개악된 것이며 이는 결국 국회와 국민을 우롱한 것이다.

2. 정부는 국회에 제출한 국민연금법 개악(안)을 즉각 철회해야 한다.

: 국민연금기금운용을 놓고 경제부처와 보건복지부가 줄다리기를 해온 것은 누구나 잘 알고 있는 사실이다. 경제부처가 기금운용의 권한을 가지거나 지속적으로 개입하려고 하는 목적은 뻔하다. 주식시장에, 경기부양에 기금을 손쉽게 동원할 수 있기 때문이다. 국회 보건복지위원회의 결의안 채택과 시민사회단체의 반대여론으로 국민연금기금운용위원회를 경제부처가 직접 장악하는 것은 무산되었지만 국회에 제출된 정부(안)에는 여전히 경제부처가 강력하게 개입하면서 자율성과 독립성을 침해하고 가입자의 참여를 제한하려는 의도가 강하게 배어 있다. 정부는 국민연금제도가 경제부처의 정책도구가 아니라 국민노후보장을 위한 사회보장제도라는 것을 다시 한번 인식하고 이번에 정부가 국회에 제출한 국민연금법 개악(안)을 즉각 철회해야 할 것이다.

3. 청와대는 국민연금 제도를 가입자로부터 빼앗고 정부의 도구로 전락시키려는 반개혁적 발상을 한 관련 부처 장관을 비롯해 관료들을 문책해야 한다.

2003. 11 5.

경제정의실천시민연합

공동대표 이종후 신용하 김정련 오경환

자료 번호 54

자료 제목 제244회 국회(임시회) 보건복지위원회 회의록(제1호(부록)) (부록 보존 부분)

자료 유형 국회 검토보고서

생 산 자 국회

생성 연도 2003년 12월 17일

정 부 노무현 정부

비 고 제16대 국회(2000. 5 .30.~2004. 5. 29.)

주요 내용

이 문서는 보건복지위원회 회의록의 부록 보존 부문으로 「국민연금기금운용위원회설치및운영에관한법률」안에 대한 검토보고서를 포함하고 있다. 한나라당 비례대표로 제16대 국회에 들어온 이원형 의원이 대표발의한 국민연금기금운용위원회의 상설화 및 독립기구화 건이다. 해당 위원회는 비상설 기구인데 국민연금 기금 운용에 있어 정부로부터의 중립성을 확보하고 가입자 이해관계를 더 잘 반영하기 위해 독립된 국가행정기구로 변경하자는 것이 이 의원안이다. 이 의원안은 정부 제출안과 비교 검토되었는데, 정부안의 경우 위원회를 상설화한다는 점에서는 같았지만, 그 형식에서 정부안은 보건복지부 소속의 행정위원회로, 이 의원안은 행정부에서 독립한 행정위원회로 상설화하도록 제안한다는 점에서 차이가 있다. 위원장의 경우 두 안 모두 민간전문가로 상정한다. 기금운용위원회의 독립 상설화안은 지금까지도 계속 논의 중이지만 결론을 내리지는 못하고 있다. 현재도 보건복지부 장관을 위원장으로 하는 비상설 기구로 운영되고 있다.

국민연금기금운용위원회설치및운영에관한법률안 검토보고

Ⅰ. 제안경위 및 주요내용

○ 2003년 11월 27일에 이원형의원이 대표 발의한 국민연금기금운용위원회설치및운영에관한법률안이 동년 11월 28일에 우리 위원회에 회부되었음.

○ 개정안은, 국민연금기금의 원활한 운용 및 이에 대한 계획 수립, 중장기 투자계획 수립, 운용현황 및 성과에 대한 평가감시업무를 수행하기 위해 현재 비상설기구로 운영되는 국민연금기금운용위원회를 상설화 하고, 현재 국민들의 불신과 오해가 많은 기금운용에 있어 정부로부터의 중립성, 가입자의 이해관계 반영에 충실하기 위한 독립된 국가행정기구로서의 기능과 함께, 공적연금으로서의 특성을 충분히 인지하고 기금운용의 사회적 합의를 통한 안정성과 더불어 전문성을 조화하기 위한 제도적 장치를 모색하려는 것임.

Ⅱ. 검토의견

-2-

1. 국민연금기금운용위원회를 독립된 행정위원회로 개편하는 문제

○ 제정안은 현재 보건복지부 소속하의 비상설기구인 국민연금기금운용위원회(이하 "위원회"라 한다)를 상설기구인 독립된 행정위원회로 만드는 것을 주요 골자로 하고 있음. 독립된 행정위원회로 개편함에 따라 위원회의 운영에 필요한 예산을 세입·세출예산으로 편성하거나 기금 운용수익금 중에서 독립하여 편성할 수 있도록 하고 있으며, 직무를 수행하기 위하여 필요한 규정을 제정할 수 있도록 하고 있음(안 제1조, 제2조).

○ 기금운용은 국민들의 불신과 오해가 많은 부분이기 때문에 최대한 중립적인 기구로 만들어야 한다는 점을 제정안의 주요 논거로 하고 있는 것으로 보여 짐.

○ 현재 운영되고 있는 위원회형태와 정부가 제출한 국민연금법개정안의 위원회형태와 본 제정안의 위원회형태를 구체적으로 비교해 보면 아래 표와 같음.

<국민연금기금 운용위원회 비교>

구분	현 행	정 부 안	의원입법(이원형)
법 적 성 격	○ **자문위원회(비상설)** - 심의 · 의결기능 보유 - 집행기능 미 보유	○ **행정위원회(상설)** - **심의 · 의결**기능 보유 - **집행기능 미 보유**	○ **독립 행정위원회(상설)** - 심의 · 의결기능 보유 - **집행기능 미 보유**
소 속	○ **보건복지부**	○ **보건복지부**	○ **행정부에서 독립**
위원장	○ **복지부 장관**	○ **민간 전문가**	○ **민간 전문가**
구 성	○ 위원장 포함 **21명** - 정부위원 : 5명 (재경부 · 농림부 · 산자부 · 노동부 · 예산처) - 관계기관 : 3명 (KDI · 연금공단 · 보사연) - 가입자단체대표 : 10명 (근로자대표 3, 사용자대표 3, 지역가입자대표 4) - 기타단체대표 : 2명 (소비자 · 시민단체)	○ 위원장 포함 **9명** - 위원장(정무직) : 1명 - **상임**(1급별정) : **1명** - 정부위원 : 3명 (재경부 · 복지부 · 예산처) - 단체추천 전문가 : **4명** (근로자 · 사용자 · 지역가입자 · 시민단체)	○ 위원장 포함 **17명** - 위원장(정무직) : 1명 - **상임**(정무직) : **3명** - 정부위원 : 3명 (재경부 · 복지부 · 예산처) - 단체추천 전문가 : **5명** (근로자 1, 사용자 1, 지역가입자 2, 시민단체 1) - **단체대표 : 3명** (근로자 · 사용자 · 시민단체) - **전문가 : 2명**
추 천 기 구		○ 국민연금정책협의회 - 의장 : 총리(관계부처 및 전문가로 구성)	○ **추천위** : 위원장, 상임 - 위원장 : 복지부장관 (재경 · 예산처, 4 단체) ○ **해당 단체** : 비상임
산 하 기 구	○ **실무평가위원회** - 21명(관계부처 국장, 단체 실무자 중심)	○ 분야별 **전문위원회** - 위원장이 위촉하는 관계전문가 ○ **사무국**	○ **3개의 국(투자정책, 성과분석, 준법감시)** - 상임위원이 국장겸임 - 각 국별로 전문위원회 설치(전문가) ○ **사무국**
집 행 조 직	○ **연금공단 소속** 부서	○ **연금공단 소속** 부서	○ **연금공단 소속** 부서

-3-

2. 위원회의 구성문제

○ 안은 위원장(정무직) 1인과 상임위원(정무직) 3인, 정부위원 3인, 단체추천 전문가 5인, 단체대표 3인, 전문가 2인 등 모두 17인의 위원으로 위원회를 구성하도록 하고 있음(안 제3조).

○ 가입자단체대표가 직접 위원회 구성에 참여하는 것에 대하여는 국가경제와의 조화, 전문성 강화 원칙 등을 고려하여 신중한 검토가 필요하다는 반대 견해가 있으나,

- 국민연금기금은 공적연금으로서 그 막대한 영향 때문에 사회적 합의에 의한 운용이 중요하고 수익률 제고가 최고의 목표가 아니며 안정성도 중요한 목표이고, 전문성 역시 필요하므로 사회적 합의와 전문성이 조화되는 방향으로 위원회 구성이 필요하다고 보여 짐. 이런 점에서 위원회 위원을 금융전문가로만 구성하지 않고 가입자 대표가 위원회 구성에 참여하도록 하는 제정안의 내용은 바람직하다고 사료됨.

3. 위원회의 기능에 관한 문제

-7-

-12-

<참고 1>

제안이유

국민연금기금의 원활한 운용 및 이에 대한 계획 수립, 중장기 투자계획 수립, 운용현황 및 성과에 대한 평가감시업무를 수행하기 위해 현재 비상설기구로 운영되는 국민연금기금운용위원회를 상설화하고, 현재 국민들의 불신과 오해가 많은 기금운용에 있어 정부로부터의 중립성, 가입자의 이해관계 반영에 충실하기 위한 독립된 국가행정기구로서의 기능과 함께, 공적연금으로서의 특성을 충분히 인지하고 기금운용의 사회적 합의를 통한 안정성과 더불어 전문성을 조화하기 위한 제도적 장치를 모색하고자 함.

주요골자

가. 국민연금의 기금관련 운용계획 및 정책을 수립·시행하고, 기금운용 현황 및 성과에 대한 평가 및 감독업무를 수행하기 위하여 국민연금기금운용위원회(이하 "위원회"라 한다)를 설치함(안 제1조).

나. 위원회는 그 권한에 속하는 업무를 독립하여 수행하며, 운영에 필요한 예산을 세입·세출예산으로 편성하거나 기금 운용수익금 중에

자료 번호 55

자료 제목 제262회 국회(정기회) 보건복지위원회 회의록(제10호)

자료 유형 국회 회의록

생 산 자 국회

생성 연도 2006년 11월 30일

정 부 노무현 정부

비 고 제17대 국회(2004. 5. 30.~2008. 5. 29.)

주요 내용

이 문서는 국민연금 2차 개혁법안 논의과정을 담은 국회 보건복지위원회 회의록이다. 제17대 국회(2004. 5. 20.~2008. 5. 29.) 보건복지위원회 위원이었던 초선의 유시민 의원은 이때 보건복지부 장관으로 참석했다. 노무현 정부 임기가 한 해 정도 남은 때 정치권은 국민연금 개혁을 중요 과제로 안고 있었다. 국민연금 2차 개혁은 2003년부터 2007년까지 법 개정 논의과정을 거쳤다. 2003년 재정계산이 처음 실시된 후 연기금 고갈에 대한 관심과 우려가 커지면서 2003년 정부안, 여당인 열린우리당, 야당인 한나라당과 민주노동당 안이 제출되었다. 야당은 기초연금 도입을 전제로 국민연금 급여율 인하 방안을 제시했다(오건호, 2007). 본 회의록은 「국민연금법」 개정 관련 안건과 청원안 총 33건과 이와 결부된 기초노령연금 지급 범위에 대한 위원 간 논의 내용을 담고 있다. 이날 열린우리당의 「국민연금법」 개정안 수정대안이 보건복지위원회를 통과했고 한 주 후인 12월 7일에는 「기초노령연금법」 제정안이 통과되었다. 당시 국민연금 개혁 관련 분석에 따르면(조기원 외, 2009), 2006년 보건복지위원회를 통과했던 법이 타 현안들에 대한 정당 간 갈등으로 법제사법위원회에 계류되어 있다가 이듬해 3월과 4월에 각각 법사위와 국회 본회의에 상정되었으나, 「기초노령연금법」만 가결되고 「국민연금법」은 부결되었다. 이후 사회적 비판에 부딪힌 정치권은 2007년 7월 3일 열린우리당, 한나라당, 민주노동당 안을 조정한 대안으로 가결했다.

및 공무원에 대한 교육훈련" 이렇게 수정하겠습니다.

다음은 의사일정 제10항 한국보건복지인력개발원법안에 대하여 소위원회에서 수정한 부분은 수정한 대로 박재완 위원님의 의견을 따라서 수정한 부분은 수정한 대로, 기타 부분은 원안대로 의결하고자 하는데 이의 없으십니까?

(「없습니다」 하는 위원 있음)

가결되었음을 선포합니다.

---

11. **國民年金法中改正法律案**(정부 제출)(계속)
12. **國民年金法中改正法律案**(장향숙 의원 대표발의)(장향숙·문학진·서병수·윤호중·김태홍·최규식·장복심·이상열·박상돈·정화원·김영춘·강혜숙·이미경·김원웅 의원 발의)(계속)
13. **國民年金法中改正法律案**(박성범 의원 발의)(박성범 의원 외 19인 발의)(계속)
14. **國民年金法中改正法律案**(장복심 의원 대표발의)(장복심·임채정·김한길·오제세·노현송·최규식·강혜숙·김기석·신국환·이영호·정성호·최용규·김태홍·김재윤·김우남·최철국·박상돈·이상락 의원 발의)(계속)
15. **國民年金法中改正法律案**(유시민 의원 대표발의)(유시민·장향숙·이광철·김원웅·김춘진·이상락·이목희·문병호·백원우·김재홍·이기우·이철우·김선미·이석현·강기정·임채정·유필우·정봉주·김태년 의원 발의)(계속)
16. **국민연금법개정에관한청원**(장향숙 의원의 소개로 제출)(계속)
17. **國民年金法中改正法律案**(정성호 의원 대표발의)(정성호·엄호성·이해봉·임채정·유재건·복기왕·신기남·이낙연·김재윤·정장선 의원 발의)(계속)
18. **國民年金法中改正法律案**(현애자 의원 대표발의)(현애자·심상정·노회찬·천영세·단병호·권영길·조승수·강기갑·최순영·이영순 의원 발의)(계속)
19. **國民年金法中改正法律案**(윤건영 의원 발의)(윤건영 의원 외 120인 발의)(계속)
20. **國民年金法 일부개정법률안**(엄호성 의원 대표발의)(엄호성·조경태·김문수·정의화·이혜훈·유기준·임태희·김양수·김효석·안경률·박승환·정청래 의원 발의)(계속)
21. **國民年金法 일부개정법률안**(김혁규 의원 대표발의)(김혁규·김태홍·엄호성·김양수·최규성·심재엽·정갑윤·최인기·우제창·채수찬·김종률·박승환·이영호·김명주·김재원·노영민·김태년·황우여·이재오·한광원·신학용·박재완·이목희·이시종·이계안·노현송·이원영·김정훈 의원 발의)(계속)
22. **國民年金法 일부개정법률안**(장향숙 의원 대표발의)(장향숙·정봉주·이목희·안민석·김재윤·김태홍·이원영·박상돈·이광철·김영춘·오제세·박찬석·김선미·강기정 의원 발의)(계속)
23. **國民年金法 일부개정법률안**(문병호 의원 대표발의)(문병호·유필우·이영호·김덕규·한광원·장향숙·이광철·이기우·이은영·신학용·정화원 의원 발의)(계속)
24. **國民年金法 일부개정법률안**(정형근 의원 대표발의)(정형근·김정권·김재원·이인기·엄호성·유승민·박세환·박재완·고조흥·안병엽·신상진·임해규·박찬숙·문희·이해봉 의원 발의)(계속)
25. **國民年金法 일부개정법률안**(안명옥 의원 대표발의)(안명옥·이인기·신학용·유기준·안택수·유정복·정성호·박상돈·배일도·이근식·서재관·안상수·고진화·김효석·윤건영·이계경 의원 발의)(계속)
26. **國民年金法 일부개정법률안**(강기정 의원 대표발의)(강기정·박기춘·김태홍·김우남·우제창·박상돈·신학용·강창일·홍미영·김동철·정성호·장향숙·김선미·김춘진·지병문·이석현 의원 발의)(계속)
28. **國民年金法 일부개정법률안**(이혜훈 의원 대표발의)(이혜훈·김명자·유기준·정문헌·정의용·배일도·이계경·박찬숙·최경환·신상진·진수희·이재오·김학송 의원 발의)(계속)
29. **國民年金法 일부개정법률안**(강기정 의원 대표발의)(강기정·강창일·구논회·김낙순·김덕규·김동철·김부겸·김선미·김영주·김우남·김재윤·김태년·김태홍·김혁규·김형주·김희선·노웅래·노현송·문병호·문석호·문학진·박기춘·박병석

·박찬석·백원우·변재일·서갑원·서혜석·심재덕·안민석·안병엽·양승조·양형일·염동연·오영식·우원식·우윤근·우제창·유기홍·유선호·유승희·윤원호·윤호중·이경숙·이계안·이광재·이광철·이근식·이기우·이목희·이미경·이석현·이시종·이원영·이은영·이인영·이종걸·임종석·임종인·장경수·장복심·장영달·장향숙·정봉주·정성호·정장선·정청래·조경태·조성래·조일현·주승용·지병문·최규성·최규식·최철국·한광원·한병도·홍미영 의원 발의)(계속)

30. **國民年金法 일부개정법률안**(이기우 의원 대표발의)(이기우·강기정·강창일·구논회·김낙순·김덕규·김동철·김부겸·김선미·김영주·김우남·김재윤·김태년·김태홍·김혁규·김형주·김희선·노웅래·노현송·문병호·문석호·문학진·박기춘·박병석·박찬석·백원우·변재일·서갑원·서혜석·심재덕·안민석·안병엽·양승조·양형일·염동연·오영식·우원식·우윤근·우제창·유기홍·유선호·유승희·윤원호·윤호중·이경숙·이계안·이광재·이광철·이근식·이목희·이미경·이석현·이시종·이원영·이은영·이인영·이종걸·임종석·임종인·장경수·장복심·장영달·장향숙·정봉주·정성호·정장선·정청래·조경태·조성래·조일현·주승용·지병문·최규성·최규식·최철국·한광원·한병도·홍미영 의원 발의)(계속)

31. **國民年金法 일부개정법률안**(윤호중 의원 대표발의)(윤호중·강기정·강창일·구논회·김낙순·김덕규·김동철·김부겸·김선미·김영주·김우남·김재윤·김태년·김태홍·김혁규·김형주·김희선·노웅래·노현송·문병호·문석호·문학진·박기춘·박병석·박찬석·백원우·변재일·서갑원·서혜석·심재덕·안민석·안병엽·양승조·양형일·염동연·오영식·우원식·우윤근·우제창·유기홍·유선호·유승희·윤원호·이경숙·이계안·이광재·이광철·이근식·이기우·이목희·이미경·이석현·이시종·이원영·이은영·이인영·이종걸·임종석·임종인·장경수·장복심·장영달·장향숙·정봉주·정성호·정장선·정청래·조경태·조성래·조일현·주승용·지병문·최규성·최규식·최철국·한광원·한병도·홍미영 의원 발의)(계속)

32. **國民年金法 일부개정법률안**(양승조 의원 대표발의)(양승조·강기정·강창일·구논회·김낙순·김덕규·김동철·김부겸·김선미·김영주·김우남·김재윤·김태년·김태홍·김혁규·김형주·김희선·노웅래·노현송·문병호·문석호·문학진·박기춘·박병석·박찬석·백원우·변재일·서갑원·서혜석·심재덕·안민석·안병엽·양형일·염동연·오영식·우원식·우윤근·우제창·유기홍·유선호·유승희·윤원호·윤호중·이경숙·이계안·이광재·이광철·이근식·이기우·이목희·이미경·이석현·이시종·이원영·이은영·이인영·이종걸·임종석·임종인·장경수·장복심·장영달·장향숙·정봉주·정성호·정장선·정청래·조경태·조성래·조일현·주승용·지병문·최규성·최규식·최철국·한광원·한병도·홍미영 의원 발의)(계속)

33. **國民年金法 일부개정법률안**(장복심 의원 대표발의)(장복심·강기정·강창일·구논회·김낙순·김덕규·김동철·김부겸·김선미·김영주·김우남·김재윤·김태년·김태홍·김혁규·김형주·김희선·노웅래·노현송·문병호·문석호·문학진·박기춘·박병석·박찬석·백원우·변재일·서갑원·서혜석·심재덕·안민석·안병엽·양승조·양형일·염동연·오영식·우원식·우윤근·우제창·유기홍·유선호·유승희·윤원호·윤호중·이경숙·이계안·이광재·이광철·이근식·이기우·이목희·이미경·이석현·이시종·이원영·이은영·이인영·이종걸·임종석·임종인·장경수·장영달·장향숙·정봉주·정성호·정장선·정청래·조경태·조성래·조일현·주승용·지병문·최규성·최규식·최철국·한광원·한병도·홍미영 의원 발의)(계속)

34. **國民年金法 일부개정법률안**(김선미 의원 대표발의)(김선미·강기정·강창일·구논회·김낙순·김덕규·김동철·김부겸·김영주·김우남·김재윤·김태년·김태홍·김혁규·김형주·김희선·노웅래·노현송·문병호·문석호·문학진·박기춘·박병석

·박찬석·백원우·변재일·서갑원·서혜석·심재덕·안민석·안병엽·양승조·양형일·염동연·오영식·우원식·우윤근·우제창·유기홍·유선호·유승희·윤원호·윤호중·이경숙·이계안·이광재·이광철·이근식·이기우·이목희·이미경·이석현·이시종·이원영·이은영·이인영·이종걸·임종석·임종인·장경수·장복심·장영달·장향숙·정봉주·정성호·정장선·정청래·조경태·조성래·조일현·주승용·지병문·최규성·최규식·최철국·한광원·한병도·홍미영 의원 발의)(계속)

35. 기초노령연금법안(강기정 의원 대표발의)(강기정·강창일·구논회·김낙순·김덕규·김동철·김부겸·김선미·김영주·김우남·김재윤·김태년·김태홍·김혁규·김형주·김희선·노웅래·노현송·문병호·문석호·문학진·박기춘·박병석·박찬석·백원우·변재일·서갑원·서혜석·심재덕·안민석·안병엽·양승조·양형일·염동연·오영식·우원식·우윤근·우제창·유기홍·유선호·유승희·윤원호·윤호중·이경숙·이계안·이광재·이광철·이근식·이기우·이목희·이미경·이석현·이시종·이원영·이은영·이인영·이종걸·임종석·임종인·장경수·장복심·장영달·장향숙·정봉주·정성호·정장선·정청래·조경태·조성래·조일현·주승용·지병문·최규성·최규식·최철국·한광원·한병도·홍미영 의원 발의)(계속)

36. 기초연금법안(현애자 의원 대표발의)(현애자·이영순·노회찬·심상정·천영세·단병호·권영길·강기갑·최순영·임종인 의원 발의)(계속)

37. 효도연금법안(유시민 의원 대표발의)(유시민·강기정·이기우·이목희·장향숙·안민석·문병호·강혜숙·임채정·김태년·유선호·강창일·제종길·노현송·김태홍·박상돈·이광철·정성호·안병엽·정봉주·서혜석·엄호성·유기홍·김형주·문석호 의원 발의)(계속)

38. 老人福祉法 一部改正法律安(유시민 의원 대표발의)(유시민·강혜숙·노현송·서재관·정봉주·김종률·안민석·박기춘·임채정·이광철·강기성·김영주·이경숙·이기우·김태홍·유기홍·유승희·이원영·신중식·장복심·김덕규·이석현·조일현·장향숙·정청래·백원우·김재홍·박명광·김태년·양형일·김선미·유필우·우제창·문병호 의원 발의)(계속)

(11시33분)

○위원장 김태홍 의사일정 제11항 정부가 제출한 국민연금법중개정법률안부터 의사일정 제38항 유시민 의원이 대표발의한 노인복지법 일부개정법률안까지 제27항을 제외한 안건을 일괄하여 상정합니다.

그러면 법안심사소위원장이신 강기정 위원님 나오셔서 그동안의 소위원회 중간 심사 결과를 보고하여 주시기 바랍니다.

○소위원장 강기정 예, 법안심사소위원회의 강기정입니다

국민연금법 개정 관련 안건에 대한 심사보고를 드리도록 하겠습니다.

현재 법안심사소위원회에 회부되어 심사 중이었던 국민연금법 개정 관련 안건은 총 31건이었고 청원안 2건 해서 33건입니다. 그중에 방금 제27항이 빠졌으니까 총 32건에 대해서 심사보고를 말씀드리겠습니다.

우선 그동안 보건복지위원회는 04년 11월 4일과 05년 6월 3일 두 차례의 공청회를 하여 전문가의 의견을 수렴했습니다.

그리고 05년 4월 25일 제253회 국회(임시회) 제4차 보건복지위원회에서 국민연금법개정심사특별소위원회를 설치·운영하기로 의결하였으나 활동의 구체적인 내용은 없습니다. 나아가 2005년 11월 16일 제256회 국회에서 국민연금제도개선특별위원회를 구성해서 총 세 차례에 걸친 전체회의와 분야별 소위원회 두 차례를 개최했으나 활동시한인 06년 2월 말까지 가시적 성과를 거두지 못하고 종료된 바가 있습니다.

그 이후 법안심사소위원회에서는 총 15회, 전반기 10회, 후반기 5회 등의 소위원회를 개최해서 국민연금법에 대한 심사를 진행하였습니다만 아직 최종 합의안을 도출시키지 못한 채, 대안을 만들지 못한 채 법안이 상정되었습니다.

보다 구체적인 내용에 대해서는 배부해 드린 유인물을 참조해 주시기 바라겠습니다.

이상입니다.

○위원장 김태홍 그동안 이 안건들의 처리를 위하여 2년여를 논의해 왔으나 여야 간 이견이 좁혀지지 않아서 11월 23일 오후 3시까지 심사 완

자료 번호 56

자료 제목 국민연금기금운용위원회 회의록(2008년도 제4차 회의록)

자료 유형 최고의사결정기구 회의록

생 산 자 보건복지부

생성 연도 2008년 6월 30일

정 부 노무현 정부

비 고 –

주요 내용

이 문서는 2008년 국민연금 기금운용위원회 회의록이다. 이 위원회는 기금 운용의 최고의사결정기구로 「국민연금법」 제103조 규정에 의해 1987년 설치되었다. 보건복지부 장관을 위원장으로, 가입자 대표 다수가 참여하고 관계전문가를 위원으로 위촉하도록 하고 있다. 그리고 제103조 제2항에서는 참석자 발언 내용이 전부 기록된 회의록을 보관하고 주요 내용을 요약해서 공개하도록 하고 있다. 회의록 역시 예외적인 안건이 포함된 경우를 제외하고는 회의 개최일로부터 1년이 지난 후 공개해야 한다. 해당 회의 참석자는 보건복지부 장관을 비롯해서 국민연금공단, 한국경영자총협회, 한국노총, 민주노총, 농협협동조합중앙회, 수산업협동조합중앙회, 한국공인회계사회, 한국음식중앙회, 참여연대, 한국개발연구원(KDI) 소속 위원들이다. 불참 위원까지 포함해 살펴보면 당시 위원회 구성을 확인할 수 있다. 심의안건은 2009년 국민연금기금 운용계획과 국민연금기금 성과평가보상지침에 대한 것이었는데, 특히 국민연금을 활용한 복지사업의 일환인 복지타운 건립 및 국민연금 회관 건립과 관련해 논의하면서 복지사업 수익률이 낮은 데다 국민연금이 복지사업까지 해야 하는가 하는 의견들이 오간다. 2009년 기대수익률을 7%로 잡은 데 대해 지나치게 높은 목표라고 보는 의견이 있었는데, 실제 2009년 운용수익률은 10.39%였다.

국민연금기금운용위원회 회의록

(2008년도 제4차 회의록)

1. 일　　시 : 2008년도 6월 30일(월) 07:34~09:18

2. 장　　소 : 프라자호텔 DIAMOND HALL (22층)

3. 참석위원 : 보건복지가족부 장관　　김성이 위원장
국민연금공단　　박해춘 위원
한국경영자총협회　　김영배 위원
한국노동조합총연맹　　백헌기 위원
민주노동조합총연맹　　허영구 위원
농협협동조합중앙회　　박원식 위원
수산업협동조합중앙회　　장병구 위원
한국공인회계사회　　장　영 위원
한국음식중앙회　　고인식 위원
참여연대　　임종대 위원
한국개발연구원　　현정택 위원
(이상 11명)

4. 불참위원 : 기획재정부　　최중경 위원
농림수산식품부　　정학수 위원
지식경제부　　임채민 위원
노동부　　정종수 위원

- 1 -

중소기업중앙회 장지종 위원

전국경제인연합회 이승철 위원

전국공공노동조합연맹 배정근 위원

(이상 7명)

한국보건사회연구원(공석중)

한국소비자단체협의회(공석중)

5. 배 석 자 : 보건복지가족부 연금정책관 박용주 (간사)

보건복지가족부 국민연금재정과장 이스란

국민연금관리공단 기금운용본부장 온기선

운용전략실장 한동주

성과평가보상전문위원(영남대교수) 원승연

성과평가보상전문위원(왓슨와이어트한국대표) 김광순

6. 심의안건 : 『2009년 국민연금기금 운용계획(안)』

『국민연금기금 성과평가보상지침(안)』

7. 보고안건 : 『헤지펀드 투자계획』(차기 회의에 보고)

『2008년도 국민연금 기금운용현황』(5월말 기준)

- 2 -

○ **현정택 위원** : 네.

○ **박용주 간사** : 그렇게 하도록 하겠습니다.

○ **위원장** : 다른 의견 있으시면 말씀을 해 주십시오. 허 위원님,

○ **허영구 위원** : 계속 복지타운 투자 계속 말씀을 하시는데 신규 여유자금의 1%에 한해서 복지투자를 하게 되어 있는 거고요. 거기에 비교해서 턱 없이 적은 금액인데 그렇게 볼 수는 있겠죠. 수백 조 앞으로 수천 조원의 기금운용을 하는 데 몇 백억 진짜 그런 것이 무슨 의미가 있느냐 다른 부분에서 정부예산에서 복지정책을 펴면 되는 것이지 국민연금에서 그런 별도의 사업이 필요하냐는 관점에서 볼 수 있는 것 같긴 한데, 저는 법 취지나 이런 것도 봐야 된다는 생각이 들고요. 그 부분을 여기서 계속적으로 그런 투자를 할 필요가 있느냐 하는 것도 문제가 있는 것 같기도 하고 그렇습니다. 그러면 법조항을 근본적으로 바꾸든지 그렇게 해야 될 문제인 것 같고요, 지난번에 말씀드렸기 때문에 그 정도로 말씀을 드리고요. 기대수익률 7%가 2013년까지 기금운용계획 하에서 2009년도 7%를 상정을 한 건데 지금 상황에서 보면 상반기도 국내외 주식시장도 그렇고 하반기에도 별로 나아질 것 같지 않은데 현실적으로 7% 목표가 굉장히 높다고 보여 지는 것 아니겠습니까. 특히 국내 상황은 정치적인 상황하고 겹쳐서 성장목표도, 일단 KDI에서도 다 하향으로 수정하고 있는데 주식도 최근에 하락하고 7%가 너무 높게 잡히면 올해 기대수익률이 4~5%로 낮아지더라도 내년에 그것을 보충할 수 있는 경기상승전망이나 주식시장이 나아진다

\- 9 -

○ **김영배 위원** : 신규조성의 경우에도요?

○ **이스란 과장** : 신규조성의 경우는 새로 매입을 하기 때문에 그렇지만 신규조성 금액 자체가 전체 200 몇 조에 비하면 74조밖에 되지 않고 채권에 관한 것은 더 적기 때문에 꼭 그게 아주 긍정적인 영향을 준다고 보기 어렵고요. 잘 모르겠습니다만 7%가 낮은 수준은 절대 아닙니다. 굉장히 높은 수준이고요, 굉장히 열심히 노력을 해야 달성할 수 있는 수준이고요. 성과평가 문제는 이외에 저희가 벤치마크가 있기 때문에 벤치마크 대비해서 얼마나 잘했느냐를 평가하기 때문에 이걸로만 딱 비교하는 것은 아니어서 아주 불균형적이라고 보기는 어려울 것 같습니다.

○ **위원장** : 여러 위원님 중에 7%가 낮다고 생각하시는 분도 계시고 다른 의견도 계시는 것 같아요. 혹시 자문위원으로 오셨지만 그냥 도움 말씀 주시면 해 주셔도 좋겠는데요. 원 선생님이나 김광순 대표님이나 의견을 주세요.

○ **원승연 전문위원** : 특별히 의견이라고 할 것은 없고요, 채권수익률과 관련해서는 capital gain과 income gain으로 나눠볼 수 있는데 income gain이라는 것은 이자를 얼마나 받느냐의 문제이고 capital gain은 채권의 가치가 얼마나 변하느냐 이런 문제인데요. 제가 올해 금리가 1%이상 올랐는데 현재 국민연금의 자산만기구조로 보면 이것은 저도 그냥 지난번에 자료를 보고 제가 guess를 해 보면 2.5~3%정도는 capital loss가 생길 것 같고요. 그런 점에서 올해 주식시장이나 채권시장의 전반적인 상

황을 보면 절대수익률을 달성하는 것은 제 개인적으로 보면 조금 불가능한 측면이 있다는 말씀이고요. 두 번째 성과평가측면에서는 두 가지가 있는데 절대수익률이라는 것이 하나의 평가기준이 되지만 또 하나는 연금본부로 보면 상대수익률을 어떻게 달성을 했느냐가 더 큰 기준이 되고 있습니다. 주어진 자산배분 하에서 연금운용본부가 주어진 벤치마크에서 얼마만큼 주식시장과 채권시장에서 초과수익을 달성을 했느냐 그것이 가장 중요한 평가기준이 되기 때문에 절대수익률 자체만을 놓고 그것이 엄격한 성과기준이다 그렇지 않다고 얘기하기에는 어려운 것 같습니다.

○ **위원장** : 대체적으로 7%가 괜찮다는 뜻인가요?

○ **원승연 전문위원** : 네, 그리고 하나만 더 말씀을 드리면 이게 중기적인 문제이기 때문에 한해의 경기전망이나 시장전망을 보고 판단하기에는 어려운 문제이고 중기적인 문제는 그대로 가야 될 것 같습니다.

○ **위원장** : 여러 위원님들이 이게 좀 더 잘 운용이 됐으면 하는 취지에서 말씀하신 걸로 알겠습니다. 그밖에 다른 의견이 있으시면 말씀을 해 주시죠. 특별히 다른 의견이 없으면 국민연금기금 운용계획(안)에 대해서 원안대로 의결하겠습니다.

다. 심의사항 : 『국민연금기금 성과평가보상지침(안)』

○ **위원장** : 다음은 의안 2008-9호 국민연금기금 성과평가보상지

- 13 -

자료 번호 57

자료 제목 제280회 국회(임시회) 법제사법위원회 회의록(제1호)

자료 유형 국회 회의록

생 산 자 국회

생성 연도 2009년 1월 12일

정 부 이명박 정부

비 고 제18대 국회(2008. 5. 30.~2012. 5. 29.)

주요 내용

이 문서는 제18대 국회의 법제사법위원회 회의록으로, 정부가 제출한 국민연금과 직역연금의 연계에 관한 법률안 심사를 둘러싼 위원 간 논의를 담고 있다. 특수직역연금 간에는 재직기간 합산제도가 있는데 국민연금과 이들 직역연금의 재직기간은 연계가 되지 않으므로 이를 개선하기 위한 법 개정안이다. 주로 논의된 부분은 연계급여에 소요되는 비용의 부족분을 국가가 지원할 수 있는 근거를 마련하여 국가재정 지원을 가능하도록 한 부분이었는데, 연계 대상이 되는 사람과 그렇지 않은 사람 사이에 불공평 문제가 발생하지 않는가 하는 점이었다. 해당 내용은 「국민연금과 직역연금의 연계에 관한 법률」 제28조에 급여 지급 소요 비용 부족분을 국가가 지원할 수 있다는 조항으로 통과되었다.

(제안설명서는 부록에 실음)

제48항의 법률안에 대해서 보건복지가족부장관 나오셔서 제안설명해 주시기 바랍니다.

○**보건복지가족부장관 전재희** 존경하는 유선호 위원장님, 그리고 위원님 여러분!

국민연금과 직역연금의 연계에 관한 법률안에 대하여 제안설명을 드리겠습니다.

먼저 제안이유를 말씀드리면, 공무원연금 사립학교교직원연금 군인연금 등 직역연금 간에는 재직기간을 합산할 수 있으나 국민연금의 가입기간과 직역연금의 재직기간은 상호 연계가 되지 않아 공적연금의 사각지대가 발생하는바 이를 해소하여 안정적 노후생활과 사회복지 증진을 도모하려는 것입니다.

다음으로 주요내용을 말씀드리겠습니다.

첫째, 각 연금제도의 기본 틀은 변경하지 아니하고 국민연금과 직역연금의 가입기간만 연계하여 각 연금기관이 가입기간을 기초로 급여를 산정·지급하는 것을 기본원칙으로 하였습니다.

둘째, 연계는 국민연금과 공무원 등 직역연금 가입기간을 합하여 20년 이상이면 되고 연계신청을 한 자가 60세가 되면 연계노령연금 및 연계퇴직연금을 사망하기 전까지 수급할 수 있도록 하였습니다.

셋째, 연계급여는 가입이력이 있는 기관 중 한 곳에 신청하면 신청받은 기관이 다른 관련 기관에 신청 사실을 알리고 자료를 협조하도록 하여 효율적인 업무 수행과 국민 편의 증진을 도모하도록 하였습니다.

넷째, 보건복지가족부에 연계급여심의위원회를 두어 연계에 관한 주요정책 사항을 결정하고 각 연금관리기관의 관할에 속하지 않는 연계급여에 관한 사항을 심의할 수 있도록 하였습니다.

이어서 국민연금과 직역연금의 연계에 관한 법률안에 대한 보건복지가족위원회의 수정사항을 말씀드리겠습니다.

연계급여에 소요되는 비용은 각 연금에서 지급하는 것을 원칙으로 하되 부족분을 국가가 지원할 수 있는 근거를 마련하였으며 연계대상기간으로서 국민연금 가입기간을 명확히 규정하는 등 기타 자구를 수정하였습니다.

아무쪼록 위 제정법률안의 취지를 깊이 헤아려 정부에서 제안한 바와 같이 제정될 수 있도록 심의 의결하여 주시기 바랍니다.

이상으로 제안설명을 마치겠습니다.

감사합니다.

○**위원장 유선호** 수고하셨습니다.

다음은 전문위원의 검토보고를 일괄해서 듣도록 하겠습니다.

○**전문위원 권기율** 식품위생법 전부개정법률안(대안)에 대하여 체계 및 자구를 검토한 결과를 보고드리겠습니다.

안 제9조 및 제7조와 관련된 사항입니다.

안 제7조제2항의 각 호는 동조 제1항 각 호와 동일한 내용을 중복하여 규정하고 있으므로 이를 간결하게 정리하였습니다. 제9조제1항 및 제2항도 마찬가지입니다.

다음, 안 제29조와 제39조 관련입니다.

안 제29조제2항과 제39조제2항은 경매 등의 방식에 따라 영업시설을 인수할 때의 절차를 규정한 것으로서 동일한 내용이 중복되는 부분이 있어 이를 수정 정리하였습니다.

다음, 안 제75조제6호와 동조 제8호의 경우에도 동일한 위반 내용을 중복하고 있어서 그 부분을 삭제하였습니다.

그 밖에 경미한 자구 수정이 있었습니다.

다음으로 국민연금과 직역연금의 연계에 관한 법률안에 대하여 체계 및 자구를 검토한 결과를 보고드리겠습니다.

이 법률안은 국민연금의 가입기간과 공무원연금 사립학교교직원연금 군인연금 등 직역연금의 재직·복무기간 간에 상호 연계를 인정하여 연계급여를 지급하려는 것으로서 검토결과 안 제29조에서 "제26조제3항 및 제4항을 위반하여 자료를 공개한 자는 1년 이하의 징역이나 500만 원 이하의 벌금에 처한다."고 규정하고 있으나 이 중 제26조제3항은 그 행위주체가 각 연금관리기관이므로 이에 대하여 징역형에 처할 수 없는 문제가 있으므로 제3항과 제4항의 위반사항을 각각 구분하여 규정하였습니다.

이상 2건의 법률안에 대한 보고를 마치겠습니다.

(이상 2건 검토보고서는 부록으로 보존함)

○**위원장 유선호** 수고하셨습니다.

다음은 대체토론의 순서입니다.

질의하실 위원 계십니까?

○**우윤근 위원** 간단히 하나 물어보겠습니다.

○**위원장 유선호** 예, 우윤근 위원님!

○**우윤근 위원** 장관님!

○**보건복지가족부장관 전재희** 예.

○**우윤근 위원** 국민연금과 직역연금의 연계에 관한 법률의 제정 취지는 충분히 공감합니다.

다만 제가 하나 궁금한 것은 연금을 연계하면 최소가입기간을 충족시키지 않더라도 연계해서 한다는 것 아닙니까?

○**보건복지가족부장관 전재희** 그렇습니다.

○**우윤근 위원** 그 취지는 충분히 이해를 하는데요. 그러면 개별연금제도의 취지, 이를테면 장기근무자 또는 장기 가입함으로써 연금을 받도록 하는 개별연금제도의 취지하고 조금 안 맞지 않는가 하는 그런 의문이 들어서요.

○**보건복지가족부장관 전재희** 원래는 연계하지 않을 경우에는 각……

○**우윤근 위원** 차이가 나죠?

○**보건복지가족부장관 전재희** 20년 이상 근무해야 연금을 받는데 앞으로는 급속한 고령화가 진행되기 때문에 직장을 이동한 경우에도 연계해서 받도록 하는 것이기 때문에 위원님이 지적하시는 바와 같은 문제점이 일부 있지만 그보다 더 중요한 것은 노후생활을 국가가 하는 연금을 통해서 보장한다는 실익이 더 크기 때문에 그 쪽을 택했다고 보시면 되겠습니다.

○**우윤근 위원** 예, 알겠습니다.

○**위원장 유선호** 이한성 위원님!

○**이한성 위원** 약간 의문이 좀 들어서요.

연계노령연금 및 연계노령유족연금 급여 지급에 소요되는 비용을 국민연금법에 따라서 충당할 수 없는 경우에 국가 예산으로 이렇게 한다고 했지요?

○**보건복지가족부장관 전재희** 예, 지원할 수 있는 근거규정을 두었습니다.

○**이한성 위원** 그래서 국가 예산으로 지원한다면 일반 급여받는 사람하고 국가 예산으로 지원을 받는 사람하고 형평에 문제되는 것 아닙니까? 말하자면 재직 중에 기여금을 낸 만큼 받는 게, 그 기여금을 낸 비율에 따라서 받지 않겠습니까?

○**보건복지가족부장관 전재희** 예.

○**이한성 위원** 그런데 이렇게 국가 지원이 필요하다면 연계 안 받는 사람하고 연계가 되는 사람하고 사이에 국가재정 지원을 받는 사람이 생김으로써 불공평 문제가 발생하는 것 아닙니까?

○**보건복지가족부장관 전재희** 지금도 국민연금법에서 운영경비는 국가가 지원할 수 있도록 되어 있습니다. 그런데 특별히 연계에 관련되어서 국가가 지원할 수 있는 근거규정을 둔 것은 그동안에는 20년이 안 되면 이 사람들이 반환일시금만 받고 연금을 안 받습니다. 실제 수급자에게는 연금이 훨씬 이익이기 때문에 그 추가되는 비용을 전체적으로 가입자에게 균분시킬 것이냐 아니면 국가가 일부 부담할 것이냐 하는 관점에서 국가가 일부 부담하는 것이 가입자에게 덜 부담을 지운다는 측면에서 지원규정을 둔 것입니다.

그리고 실제에 있어서 20년 이상 받은 사람은 국가가 지원해 주면 자기가 받은 것에서 지금 이걸로 인해 가지고, 기이 가입한 사람이 하향조정되는 것이 없기 때문에 별문제가 없다고 생각합니다. 그래서……

○**이한성 위원** 그래서 해당되지도 않는 사람이 연계받음으로써 해당자도 되고 그리고 그걸 국민연금기금으로 충당할 수 없을 때에는 예산의 지원을 받는데 그러면 다른 사람에 비해서는 과잉혜택을 받는 그런 불공평 문제가 발생하지 않느냐 이게 의문이 들어서 그랬습니다.

○**보건복지가족부장관 전재희** 가장 중요한 것은 이겁니다. 결과적으로 노후의 어떤 소득체계를 마련해 주지 않으면 그 사람들은 오히려 기초생활보장대상자로 떨어져 가지고 일반국민들의 세금으로 엄청난 비용 부담을 해 주어야 되기 때문에 이런 공적 노후소득을, 연금을 연계해서 해주는 것이 오히려 장래 국가의 사회적 비용을 줄인다는 측면에서 저는 국가로 봐서도 이익이라고 생각이 됩니다.

○**이한성 위원** 뜻은 좋은 뜻인데 그게 기여금 낸 사람하고 기여금을 덜 냈음에도 불구하고 이렇게 연계 상태에서 국가재정 지원을 받는 사람하고 불공평 문제가 발생한다……

○**보건복지가족부장관 전재희** 그런데 어떻게 돼 있냐면 이렇습니다.

예를 들어서 공무원연금을 15년 들고 국민연금을 5년 들면 15년은 공무원연금에서 계산해서 주고 5년만 국민연금에서 매년 1%씩 주기 때문에 실제로 차등이 없습니다. 그냥 국민연금으로 주는 게 아니고 공무원연금에서 10년 국민연금에서 10년이면 이쪽에서 10년 것을 계산해서 주고 또 국민연금에서 10년 해서 주기 때문에 실제 그걸로 인해서 제대로 낸 분이 차별을 받는 일은 없습니다. 다만 국고 지원을 안 해 줬을 경우에 가입자에게 일부 부담이 전가될 수는 있습니다.

○**이한성 위원** 그 부족분을 국가의 예산에서 한다니까 기여금보다 더 많이 받는 그런 불공평 문

자료 번호 58

자료 제목 국민연금 기금운용 프로세스 현황 분석 및 개선방향: 자산배분 프로세스를 중심으로

자료 유형 주무부처 산하 연구기관 간행물

생 산 자 박태영(국민연금연구원)

생성 연도 2009년 4월

정　　부 이명박 정부

비　　고 국민연금공단 정책보고서, 2009-04

주요 내용

이 문서는 국민연금연구원에서 발간한 정책보고서 가운데 하나로 국민연금 기금운용 절차를 분석하고 개선방향을 제시하고 있다. 국민연금연구원은 1993년과 1994년 국회 국정감사에서 전문 연구기관 설치 필요성을 지적받으면서 기관 설립 논의가 본격화되어, 기금운용연구실에서 시작해 1996년 국민연금연구센터로, 2004년 국민연금연구원으로 변화해 왔다. 당초 연구직 7명과 일반직 5명으로 시작된 연구실에서 2021년 현재 연구직 42명과 일반직 11명으로 규모가 커졌다. 연구원에서는 연구보고서, 조사보고서, 정책보고서의 보고서를 발간하고 있는데, 이 가운데 정책보고서는 현실 문제에 대한 해결책을 모색하여 정책 활용도를 우선한 보고서이다(국민연금연구원 홈페이지). 본 정책보고서는 국민연금 기금 운용은 네 단계 프로세스로 나눠지는데, 자산 배분 목표를 5년 이후로 잡고 매년 이를 조정하고 있어 장기 재정안정에 부합하지 않는다고 본다. 기금의 자산-부채 분석(ALM)을 수행하여 제도 운용과 기금 운용 관련 정책을 결정할 필요가 있다고 제안한다.

목차

- i -

– ii –

관관계의 추정, ④최적자산구성의 선택의 4가지 단계를 거쳐 실행

2. 국민연금기금의 특성과 운용체계

○ 첫째, 기금의 축적·소진이 단기간에 매우 급격히 이루어짐
- 국민연금기금의 적립금 추이를 보면 2043년까지 향후 35년간 2,465조원까지 급격히 증가한 이후 2060년까지 17년 만에 급격히 소진되는 구조임
- 이러한 기금의 급격한 적립·소진 구조는 기금운용에 있어 장기적 유동성이 매우 중요함을 나타냄

○ 둘째, 국민연금기금은 단일 경제체제에서 차지하는 비중이 매우 커서 2029년부터 GDP의 50%를 넘어설 것으로 추산

○ 셋째, 국민연금은 국가가 지급을 보증하는 확정급여방식의 공적연금임

○ 또한, 기금지배구조는 연금기금의 지속가능성(sustainability)과 더불어 연금개혁의 한 고리로서 매우 중요
- 장기적으로 안정적인 급여지급이라고 하는 기금의 목적을 달성하기 위하여 기금운영정책을 결정하고 자산배분을 정하는 데에 있어서 기금지배구조에 많은 영향을 받게 됨

3. 관련문헌

○ Black(1989)은 포트폴리오 운용에 있어서 연금부채를 헤지하기 위하여 과연 주식이 반드시 필요한가 하는 근원적인 문제를 처음 제기
- 최적의 자산조합이 무엇인가에 대한 의문에 대하여 Black은

2. 개선방향

○ 재정관련 목표와 관리지표의 선정

- 기금의 운용목표는 국민연금재정의 장기적 안정유지와 기금운용수익의 증대에 있으나, 현재 목표수립방식은 중기 기금운용수익률 제고에 더 비중이 맞추어져 있어 재정안정성과의 연결고리가 취약
- 기금운용의 목표설정은 단순히 명목경제성장률을 좇아가는 방식보다는, 기여율정책 등과 연계하여 어떤 장기 재정안정화 목표를 달성할 수 있도록 수립하는 방식이 제도의 지속성 확보에 보다 효과적이 될 수 있음
- 연금부채를 인식하고 재정안정도를 평가하면서 재정관련 목표와 기금운용 목표를 설정하기 위하여 ALM 분석을 하면 그 산출물로서 적립비율(funding ratio), 적립배율(reserve ratio), 투자레버리지, 기금소진시점과 같은 관리지표가 생성
- 재정위험과 기금운용에서 달성가능한 목표수익률을 종합적으로 판단하여 정책적인 의사결정을 내리기 위해서는 이러한 관리지표들이 필수적이며, 실제 장기 운용목표 및 중기기금운용 계획을 수립하기에 앞서 어떤 관리지표를 주기준과 보조기준으로 사용할 것인지 선택이 필요

○ ALM 분석과 Norm 포트폴리오 설정

- 캐나다 CPP의 사례에서 보듯이 중기 자산배분에 앞서 기금운용 프로세스에서 기초가 되는 기준포트폴리오(Reference Portfolio)와 같은 저비용 단순구조의 전략적 대안으로서의 모델포트폴리오가 우선 설정되는 것이 바람직함
- 이러한 Norm 포트폴리오를 설정하는 과정은 단순하지는 않을 것이며 많은 이해관계자 간에 논의와 합의가 선행되어야 할 것임

- xvi -

자료 번호 59

자료 제목 국민연금법(법률 제9691호) 개정이유, 개정문

자료 유형 법률

생 산 자 국회

생성 연도 2009년 5월 21일

정 부 이명박 정부

비 고 제18대 국회(2008. 5. 30.~2012. 5. 29.)

주요 내용

이 문서는 사회보험료 징수업무를 국민건강보험공단으로 일원화하는 것과 관련한 「국민연금법」 개정이유와 개정문이다. 사회보험 징수업무 일원화로 시민 불편과 행정비용을 줄여야 한다는 목소리는 1990년대 말부터 있어 왔지만, 실제로 그것을 정부 방침으로 내놓은 것은 2006년 노무현 정부였다. 하지만 이에 4대 사회보험 공단 노조가 강한 반대 입장을 표명하고 공동 대응에 나서면서 그것은 현실화되지 못했다(한국경제, 2006. 8. 17.). 행정비효율성에 대한 지적이 커지자 국세청 또는 건강보험공단으로의 징수업무 일원화가 논의되던 중 이명박 정부에서 건강보험공단이 통합 징수업무를 맡고 보험료 산정 등 여타 업무는 국민연금공단이 유지하는 것으로 법 개정이 이뤄졌다. 이 사회보험료 징수업무에 대한 논의가 다시금 새로이 시작된 것은 문재인 정부에서 전 국민 고용보험의 단계적 추진을 공식화하면서이다. 조세행정과 사회보험행정이 이원화되어서는 정확한 소득정보를 파악하기 어렵다는 문제 제기와 함께 사회보험료 징수를 국세청으로 일원화하자는 지적이 나오고 있다(한겨레, 2020. 7. 8.).

국민연금법

[시행 2011. 1. 1] [법률 제9691호, 2009. 5. 21, 일부개정]

개정이유

[일부개정]

◇개정이유

사회보험의 보험료 징수업무는 성격이 유사함에도 불구하고 개별적으로 운영되어서 국민의 불편을 초래하고 사회보험의 비효율이 발생하는 원인이 되고 있으므로, 사회보험료 징수업무를 국민건강보험공단으로 일원화하는 데 필요한 사항을 정하려는 것임.

◇주요내용

가. 연금보험료 징수업무를 국민건강보험공단에 위탁하고, 국민연금공단은 연금보험료 부과업무를 수행하도록 함(법 제25조제2호, 법 제88조제1항 신설).

나. 국민건강보험공단이 연금보험료 징수업무를 수행하는 데 소요되는 비용은 국민연금기금운용위원회의 의결을 거쳐 국민연금기금에서 출연하고 국고에서 일부 부담하는 근거를 마련함(법 제87조, 법 제102조의2 신설).

다. 동일한 사업장의 사용자가 2명 이상인 경우 사업자는 연금보험료를 연대하여 납부하도록 의무를 부과하고 해당 사용자 중 1명에 대한 고지·독촉의 효과는 다른 사용자에게 미치도록 함(법 제88조의2제4항·제90조제3항 및 제95조제3항 신설).

라. 연금보험료의 징수와 관련한 국민건강보험공단의 처분에 대한 이의신청을 심사하기 위하여 국민건강보험공단에 징수심사위원회를 설치함(법 제108조 및 제109조).

개정문

국회에서 의결된 국민연금법 일부개정법률을 이에 공포한다.

대통령 이 명 박 (인)

2009년 5월 21일

국무총리 한 승 수

국무위원 보건복지가족부 장관 전 재 희

⊙법률 제9691호

국민연금법 일부개정법률

국민연금법 일부를 다음과 같이 개정한다.

제17조제3항 전단 중 "국민연금공단이"를 "「국민건강보험법」 제12조에 따른 국민건강보험공단(이하 "건강보험공단"이라 한다)이"로 하고, 같은 항 후단 중 "국민연금공단"을 "건강보험공단"으로 한다.

제25조제2호 중 "징수"를 "부과"로 한다.

제47조제1항 중 "연금보험료와 대여금"을 "대여금"으로 한다.

제57조제3항 중 "환수할 금액"을 "환수할 금액(이하 "환수금"이라 한다)"으로 한다.

제57조의2를 다음과 같이 신설한다.

제57조의2(환수금의 고지, 독촉 및 체납처분 등) ① 공단은 제57조제1항 및 제2항에 따라 환수금을 징수하려면 기한을 정하여 환수할 금액, 납부 기한 등을 적은 문서로써 납입의 고지를 하여야 한다.

② 공단은 제1항에 따른 고지를 받은 자가 그 기한까지 환수금을 내지 아니하면 기한을 정하여 대통령령으로 정하는 바에 따라 독촉하여야 한다.
③ 공단은 제2항에 따른 독촉을 받은 자가 그 기한까지 환수금을 내지 아니하면 보건복지가족부장관의 승인을 받아 국세 체납처분의 예에 따라 이를 징수할 수 있다. 이 경우 체납처분과 관련하여서는 제95조제5항·제6항을 준용하고, "건강보험공단"은 "공단"으로 본다.

제87조 중 "공단"을 "공단 및 건강보험공단"으로 한다.

제88조의 제목 "(연금보험료의 징수)"를 "(연금보험료의 부과·징수 등)"으로 하고, 같은 조 제1항 중 "사용자로부터"를 "사용자에게"로, "징수한다"를 "부과하고, 건강보험공단이 이를 징수한다"로 하며, 같은 조 제1항부터 제3항까지를 각각 제2항부터 제4항까지로 하고, 같은 조에 제1항을 다음과 같이 신설한다.
① 보건복지가족부장관은 국민연금사업 중 연금보험료의 징수에 관하여 이 법에서 정하는 사항을 건강보험공단에 위탁한다.

제88조의2를 다음과 같이 신설한다.
제88조의2(납입의 고지 등) ① 건강보험공단은 공단이 제88조에 따라 연금보험료를 부과한 때에는 그 납부 의무자에게 연금보험료의 금액, 납부 기한, 납부 장소 등을 적은 문서로써 납입의 고지를 하여야 한다. 다만, 제89조제4항에 따라 연금보험료를 자동 계좌이체의 방법으로 내는 기간 동안에는 이를 생략할 수 있다.
② 건강보험공단은 납부 의무자의 신청이 있는 경우에는 제1항 본문에 따른 납입의 고지를 전자문서교환방식 등에 의하여 전자문서로 할 수 있다. 이 경우 전자문서 고지에 대한 신청 방법·절차, 그 밖에 필요한 사항은 보건복지가족부령으로 정한다.
③ 건강보험공단은 제2항에 따라 전자문서로 고지한 경우 보건복지가족부령으로 정하는 정보통신망에 저장하거나 납부 의무자가 지정한 전자우편주소에 입력된 때에 그 납부 의무자에게 도달된 것으로 본다.
④ 제90조제3항에 따라 연금보험료를 연대하여 납부하여야 하는 자 중 1명에게 한 고지는 다른 연대 납부 의무자에게도 효력이 있다.

제89조제4항 중 "공단은 납부 의무자"를 "납부 의무자"로 하고, 같은 조 제5항 및 제6항 중 "공단"을 각각 "건강보험공단"으로 한다.

제90조의 제목 "(연금보험료의 원천공제 납부)"를 "(연금보험료의 원천공제 납부 등)"으로 하고, 같은 조 제1항 중 "공단에 내야"를 "내야"로 하며, 같은 조에 제3항을 다음과 같이 신설한다.
③ 해당 사업장의 사용자는 법인이 아닌 사업장의 사용자가 2명 이상인 때에는 그 사업장가입자의 연금보험료와 그에 따른 징수금을 연대하여 납부할 의무를 진다.

제93조 본문 중 "공단"을 "건강보험공단"으로 한다.

제95조의 제목 "(연금보험료의 독촉 및 체납처분)"을 "(연금보험료 등의 독촉 및 체납처분)"으로 하고, 같은 조 제1항부터 제5항까지 중 "공단"을 각각 "건강보험공단"으로 하며, 같은 조 제1항 및 제3항 중 "연금보험료나 그 밖의 이 법에 따른 징수금"을 각각 "연금보험료와 그에 따른 징수금"으로 하고, 같은 조 제3항부터 제5항까지를 각각 제4항부터 제6항까지로 하며, 같은 조 제5항(종전의 제4항) 중 "제3항"을 "제4항"으로 하고, 같은 조 제6항(종전의 제5항) 중 "제4항"을 "제5항"으로 하며, 같은 조에 제3항을 다음과 같이 신설한다.
③ 제90조제3항에 따라 연금보험료를 연대하여 내야 하는 자 중 1명에게 한 독촉은 다른 연대 납부 의무자에게도 효력이 있다.

제96조 중 "제95조"를 "제57조의2, 제88조의2 및 제95조"로, "제8조"를 "제8조(같은 조 제2항

자료 번호 60

자료 제목 국민연금의 장애연금제도 개선방안 연구

자료 유형 주무부처 산하 연구기관 간행물

생 산 자 이용하·김원섭·신경혜(국민연금연구원)

생성 연도 2010년

정 부 이명박 정부

비 고 국민연금연구원 정책보고서, 2010-03

주요 내용

이 문서는 국민연금 내 장애연금의 문제 전반을 검토하고 개선방안을 모색한 국민연금연구원의 정책보고서이다. 장애급여수준의 적정성, 장애 인정범위, 가입자 간 형평성, 근로복귀 보장기능의 미흡, 장애인연금이나 기초생활보장제도와의 기능 중복 등을 다룬다. 독일, 미국, 캐나다, 영국, 일본의 선진제도를 벤치마킹하고자 각국 제도를 분석하고 우리나라 장애연금의 각 현안에 대한 제도적용 가능성을 타진하고 있다. 결과적으로 국민연금의 장애연금이 국제 수준과 비교할 때 후진성을 보인다고 판단하면서 장애범주를 포괄적·보편적으로 재정의하고, 등급별 연금지급률을 상향 조정할 것을 제안한다. 또한, 가입자 간 형평성을 제고하기 위해 가입기간 관련 규정을 조정하고, 재활서비스를 도입해 근로복귀 보장기능을 제고할 것을 제안한다. 그리고 중복 영역이 있는 장애인연금의 경우 재분배 및 최저보장제도로 기능하는 장애연금과는 달리 배타적으로 순수 복지연금으로 기능하도록 해야 한다고 본다.

16 국민연금의 장애연금제도 개선방안 연구

○ 장애연금의 급여수준

- 장애연금은 기본연금액과 부양가족연금액으로 구성
  - 후자는 배우자('09년 연 214,860원) 및 자녀와 부모(각각 연 143,220원)을 지급. '09년 A값 대비 각각 약 1.0%, 0.7% 상당
  - 기본연금액은 2.4~1.2 (A+B) (1+0.05n)이라는 산식에 의해 결정되며, 20년 미만 가입한 경우 20년으로 간주하여 산정
  - 장애등급별 지급율: 1급 기본연금의 100%, 2급 80%, 3급 60%
- '09년 장애연금의 평균수급월액은 장애등급에 따라 315천원~507천원이며, 전체적으로 평균 373천원, 이는 A값 대비 21% 수준.

□ 장애연금의 문제점

○ 수급권의 보편성 문제

- 장애연금의 보편성은 다양한 수급율 지표로 표현됨. 1) 근로가능인구 대비 연금수급자의 비율, 2) 근로가능연령대의 장애인 중 연금수급자의 비율 혹은 3) 노령연금수급자 대비 장애연금수급자의 비율 등
- 이 중 본 연구는 노령연금 대비 상대적 보편성 및 관대성을 잘 나타내주는 세 번째 지표 활용하여 분석함.

〈표〉 노령연금 대비 장애연금 수급자 비율의 장기 추이

(단위: 천명, %)

구 분	노령(A)	장애(B)	B/A
2010	2,060	99	4.82
2020	3,393	195	5.74
2030	5,720	261	4.57
2040	8,653	283	3.28
2050	10,833	270	2.49
2060	11,120	233	2.10
2070	10,072	191	1.90
2078	8,653	167	1.93

자료: 국민연금공단 연구원 내부자료

○ 기타 장애보장제도와의 조화 및 적정 역할분담 문제

- 특히 2010.7월부터 시행중인 '장애인연금'이 국민연금과 상호 배타적인 순수복지연금도 아니고 최저보장제도도 아닌 애매한 성격의 제도로 도입
- 이로 인해 특히 제도간 역할 중복과 충돌 문제가 대두되고 있어 장애인연금의 역할 재정립 과제, 장애판정기준의 일원화 문제와 함께 중추적인 장애보장제도로서의 국민연금의 역할 강화가 요구되고 있음.

[그림] 장애연금과 장애인연금간 관계

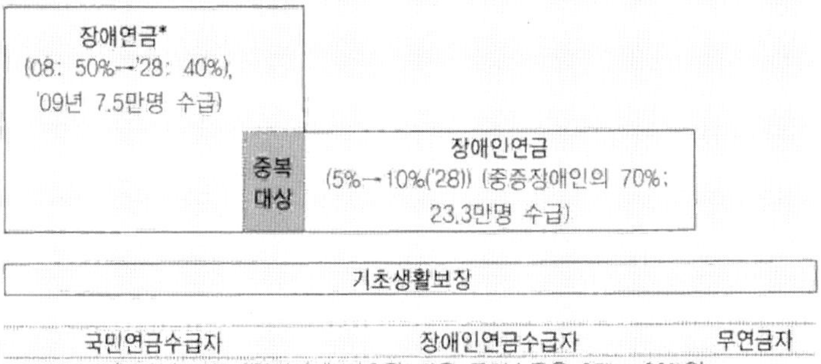

* 20년 기준가입기간에 기초할 경우 급여수준은 25%→20%임.

Ⅲ. 선진외국의 장애연금 사례분석

□ 독일

○ 장애인 소득보장제도 개관

- 크게 공적연금인 AR과 노인 장애인기초보장제도(Grundsicherung im Alter und bei Erwerbsminderung: GAE)로 구성

24 국민연금의 장애연금제도 개선방안 연구

□ 미국

○ 장애인소득보장제도 개관

- 크게 공적연금(OASDI)와 노인·장애인을 위한 보충적 기초생활보장제도(SSI; Supplemental Security Income)로 구성
- 노령과 장애위험의 보장체계는 동일

[그림] 미국의 장애보장과 노령보장 체계 비교

장애보장		노령보장
OASDI (비례: 소득대체율 40%)	1층	OASDI (비례: 소득대체율 40%)
SSI	0층	SSI
장애보장	=	노령보장

○ 장애연금의 수급요건

- (연령요건) 노령연금 수급개시연령(66세) 이전에 장애발생
- (장애요건) 장애란 최소한 1년 이상 지속되거나 사망에 도달할 수 있는 육체적 및 정신적 질환의 결과로서 기초적 소득(10년 월 1,000달러)조차도 취득할 능력이 없는 경우로 정의
  - 의학적 질환의 범주에는 육체적, 정신적 그리고 사회심리적 질환까지 포함
  - 장애는 의학적 상태, 개인의 연령, 교육, 근로경력 등 개인적 상황이 근로능력에 미치는 영향을 고려하여 판정
  - 장애는 완전(중증)장애일 경우에만 인정되며 부분장애는 인정하지 않음. 완전장애라도 소득이 월 1000달러 이상이면 장애불인정

자료 번호 61

자료 제목 제3차 국민연금 재정계산을 바탕으로 한 국민연금 종합운영계획안

자료 유형 주무부처 보고서

생 산 자 보건복지부

생성 연도 2013년 10월

정 부 박근혜 정부

비 고 –

주요 내용

이 문서는 보건복지부에서 내놓은 세 번째 국민연금 종합운영계획안이다. 1998년과 2007년 두 차례 국민연금제도 개혁 이후 1998년 도입된 재정계산제도를 토대로 2003년과 2008년, 그리고 2013년에 재정계산을 추진했다. 그런데 여기에서 먼저 자료 내용이 도출되기까지의 제도적 절차를 확인할 필요가 있다. 「국민연금법」 제4조는 보건복지부 장관이 5년마다 국민연금 재정수지를 계산하고 국민연금 운영계획을 수립할 것을 규정하고 있다. 재정추계위원회는 재정계산을 수행하고, 제도발전위원회와 기금운용발전위원회는 「국민연금 종합운영 개선방향」을 보건복지부 장관에게 제출한다. 이후 국민연금심의위원회에서 「국민연금 종합운영계획안」을 상정·심의하고 차관과 국무회의를 거쳐 최종적으로 대통령에게 승인을 받게 되는데, 본 계획안은 이 같은 제도적 절차를 거쳐 발간된 계획안이다. 계획안은 재정안정성, 급여적절성, 기금 운용 등을 중심으로 구성된다. 2013년 계획안에서는 국민연금 기금의 수지적자 발생 시기를 2044년으로 내다보았으나 장기재정목표와 재정운영방식에 대한 합의가 어려운 상황이므로 제4차 재정계산을 수행하는 2018년 이전까지 해당 사항에 대한 합의가 필요하다고 본다. 기금운용의 경우 해외자산과 대체투자 확대 등 투자 다변화를 추진하고 전문 인력의 안정적 고용 및 증원을 추진해 나갈 계획을 담고 있다.

2. 추진 경과

○ **(위원회 구성)** 재정계산 추진의 대표성 및 전문성 확보를 위해 대표단체와 전문가로 구성된 **「국민연금 재정추계위원회」, 「국민연금 제도발전위원회」, 「국민연금 기금운용발전위원회」**를 구성·운영 ('12.6)

* 국민연금 재정추계위원회('12.6~'13.5) : 국민연금의 장기 재정추계
* 국민연금 제도발전위원회('12.10~'13.9) : 국민연금 제도의 전반적 발전방향 마련
* 국민연금 기금운용발전위원회('12.10~'13.9) : 국민연금 기금운용의 전반적 발전방향 마련

○ **(재정계산 추진계획 수립)** 국민연금심의위원회에 제3차 국민연금 재정계산 추진계획 보고 ('13.1)

○ **(재정추계 완료)** 재정추계위원회는 **장기재정추계 완료** 후 그 결과를 보건복지부장관에게 보고 ('13.3)

* 국민연금 기금은 2044년에 수지적자 발생, 기금 보유 시기는 2060년

○ **(공청회 개최)** 장기재정추계 결과를 바탕으로 한 **'국민연금 제도 및 기금운용 개선방향'**에 관한 공청회 개최 ('13.8)

○ **(건의안 제출)** 제도발전위원회와 기금운용발전위원회는 **「국민연금 종합운영 개선방향」** 건의안을 보건복지부장관에게 최종 제출 ('13.8)

○ **(심의위원회 심의)** 국민연금심의위원회에 「국민연금 종합운영계획안」 상정·심의 ('13.9)

○ **(대통령 승인)** 차관·국무회의에 「국민연금 종합운영계획안」 상정·심의 후 대통령 승인 ('13.10)

〈제3차 국민연금 재정계산 추진체계〉

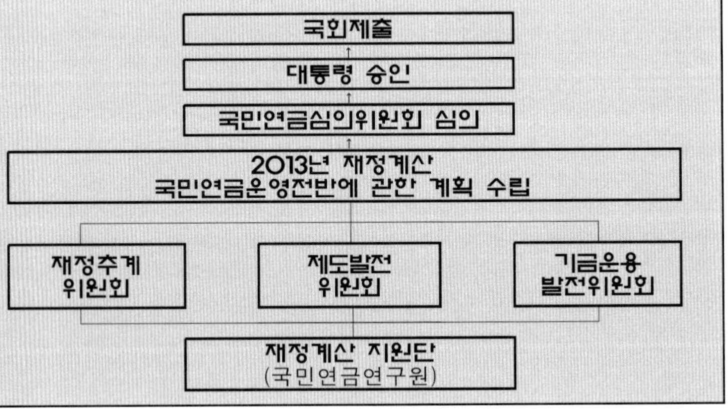

IV. 국민연금 종합운영계획 세부 추진과제

1. 노후빈곤 해소를 위한 기반 강화

1) 국민연금 재정목표 설정

① 현황

□ 국민연금은 현행제도* 유지 시 **2044년 수지적자 발생 후, 2060년까지 적립금 보유**(제3차 재정계산 장기재정추계)

* (보험료율) 9% / (소득대체율) '13년 47.5%에서 단계적으로 인하하여 '28년 40% / (수급개시연령) '13년 61세에서 단계적으로 인상하여 '33년 65세

○ 국민연금 기금은 2043년 최대 2,561조원까지 증가하다가 2060년말 -281조원까지 감소하는 것으로 추계되어, **급격한 기금 변동 시기의 운용 방안** 및 **기금 소진에 대한 사전 대책** 마련 필요

□ 국민연금 재정 안정화를 위한 그간의 노력에도 불구하고, **제도 자체** 및 **외부 환경의 특성**으로 인해 **기금 소진은 필연적**인 현상임

○ 그간 국민연금 제도 및 기금운용 측면에서 **국민연금 재정안정화**를 위한 노력을 지속적으로 추진 중

- **(제도 개혁)** 2차 국민연금 제도개혁을 통해 적립금 보유기간 13년(2047→2060년) 연장

- **(기금 운용)** 연평균 수익률은 **6.69%**('88~'12년)로, 지난 10년간 해외연기금 대비 상대적으로 낮은 위험 하에 높은 수익의 운용성과 기록

< 2002년~2011년 주요국가 연기금 수익률 및 위험 비교 >

'02~'11 평균	국민연금	GPIF(일)	ABP(네)	CalPERS(미)	CPPIB(캐)
수익률(%)	6.6	1.9	5.2	5.1	6.2
위험(표준편차)	3.5	7.3	11.8	14.8	11.0

2) 장기투자자로서 기금운용의 수익성·안정성 제고

① 현황

□ 전세계 주식시장에서 우리나라 주식시장 비중은 2%임에도, **기금의 80%이상**(327조원)이 **국내자산에 투자**되고 있음

* '12년 말 기준 국내주식 73조(18.7%), 국내채권 236조(60.2%), 국내대체 18조(4.7%) 해외채권 18조원(4.6%), 해외주식 31조원(8.0%), 해외대체 15조원(3.7%)으로 구성

○ **국민연금의 해외투자 비중**은 주요 해외연기금과 비교하면 **상대적으로 낮은 편**임

< 해외연기금 자산배분비중 비교(2012 회계연도말) >

구 분	국민연금	일본 GPIF	캐나다 CPPIB	스웨덴 AP3	네덜란드 ABP	미국 CalPERS
해외채권	4.6%	9.8%	5%	12.5%	32.4%	1.5%
해외주식	8.0%	12.4%	55.3%	32.7%	31%	23.3%

② 향후계획

□ 국내 채권 위주의 기금 포트폴리오를 **해외자산과 대체투자 확대** 등으로 **다변화** 지속 추진

○ 해외투자 확대로 **포트폴리오의 안정성을 제고**하고, 향후 연금지급 도래에 대비한 자산의 유동성을 확보하여 **시장 충격 최소화**

- 수익성과 안정성이 제고될 수 있는 **중기자산배분체계 개선**('13년 말)

- 해외투자시 필요한 외화자금을 안정적으로 관리할 수 있도록 **외화계좌 설치 · 운영**('14년 하반기)

* '13년 국민연금법시행령 개정, 외화 금고은행 선정('13년 말) 및 시스템 개발

○ 전통적 자산군과 상관관계가 낮고, 저성장 상황에서 양호한 성과를 보이는 **신규 자산군**을 **기금 포트폴리오에 편입 검토**

자료 번호 62

자료 제목 국민연금 소득대체율 인상문제는 신중하게 접근하겠다

자료 유형 정당 브리핑

생 산 자 새누리당(현 국민의힘) 대변인실

생성 연도 2015년 5월 5일

정　　부 박근혜 정부

비　　고 –

주요 내용

이 문서는 박근혜 정부 시기 여당이었던 새누리당의 브리핑 내용을 담은 것으로, 국민연금 소득대체율 인상 관련 논의는 신중해야 한다는 주장을 담고 있다. 박근혜 정부 당시에는 국민연금 소득대체율 축소 압박을 받던 이전 정부들 때와는 달리 소득대체율을 40%에서 50%로 인상하는 논의를 정부가 본격화할 것인지에 대한 요구가 있었다. 그 배경에는 이 시기 사회적 협의체를 통해 제4차 공무원연금개혁 내용에 대한 합의가 이루어졌고, 그 과정에서 국민연금 소득대체율 인상도 함께 합의했기 때문이다. 당시 청와대의 반대에도 불구하고 여야 대표였던 김무성 의원과 문재인 의원은 합의를 강행했고, 공무원연금에 대한 공무원 기여율과 정부 부담률을 함께 인상하고 연금지급률을 인하하는 내용의 관련 개정안을 처리했는데, 이후 남은 과제가 국민연금 관련 내용이었다. 반면, 증세 없는 복지를 강조한 박근혜 정부는 국민연금 소득대체율 인상은 보험료 인상을 불가피하게 수반하며, 이는 기업과 국민 입장에서 증세와 마찬가지라는 인식이 있었다고 본다(경향신문, 2015. 5. 4.). 모든 공무원이 1차적으로 국민연금에 가입하며 국민연금, 공무원연금, 개인연금이 상호 보완구조를 갖는 다층체제나 연금 일원화 등에 대한 논의가 저변에서 계속되고 있다(류영아·박영원, 2020).

자 료

당원가입 | 당비납부 | 중앙당일정 로그인 | 회원가입

미래통합당

소개 소식 정책 신문고 후원회

소식

뉴스
논평 · 성명
카드뉴스
일정
영상
사진

대변인 논평·성명

미래통합당 대변인 공식 논평 · 보도자료입니다.

내 SNS에 이 소식 올리기 URL복사

제목 국민연금 소득대체율 인상문제는 신중하게 접근하겠다.[권은희 대변인 현안관련 브리핑] 2015-05-05

권은희 대변인은 5월 5일 현안관련 브리핑에서 다음과 같이 밝혔다.

ㅇ 국민연금 소득대체율 인상문제는 신중하게 접근하겠다.

여야가 공무원연금개혁을 합의하면서 연계한 국민연금 소득대체율 인상에 대해 국민들의 우려가 크다. 공무원연금개혁 실무기구 합의문에서는 국민연금 명목소득대체율을 50%로 한다고 했고, 양당대표합의문에서 이를 존중한다고 했다.

국민연금의 소득대체율을 이전에 40%까지 낮췄던 것을 50%까지 높이는 것은 간단한 문제가 아니기 때문에 비판의 목소리가 많다.

대통령께서도 지적하셨듯이, 국민연금 소득대체율을 한 번 확대하면 다시 줄이기 매우 어려운 만큼, 국민적 공론화 과정을 거치며 신중히 진행해야 한다.

새누리당은 이런 비판에 귀기울이고 겸허히 받아들인다. 국민들의 우려를 명심하고 국회 특위와 사회적 기구에서 논의할 때 심도있게 신중하게 접근하겠다.

2015. 5. 5.
새 누 리 당 대 변 인 실

키워드 : 국민연금 소득대체율, 인상, 공무원연금개혁 합의, 국민연금 명목소득대체율

인쇄하기 목록

미래통합당 당원가입 당비납부

서울 영등포구 버드나루로 73 우성빌딩 우. 07247
고유번호 116-82-03628 전화번호 02-6288-0200
팩스 02-6288-0272(국민소통팀)

시도당주소 | 사무처안내 | 찾아오시는길 | 회원정보보호정책 | 이용약관 | 사이트맵

시도당 바로가기 위원회 및 연구원 바로가기

자료 번호 63

자료 제목 제일모직·삼성물산의 합병 통과에 대한 입장

자료 유형 시민단체 성명서

생 산 자 경제정의실천시민연합

생성 연도 2015년 7월 17일

정 부 박근혜 정부

비 고 –

주요 내용

이 문서는 2015년 제일모직과 삼성물산의 합병 통과에 대한 경제정의실천시민연합(경실련)의 입장문으로 국민연금 기금 운용과 의사결정 절차에 대한 문제 제기를 포함하고 있다. 삼성물산 지분의 11.21%를 가진 국민연금이 통상 의결권행사전문위원회를 거치지 않고 투자위원회 단독으로 합병에 찬성 결정을 내렸다. 투자위원회는 세계적 의결권 자문기관과 한국의 의결권 자문기관의 반대 의견이 있었음에도 찬성 근거도 밝히지 않고 찬성만을 통보했다. 이에 경실련은 국민연금 의사결정과 기금 운용에서의 정당성과 합리성을 확보할 수 있도록 제도 개선이 이뤄져야 한다고 주장한다. 이후 국민연금공단은 국민연금이 합병에 찬성한 경위에 대해 내부 감사에 착수했고, 헤지펀드인 엘리엇(Elliott Investment Management)은 투자자·국가 간 소송(Investor State Dispute Settlement: ISDS)을 제기하는 등 관련 파장이 컸다.

경제정의실천시민연합
Citizens' Coalition for Economic Justice

공동대표 임현진 선월몽산 최정표 최인수
110-809 서울시 종로구 동숭3길 26-9
T. 02-766-6400/9731 F. 02-741-8565
www.ccej.or.kr

수 신	각 언론사 경제부, 사회부
발 신	경실련 재벌개혁위원회
문 의	경제정책팀(권오인 팀장, 최예지 간사 / 02-3673-2141)
일 자	2015. 07. 17 (금)
제 목	[성명] 제일모직·삼성물산의 합병 통과에 대한 입장 (총 2매)

제일모직·삼성물산의 합병은 이재용 부회장과 삼성그룹의 상처뿐인 영광

- 이재용 부회장과 삼성그룹은 금산분리가 이뤄지는 승계 및 지배구조개선 계획을 밝히고, 단행해야한다

- 합병 과정에서 나타난 이 부회장과 삼성그룹의 행태는 이 부회장과 삼성그룹의 세계적·국내적 이미지를 실추시킬 것

- 국민연금의 기금운용과 의사결정 절차 등에 대한 제도개선이 이뤄져야

오늘 제일모직과 삼성물산의 합병여부를 결정하는 각사 임시주주총회가 제일모직은 삼성생명빌딩(중구 태평로), 삼성물산은 AT센터(양재동)에서 개최되었다. 제일모직은 총수일가 지분 39.17%을 포함해 삼성 측 지분율이 66.31%로 압도적이어서 만장일치로 쉽게 통과가 되었고, 참석률 83.57%를 보인 삼성물산의 경우 국민연금 및 국내기관 등의 찬성으로 69.53%의 찬성률로 통과되었다. 이번 양사의 합병은 부당한 합병비율로 인해 경영권 승계와 총수일가의 지배력 강화 목적이 컸음에도 돈 앞에서는 안 될 것 없다는 삼성공화국의 현실을 깨닫게 해주는 안타까운 결과였다. 결국 이번 합병 건은 이재용 부회장과 삼성그룹의 상처뿐인 영광으로 기록될 것이다. 이에 경실련은 이재용 부회장과 삼성그룹에 대해 다음과 같이 촉구한다.

첫째, 상처뿐인 영광을 안은 이재용 부회장과 삼성그룹은 금산분리가 이루어지는 승계 및 지배구조개선 계획을 밝히고, 이를 단행해야 한다. 제일모직과 삼성물산의 합병 건은 누가 봐도 세습경영과 총수일가 지배력 강화 목적이 컸음을 알 수 있다. 이는 국제적 의결권 자문기관인 ISS와 국내 의결권 자문기관, 상당수 전문가들의 지적한 부적절한 합병비율만 봐도 알 수 있다. 결국 이재용 부회장은 주식 한주도 가지고 있지 않은 삼성물산을 합병이라는 꼼수를 통해 인수하게 되어, 약했던 삼성전자에 대한 지배력까지 강화한 것이다. 따라서 이 부회장과 삼성그룹이 부적절한 합병을 성사시킨 것에 대한 보답은 삼성생명이 보유한 과도한 삼성전자지분의 해소, 즉 금산분리의 이행, 환상형 순환출자의 해소를 포함한 승계 및 지배구조개선에 대한 계획을 투명하게 밝히고, 이를 단행하는 것이다.

“ **경실련**은 공공의 이익, 비영리, 비당파를 원칙으로 하는 대안 중심의 **시민단체**입니다. - 1 -

둘째, 합병 과정에서 보여준 이재용 부회장과 삼성그룹의 행태로 인해 이 부회장과 삼성그룹의 신뢰와 이미지는 세계적, 국내적으로 실추될 것이다. 삼성그룹은 합병 성사를 위해 삼성물산 임직원들 까지 총 동원해 평소 관심 없던 소액주주들의 표심을 잡기 위해 광고도배와 선물공세, 애국심에 까지 호소하는 행태를 보였다. 결국 삼성이 이번 합경 건에서 보여준 행태는 총수일가의 이익과 세습을 위해서라면 어떠한 전략도 상관없다는 재벌의 부정적 단면으로, 이 부회장과 삼성그룹의 이미지와 신뢰가 세계적·국내적으로 실추될 것은 분명하다. 통합되는 물산의 주주들과 국민들, 그리고 세계의 눈이 과연 삼성이 경제력 집중과 불공정행위가 아닌, 진정한 애국을 행할지 지켜 볼 것이다.

셋째, 국민연금은 합병 찬성을 한 근거를 명확히 밝혀야 하며, 국회와 정부는 국민연금의 기금운용과 의사결정에 관한 제도개선에 나서야 한다. 삼성물산 지분을 11.21% 정도 보유한 국민연금은 이번 합병건과 관련하여 지난 7월 10일 투자위원회를 열어 합병에 찬성하기로 했다는 내용을 언론에 흘렸다. 국민연금은 이와 유사한 SK와 SK C&C의 합병 건에 대해서는 의결권행사전문위원회를 거쳐 반대 의견을 표명했다. 그리고 세계적의결권 자문기관인 ISS와 한국의 의결권 자문기관인 한국지배구조원도 부당한 합병비율을 지적하며, 반대 의결권을 행사해야 한다는 권고를 했었다. 그럼에도 국민연금은 중요한 제일모직과 삼성물산의 합병 건에 대해서는 의결권행사전문위원회에 회부하지 않고, 투자위원회의 단독으로 결정했다. 아울러 찬성에 대한 근거 또한 밝히지 않고 주총당일 서면으로만 찬성을 통보하여, 의사결정 과정과 내용의 합리성에 대한 문제를 스스로 인정하고 있다. 국부펀드 성격인 국민연금의 의사결정의 문제점으로 인해 합병이 통과됨과 동시에 엘리엇의 ISD 소송에 대한 빌미를 제공했다는 우려가 있다. 국민연금은 정당성 없는 의사결정 등으로 연금 가입자와 국민들의 손해를 발생시켜서는 결코 안 된다. 향후 국회와 정부에서는 국민연금의 의사결정과 기금운용에 대해 정당성과 합리성을 확보할 수 있는 방향으로 제도개선을 해야 한다.

끝으로, 이번 삼성물산과 제일모직의 합병승인은 삼성과 엘리엇, 주주 등을 포함하여 누구하나 승자가 없다고 봐야 한다. 모두에게 상처를 입힌 이번 합병에 대한 물의는 전적으로 잘 못된 지배구조를 가지고 있고, 꼼수 승계를 진행하는 이재용 부회장과 삼성그룹에 있다. 경실련은 향후 이재용 부회장과 삼성그룹이 경영권 승계와 지배구조 강화를 위해 공익재단의 활용, 중간금융지주회사법이라는 또 다른 삼성특별법 제정, 인수합병 꼼수를 통한 지배력 강화, 일감몰아주기를 통한 총수일가 사익 추구를 하는지 면밀하게 감시할 것이다. 아울러 이건희 회장이 약속했던 차명재산의 사회환원, 삼성SDS 상장으로 인한 총수일가의 부당이득 사회환원 촉구와 함께, 이재용 부회장과 삼성그룹이 이를 단행하는지에 대해 지켜 볼 것이다.

<끝>

“ **경실련**은 공공의 이익, 비영리, 비당파를 원칙으로 하는 대안 중심의 **시민단체**입니다.

- 2 -

자료 번호 64

자료 제목 第347회 국회(임시회) 보건복지위원회 회의록(제1호)

자료 유형 국회 회의록

생 산 자 국회

생성 연도 2016년 12월 19일

정 부 박근혜 정부

비 고 제20대 국회(2016. 5. 30.~2020. 5. 29.)

주요 내용

이 문서는 2016년 12월 9일 박근혜 대통령에 대한 탄핵소추안이 국회에서 가결된 직후의 보건복지위원회 회의록이다. 당시 보건복지위원회는 박 대통령 탄핵과정에서 드러난 국민연금의 주주권 행사문제로 시끄러웠다. 위원들은 「국민연금법 일부개정법률안」에 대한 질의보다는 문형표 당시 국민연금공단 이사장에 대한 정치적 질문에 집중하고 있다. 문 이사장은 2013~2015년 보건복지부 장관을 역임했었지만 메르스 사태에 대한 대응 실책으로 사퇴했음에도 불구하고 바로 국민연금공단 이사장에 취임한 상황이었다. 회의록에는 삼성물산과 제일모직 합병과정에서 삼성물산 최대 주주였던 국민연금이 합병에 찬성하도록 문 전 이사장이 정치적 압력을 행사하였는지를 질문하는 내용과 그 답변만 오가고 있다.

수석하고 만난 것은 '최광 이사장님이 부당한 것에 대한 책임을 져라', 이때 같이 만났습니다.

○**김광수 위원** 홍완선 기금본부장이 박근혜 정권의 실세인 최경환 경제부총리의 대구고등학교 동기동창이라고 하는 사실을 알고 계셨지요?

○**보건복지부장관 정진엽** 저는 그 당시에는 몰랐고요. 최근에 그 내용을……

○**김광수 위원** 최근에 아셨어요?

○**보건복지부장관 정진엽** 예, 그때는 몰랐습니다.

○**김광수 위원** 최경환 부총리로부터 언급받은 것은 아무것도 없나요?

○**보건복지부장관 정진엽** 없습니다.

○**김광수 위원** 동기동창인데 동기동창의 신상 문제하고 관련해서 아무 일이 없었다는 게 상식적으로 별로 국민들이 공감하지 않아요.

○**보건복지부장관 정진엽** 저는 연락받은 것은 없습니다.

○**김광수 위원** 일반적으로 국민들께서는 홍완선 본부장이 삼성물산과 제일모직을 합병시킨 공로를 인정받아서 연임, 이 부분들에 대해서 정권 실세인 최경환 경제부총리가 요구를 했고 청와대 수석까지 나서서 이 문제를 정진엽 장관한테 압력을 넣었다 이렇게 되어 있어요. 거기에 대해서 사실대로 말씀을 좀 해 주세요.

○**보건복지부장관 정진엽** 아니, 저는 그런 압력받은 적은 없고요.

○**김광수 위원** 그러면 최광 이사장을 같이 만날 일이 뭐가 있나요?

○**보건복지부장관 정진엽** 최광 이사장을 연임하느냐 마느냐를 논의하는, 협의하는 과정에서 만났고요. 그다음에 만난 것은 최광 이사장님한테 책임을 묻는 과정에서 만났습니다.

그리고 결과적으로 홍완선 본부장은 이미 연임시키지 않기로 결정을 한 다음이기 때문에 제가 그것을 번복할 권한은 없습니다.

○**김광수 위원** 최광 이사장은 그렇게 이야기를 해요. '정진엽 장관이 잘못 없는 나를 쫓아냈다. 정 장관도 어디선가 압력을 받아 그랬을 것이다' 이렇게 이야기를 해요.

그 부분에 대해서는 어떻게 생각하십니까?

○**보건복지부장관 정진엽** 최광 이사장한테 책임을 물은 것 그것은, 최광 이사장은 임명권자가 대통령이십니다. 그래서 최광 이사장한테 책임을 물을 때는 당연히 저희가 그쪽 의견을 물어보고 그다음에 일을 진행을 한 거고요.

○**김광수 위원** 문형표 이사장!

○**국민연금공단이사장 문형표** 예.

○**김광수 위원** 메르스 사태로 지난 8월에 복지부장관에서 경질되고 12월에 연금공단 이사장으로 복귀를 하셨어요. 맞지요?

○**국민연금공단이사장 문형표** 예.

○**김광수 위원** 11월 17일 한겨레신문 보도에 따르면 의결권행사전문위원회의 한 위원이 한겨레신문 기자와 만나서 당시 문형표 장관한테 합병에 찬성해 달라는 전화를 받았다라고 하는 진술을 하고 있어요.

제일모직과 삼성물산 합병과 관련해서 의결권 전문위원들한테 전화를 한 사실이 있습니까?

○**국민연금공단이사장 문형표** 한겨레 기사 내용에 대해서는 저희가 몇 차례에 걸쳐서 모두 해명자료를 냈습니다.

○**김광수 위원** 아니, 그냥 묻는 말에만 답변하세요, 시간이 많지 않으니까.

○**국민연금공단이사장 문형표** 그리고 말씀하신 대로 전문위원 중의 한 분께는 제가 전화 통화를 한 적이 있습니다.

○**김광수 위원** 있어요?

○**국민연금공단이사장 문형표** 예.

○**김광수 위원** 몇 분한테나 전화를 하셨나요?

○**국민연금공단이사장 문형표** 제가 알던 전 직장 동료였습니다. 한 명한테 전화했습니다.

○**김광수 위원** 한 명 외에는 전화하신 적이 없어요?

○**국민연금공단이사장 문형표** 전혀 없습니다.

○**김광수 위원** 일상적으로라도 업무적으로 전화할 수 있는 거지요, 꼭 그 전화 내용이 삼성물산과 제일모직의 합병에 관한 강요라고 단정할 수는 없으니까.

○**국민연금공단이사장 문형표** 전혀 그것은 사실이 아니고요. 제가 지난번에도 해명드렸습니다마는……

○**김광수 위원** 그러면 찬성을 독촉하거나 찬성 여부를 물어본 적이 있어요?

○**국민연금공단이사장 문형표** 이게 투자위원회에서 찬성 결정이 난 다음에 제가 전화를 드렸습니다. 그 이후……

○**김광수 위원** 일반적으로 의결권전문위원회의 기류를 좀 정확히 파악을 하고 싶었나라고 판단이 되고……

○**국민연금공단이사장 문형표** 제가 설명……

○**김광수 위원** 그리고 의결권전문위원회의 부정적 기류가 느껴지니까 전문위원회를 배제하고 기금본 내부의 투자위원회에서 삼성물산 합병을 결정한 것이라고 하는 것이 일반적인 흐름이라고 생각을 합니다.

어떻게 생각하세요?

○**국민연금공단이사장 문형표** 위원님께 말씀드린 대로 제가 전화를 드린 것은 사후에 해당부서로부터 투자위원회에서 결정이 됐다라는 보고를 들었습니다. 다만 그 당시에 전문위원 일부 몇 분께서 이 문제를 제기하고 있다 그리고 난감해하기에 그 상황을 좀 더 정확히 파악하기 위해서 제가 잘 아는 분에게 그냥 전화를 드려서 '어떤 것들을 지금 이의를 제기하십니까?' 여쭤 보고……

○**김광수 위원** 일반적으로 삼성물산과 제일모직과 같은, 사실은 이게 삼성 이건희 회장의 경영권 승계와 맞물린 아주 중요한 문제이고 기금본 입장에서는 국민연금의 대규모 손실을 가져온 중요한 결정이란 말이지요. 이런 부분들에 대해서 내부 투자위원회에서 결정하는 것이 다 비상식적이라고들 생각을 해요. 왜냐하면 그전의 SK와 SK C&C 합병 문제도 똑같은 부분인데 외부에서, 투자전문위에서 부결됐단 말이지요. 똑같은 경로를 밟기 싫으니까 내부에서 결정했다라고 이렇게 판단을 하는 거지요.

○**국민연금공단이사장 문형표** 지금 합병 건에 대해서 SK 건 말씀하셨습니다만 SK 건이 60건 중에서 유일하게 전문위원회로 올라간 것이고요. 59건은 내부에서, 투자위원회에서 결정된 것으로 알고 있습니다.

(발언시간 초과로 마이크 중단)

(마이크 중단 이후 계속 발언한 부분)

○**김광수 위원** 그러니까 지금도 그 합병……

그러면 합병 비율 문제, 비율은 내부에서 지금 1 대 0.46이 적정하다고 보고가 되어 있단 말이지요.

○**국민연금공단이사장 문형표** 예, 적정 비율은 0.46으로 계산된 것으로 알고 있습니다.

○**김광수 위원** 그 비율이 지금 삼성물산은 0.3으로 발표가 되어 있는데, 적정하다고 생각하십니까?

○**국민연금공단이사장 문형표** 그것은 적정성에 대해서보다는 어떤 자본시장법에 의해서 공식적으로 계산됐기 때문에 한계는 있다고 봅니다.

○**김광수 위원** 시간 다 돼서, 계속 질문하겠는데요. 오후에 추가 질문을 할 예정이고요.

이와 관련해서는 감사원 감사 청구를 해야 될 것 같습니다. 이 문제는 대단히 중요한 문제이고 국민적 관심이 집중되어 있는 부분이어서 감사원 감사 청구를 위원회 의결로 요청합니다.

○**위원장 양승조** 김광수 위원님, 감사원 감사 청구에 대해서는 3당 간사 간에 협의해 주시기 바랍니다.

정회하기 전에 잠시 안내말씀드리겠습니다.

방문규 보건복지부차관은 세종시에서 저출산 극복 전국 사회연대 평가 대회 등의 관련 행사로 인하여 오후 질의시간에는 이석하게 되었습니다.

위원님들 양해 부탁드리겠습니다.

그러면 원활한 회의 진행과 점심 식사를 위하여 잠시 정회했다가 오후 2시에 속개하겠습니다.

정회를 선포합니다.

(12시02분 회의중지)

(14시01분 계속개의)

○**위원장 양승조** 좌석을 정돈해 주시기 바랍니다.

회의를 속개하겠습니다.

그러면 오전 질의에 이어서 더불어민주당 대변인을 맡고 계신 기동민 위원님 질의하여 주시기 바랍니다.

○**기동민 위원** 저는 이것 의사진행발언성인데요.

○**위원장 양승조** 그러면 의사진행발언 먼저 듣고……

○**기동민 위원** 위원장님께 좀 요청을 드리고 싶은 사안이기도 하고요. 그리고 이 텅 빈 좌석을 바라보는 국민들께도 설명을 드려야 될 사안들이다 싶어서요.

지난번 국정감사 때도 국회의장의 개회사 문제 때문에 반쪽 국감들이 이루어진 이런 경험들이 있고, 백번을 양보한다 하더라도 오늘 이렇게 텅 빈 위원님들의 좌석, 특히 새누리당 위원님들의 좌석을 아까 김상훈 간사님의 말씀이 있으셨지만 도저히 납득할 수도 없고 이해할 수도 없습니다.

세상에 의제 중에 위원들이, 특정 정당이 불편해야 될 의제가 어디가 있습니까? '박근혜 대통령 게이트'라고 말씀을 드릴게요, 박근혜라고 자

자료 번호 65

자료 제목 문재인 대통령 후보, '문재인의 경제비전 – 사람중심 성장경제'

자료 유형 정당 선거자료

생 산 자 더불어민주당 제19대 대통령 후보 문재인 국민주권선거대책위원회 공보단

생성 연도 2017년 4월 12일

정　　부 –

비　　고 –

주요 내용

이 문서는 2017년 5월 제19대 대통령 선거과정에서 더불어민주당 문재인 후보 선거대책위원회 공보단에서 발표·배포한 내용을 담고 있다. 2017년 3월 헌법재판소의 박근혜 대통령에 대한 탄핵 결정으로 당해 5월에 제19대 대통령 선거가 치러졌다. 더불어민주당 대통령 후보였던 문재인 후보는 경제비전을 '사람중심 성장경제'로 제시하면서 국민연금 관련 정책방향도 주요하게 언급한다. 앞선 탄핵사태에서 드러난 국민연금의 주주권 행사과정을 염두에 둔 내용으로 국민연금관리공단 이사장 임명에 있어 개혁적이고 깨끗한 인물을 발탁할 것을 공약한다. 그리고 국민연금기금 의결권 행사지침인 스튜어드십 코드 도입을 통한 재발 방지를 약속한다. 또한 국민연금 기금의 복지사업 및 국공채 투자에 적극적으로 나서겠다고 했다. 2018년 스튜어드십 코드 도입으로 국민연금은 자신들이 투자한 기업의 의사결정에 개입할 수 있게 되었다.

자 료

자세히 보기

문재인 대통령 후보, '문재인의 경제비전 - 사람중심 성장경제'

더불어민주당
2017-04-12 10:53:00

문재인 대통령 후보, '문재인의 경제비전 - 사람중심 성장경제'

□ 시간 : 2017년 04월 12일(수) 09시50분
□ 장소 : 더불어민주당사 2층 브리핑룸

"사람 중심 경제로 국민성장 이룩하겠습니다."
존경하는 국민 여러분 저는 오늘, 저 문재인이 추구하는 새로운 대한민국의 경제비전을 밝힙니다. 핵심은 사람중심 경제입니다.
국민은 누구나 인간으로서의 존엄과 가치를 가지며, 행복을 추구할 권리를 갖습니다. 일할 권리, 인간다운 생활을 할 권리도 헌법이 정한 국민의 권리입니다. 또한 헌법은 개인과 기업의 자유와 창의를 존중하고 균형있는 성장과 적정한 소득의 분배를 유지하는 경제 질서를 명시하고 있습니다.
경제비전을 통해 헌법정신을 구현하고, 헌법적 가치를 경제운영의 중심에 두겠습니다. 헌법정신에 맞는 새로운 대한민국의 경제중심은 바로 사람입니다.
경제의 중심을 바꾸겠습니다.
산업화 시대의 경제관행을 4차 산업혁명 시대에 맞게 바꾸겠습니다. 그간의 경제정책은 기업에 사회적 자원을 몰아주는 것이 시작이었습니다. 기업에 투자하면 국민에게 혜택이 전달되는 낙수효과를 기대하고 추구한 것입니다. 그러나 한계가 확인됐습니다.
순서를 바꾸겠습니다. 사람에게 투자해 기업과 국가의 경쟁력을 살리는 사람중심의 경제성장 구조로 바꾸겠습니다.
국민 누구나 소득과 관계없이, 인간다운 삶을 유지하기 위해 꼭 필요한 것이 있습니다. 보육, 교육, 의료, 요양, 안전, 환경과 같은 분야는 시장에만 맡겨두어서는 한계가 있습니다. 국민 누구나 제대로 공급받을 수 있도록 국가가 과감히 지원하겠습니다.
사람에 대한 투자는 비용이 아니라 혁신과 공정경제의 기본 인프라입니다. 특히 지금은 우리 경제의 성장동력이 상실된 상황입니다. 일자리도 마찬가지입니다. 그동안 기업들이 일자리를 더 늘리도록 국가가 많은 지원을 했지만 해결되지 않았습니다. 오히려 악화되었습니다. 이제는 기존의 방식으로는 일자리가 해결되지 않습니다.
비상경제대책차원에서 사람에 대한 투자가 이뤄져야 합니다. 인간다운 삶의 기본 조건을 충족하고 양극화 완화와 계층 간 이동성을 높여야 합니다. 뿐만 아니라 일자리 창출과 경기부양, 내수 진작이라는 국민경제의 시급한 목표를 위해서도 과감한 국가적 지원이 필요합니다.
국민 여러분. 저는 사람중심의 경제를 만들기 위해 '사람경제 2017'을 시작하겠습니다.
사람중심의 경제성장을 위해 대규모 재정자금을 추가 편성 집행하겠습니다. 장기 경기침체가 지속되는 상황에서 재정이 적극적인 역할을 해야 한다는 것은 오바마의 '미국의 회복과 재투자법안(ARRA 2009)'이 만들어낸 일자리 성과로도 확인되었습니다.
살림이 어렵다고 소극적 재정계획을 세워서는 안된다는 것이 OECD, IMF 등 국제기구의 권고사항이며, 국민들도 공감하고 있습니다. 현재 '중기 국가재정운용계획'은 연 평균 3.5% 증가를 예정하고 있습니다. 연평균 7% 수준으로 적극 확대하겠습니다.
재정자금은 사람에 대한 투자를 중심으로 경제 활력을 회복하고, 미래 성장기반을 구축하는데 쓰일 것입니다. SOC에 집중 투자했던 과거 일본의 실패를 되풀이할 이유가 없습니다.
10대 핵심 분야에 투자하고 일자리를 만들겠습니다. 일자리창출, 4차 산업혁명, 교육보육, 보건복지, 신 농업 6차산업화, 국민생활안전, 환경, 문화관광예술체육, 지역경제 활성화, 사회적 서비스 분야입니다. 특히

맨위로

자세히 보기

5월 10일 새로운 정부가 출범하면 곧바로 추가경정예산안 편성에 돌입해 '사람경제 2017'을 집행해나가겠습니다.
'사람경제 2017'의 재정충당과 재정집행 원칙도 말씀 드립니다.
재정충당은 국민의 동의를 얻겠습니다. 국가부채의 증가를 최소화하는 방법으로 추진하겠습니다. 5년 간 세수자연증가분에서 50조원을 조달하겠습니다. 부족한 부분은 법인세 실효세율 조정, 정책자금 운용배수 증대, 중복 비효율 사업에 대한 조정으로 충당하겠습니다. 그래도 부족하면, 국민적 동의를 전제로 증세하겠습니다.
재정집행은 가장 효과적으로 하겠습니다. 정부가 재정집행을 주도하는 기존관행을 탈피하겠습니다. 민간주도 집행체계를 구축할 것입니다. 성과계약 제도를 중심으로 효율성을 담보하겠습니다. 현재 진행되고 있는 모든 재정지원 사업을 원점에서 재검토하겠습니다. 중복과 비효율, 불투명한 재정집행이 없도록 할 것입니다.
사람중심 경제는 더 공정하고, 더 효율적인 경제입니다. 이를 위한 정책방향을 말씀드리겠습니다.
첫째, '갑질'을 몰아내겠습니다.

갑질, 특히 대기업의 갑질은 반칙과 기득권이 만든, 그야말로 경제적폐입니다. 공정한 시장경쟁을 파괴하는 행위입니다. 밀어내기, 후려치기, 몰아주기, 꺾기, 담합, 기술착취, 중간착취를 근절하지 못한다면, 정부가 어떤 중소기업, 소상공인 대책을 내놓아도 효과를 보기 어렵습니다.
공정거래위원회를 전면 개혁하고 공정위-지자체와의 협업체계 구축하겠습니다. 징벌적 손해배상소송제와 집단소송, 단체소송제도도 도입하겠습니다. 중소기업과 국민이 '갑질'과 경제적폐에 대항할 수 있는 다양한 방법을 만들겠습니다.
둘째, 국민연금은 국민여러분께 돌려드리겠습니다.

특정 재벌이 433억원의 뇌물로 3조원에 달하는 국민연금 지분을 사유화한 일이 드러났습니다. 다시는 이런 기막힌 일, 일어나지 않게 만들겠습니다.
국민연금은 국민의 재산입니다. 국민연금공단 이사장은 가장 깨끗하고 개혁적인 인사로 임명할 것입니다. 주주권행사 모범규준, '스튜어드십 코드'도 즉각 도입하겠습니다. 국민연금기금 안정을 위한 최고의 방법은 다음 세대의 국민연금 가입자 수를 늘려 부담을 줄이는 것입니다. 정부가 보육, 임대주택, 요양 분야의 사업을 추진하기 위해 국공채를 발행하는 경우 국민연금이 적극 투자하도록 하겠습니다. 국민연금 국공채 투자는 가장 안전한 투자이며, 기본적인 수익률이 보장됩니다. 국민연금의 국공채 투자는 국공립 어린이집 대기를 기다리는 부모의 마음으로 접근해야 합니다. 치매 어르신을 모시는 자녀의 마음, 전세금을 마련하지 못해 월세로 신혼살림을 시작하는 부부의 마음으로 국민연금의 사회적 역할과 기금의 안정성을 함께 강화하겠습니다.
셋째, 규제철폐가 아닌 규제체제의 재설계가 필요합니다.

4차 산업혁명에 대비해 낡은 규제를 없애고, 규제체제를 네거티브 방식으로 전면 개편, 신산업분야의 규제는 네거티브 방식, 일볼제 적용, 투명성과 신뢰 강화라는 원칙으로 과감히 정리해 나가야 합니다. 규제개혁위원회를 민주적이고 투명하게 운영되도록 전면 개편하겠습니다.
넷째, 자본시장에 역동성을 더하겠습니다.

기술 전문투자 분야에서 모험을 허용하겠습니다. 정부의 사전 규제도 없고, 자금지원도 없으며 투자자 보호도 없는 벤처캐피탈 시장을 만들겠습니다. 스타트업 기술기업에 대한 과감한 투자가 이뤄지는 전문 투자자들의 시장영역을 만들겠습니다. 혁신을 시도하는 기업과 모험에 나서는 스타트업의 가장 든든한 혁신 파트너가 될 것입니다.
다섯째, 네트워크 접속권을 국민의 기본권으로 확립하겠습니다.

네트워크 접속은 국민 기본권이며 핵심 산업 플랫폼입니다. 네트워크의 혁신이 융합의 시대, 초연결의 시대의 핵심입니다. 김대중 대통령께서 '빛의 고속도로'를 개설했듯이 제2의 '빛의 고속도로'를 개설하겠습니다. 무신 인터넷 플랫폼을 확대하고, 국민 누구나 필요한 만큼 자유롭게 무신 네트워크에 접속할 수 있는 시대를

맨위로

자료 번호 66

자료 제목 제371회 국회(정기회) 보건복지위원회 회의록(제7호)

자료 유형 국회 회의록

생 산 자 국회

생성 연도 2019년 12월 2일

정 부 문재인 정부

비 고 제20대 국회(2016. 5. 30.~2020. 5. 29.)

주요 내용

이 문서는 2019년「국민연금법」관련 주요 개정안이 통과된 보건복지위원회 회의 내용을 담고 있다. 2019년으로 종료 예정이었던 농어업인 연금보험료 지원사업을 2024년 말까지 5년 연장하는 것과 저소득 지역가입자에 대한 최초 연금보험 지원사업의 근거를 마련하고 생계형 체납자 이자율을 낮추는 것에 대한 법 개정이 주요했다. 해당 법률 개정 전까지 농어촌 저소득층과 도시지역 사업장 가입자 가운데 소득이 낮거나 실업으로 보험료를 내지 못하는 가입자에 대한 정부 지원이 있었던 반면 도시지역 저소득 지역가입자에 대한 지원은 없었다는 점에서 의미가 있다(윤석명, 2012).

사 및 통계 작성, 고독사 예방을 위한 상담·교육, 고독사 위험자를 위한 지원체계에 관한 법률을 제정함으로써 국가가 고독사 예방 정책을 통합적·체계적으로 추진할 수 있도록 하려는 것입니다.

국민연금법 일부개정법률안(대안)은 김광수 의원, 김상희 의원, 윤소하 의원, 정춘숙 의원 등 10명이 각각 대표발의한 10건의 법률안을 통합·조정한 것으로, 주요 내용은 금년 말 일몰기한이 도래하는 농어업인에 대한 연금보험료 지원사업을 2024년 말까지로 5년 연장하고 연금보험료의 연체 이자율을 인하하도록 하려는 것입니다. 또한 저소득 지역가입자들에 대하여 연금보험료 일부를 국가가 지원할 수 있는 근거를 마련하면서 보건복지부장관으로 하여금 사업 시행 3년 후 사업 평가 결과를 우리 위원회에 보고하도록 하려는 것입니다.

기초연금법 일부개정법률안(대안)은 본 의원과 김상희 의원, 김성식 의원이 각각 대표발의한 3건의 법률안을 통합·조정한 것으로, 주요 내용은 기초연금 30만 원 지급 대상을 현행 소득하위 20%에서 내년 2020년에는 소득하위 40%까지로, 2021년에는 수급권자 전체로 확대하려는 것입니다. 또한 기준연금액 산정을 위한 전년도 물가변동률 반영 시기를 현행 4월에서 1월로 앞당기려는 것입니다.

노인장기요양보험법 일부개정법률안(대안)은 본 의원과 윤일규 의원, 박주선 의원이 각각 대표발의한 3건의 법률안을 통합·조정한 것으로, 주요 내용은 행정조사에 불응한 장기요양기관에 대한 벌칙 수준을 현행 500만 원 이하의 과태료에서 1000만 원 이하의 벌금으로 상향하고, 장기요양급여비용을 거짓청구한 장기요양기관에 대한 위반 사실 공표를 의무화하며, 장기요양급여비용 부정수급에 가담한 수급자에 대하여 급여를 제한할 수 있도록 하려는 것입니다.

김상희 의원이 대표발의한 시체 해부 및 보존에 관한 법률 일부개정법률안은 시체의 일부를 연구 목적으로 타인에게 제공할 수 있도록 하고 이를 관리할 수 있는 전담기관을 신설하는 등 관리체계를 마련하려는 것으로 시체의 일부를 제공하려는 기관이 보건복지부장관의 승인이 아닌 허가를 받도록 수정하고 시체를 이용한 연구에 대한 유족의 동의, 시체의 제공 절차 및 방법, 시체를 이용한 연구의 준수사항에 관한 규정을 신설하여 수정 의결하였습니다.

본 의원이 대표발의한 암관리법 일부개정법률안은 국립암센터 및 관계기관에서 보유하고 있는 암 관련 정보를 연계·활용할 수 있도록 하는 암데이터 사업의 근거를 마련하고 그 밖에 암관리법 체계를 전면적으로 재정비하려는 것입니다. 최근 행정안전위원회에서 의결된 개인정보 보호법 일부개정법률의 체계에 따라 개인정보가 안전하게 처리될 수 있도록 가명 처리된 정보만을 수집·활용될 수 있도록 하여 수정 의결하였습니다.

약사법 일부개정법률안(대안)은 본 의원과 김명연 의원, 김상희 의원, 김순례 의원, 김승희 의원, 남인순 의원, 윤일규 의원, 최도자 의원 등 11명이 각각 대표발의한 11건의 법률안을 통합·조정한 것으로, 주요 내용은 약사 국가시험의 응시자격을 고등교육법상 인정기관의 인증을 받은 약학전공대학을 졸업한 자로 한정하고 국가자격으로서 전문약사제도를 도입하려는 것입니다.

의료법 일부개정법률안(대안)은 김순례 의원, 김승희 의원, 남인순 의원, 맹성규 의원, 윤일규 의원, 윤종필 의원, 진선미 의원, 최도자 의원 등 11명이 각각 대표발의한 12건의 법률안을 통합·조정한 것으로, 주요 내용은 휴·폐업 의료기관의 진료기록부를 관리·운영하기 위한 진료기록보관시스템을 구축·운영하도록 하고 인증을 받은 의료기관에 대한 사후 관리를 강화하며 민법상 법인인 의료기관평가인증원을 특수법인화하려는 것입니다.

장애인연금법 일부개정법률안(대안)은 본 의원과 김상희 의원이 각각 대표발의한 2건의 법률안을 통합·조정한 것으로, 주요 내용은 장애인연금 기초급여액을 산정할 때 전년도 물가변동률 적용기간을 현행 4월부터 다음 해 3월까지에서 1월 부터 12월까지로 변경하고 주거·교육급여 수급자와 차상위계층의 2020년 기초급여액을 30만원으로 조기 인상하며 2021년에는 모든 장애인연금 수급권자의 기초급여액을 30만 원으로 하려는 것입니다.

김상희 의원이 대표발의한 혈액관리법 일부개정법률안은 국가 혈액 관리 정책에 관한 조사와 연구 등을 수행하는 국가혈액관리정책원을 설립하려는 것으로 별도의 기관을 설립하지 않고 혈액 관리 정책 연구를 수행할 수 있는 기관 또는 단체를 국가혈액관리정책원으로 지정하도록 수정 의결하였습니다.

보장을 해 드리고 싶었습니다. 왜냐하면 20대 국회에 우리 보건복지위원회 전체회의가 여러 의사일정을 고려할 때 긴급현안질의 형태가 아니면 이렇게 장관님 나오시고 보건복지부 및 관계부처 대상으로 해서 이런 시간을 가지기가 어렵기 때문에 좀 시간 보장을 해 드리고 싶었다는 점을 양해를 부탁을 드리겠습니다.

그리고 마지막까지 이렇게 자리를 함께해 주신 위원님들께 감사를 드리면서, 우리가 아무리 의견 차이가 벌어져 있는 것처럼 보이더라도 계속 토론을 하는 과정에서 그래도 이런 접점이 찾아질 수 있는 숙의의 과정을 거치고 있다고 생각을 합니다. 그래서 그런 과정이 되었으면 하는 바람이었습니다.

그러면 박능후 보건복지부장관께서는 앞서 의결되었던 법률안 처리에 대해서 인사말씀 해 주시기 바랍니다.

○보건복지부장관 박능후 존경하는 김세연 위원장님 그리고 보건복지위원회 위원님 여러분!

법안심사소위원회를 통해 복지부 소관 총 35건의 법률안을 심의·의결해 주신 데 대하여 깊이 감사드립니다.

2주간에 걸친 기간 동안 법안 심의에 애써 주신 기동민 법안심사소위원장님을 비롯한 법안심사소위원회 위원님들께도 특별한 감사의 말씀을 드립니다.

특히 이번 법안 심의를 통해 국민들의 어려운 삶을 지원하고 현장의 다양한 목소리를 담아 국민들이 체감하는 정책 개선이 이루어질 수 있도록 해 주셨다는 점에서 감사함과 막중한 책임감을 느낍니다.

이번에 의결해 주신 기초연금법과 장애인연금법은 물가인상률 반영시기를 4월에서 1월로 조정하고 기준연금액을 단계적으로 인상하여 취약계층의 소득을 보다 두텁게 보장할 수 있게 되었습니다.

국민연금법 개정을 통해서 지역가입자에 대한 보험료 지원 근거를 새롭게 마련하였으며, 농어업인에 대한 보험료 지원기한도 연장함으로써 사각지대 해소에 기여할 수 있게 되었습니다.

또한 고독사 예방을 위한 국가적 차원의 책무와 예방정책을 규정하는 고독사 예방 및 관리에 관한 법률안이 제정될 수 있도록 뜻을 모아주셨습니다.

아울러 검역 환경의 변화를 반영한 검역법 개정으로 해외 감염병으로부터 국민을 더 안전하게 지킬 수 있게 되었으며, 시체 해부 및 보존에 관한 법률 개정으로 시체 연구와 관련한 현장의 어려움을 덜어드릴 수 있게 되었습니다.

이 외에도 국가 혈액관리의 체계적 지원을 위한 혈액관리법, 국가 암데이터 사업 수행을 위한 암관리법의 개정도 이루어졌습니다. 더불어 복지부 소관 주요 면허, 자격들의 대여나 알선 시 처벌을 강화하는 내용으로 국가 자격관리를 강화하는 법률 정비도 함께 이루어졌습니다.

의결하여 주신 법률안이 법제사법위원회와 본회의를 통과하기까지 위원님들의 지속적인 관심과 협조를 요청드립니다. 심의 과정에서 주신 고견들은 향후 시행 준비과정에서 반영하여 당초의 입법취지를 달성할 수 있도록 만전을 기해 나가겠습니다.

다시 한번 법안 심의에 노고를 아끼지 않으신 위원님들께 깊은 감사를 드립니다.

○위원장 金世淵 수고하셨습니다.

다음은 이의경 식품의약품안전처장께서 법률안 처리에 대해서 인사말씀 해 주시기 바랍니다.

○식품의약품안전처장 이의경 존경하는 김세연 위원장님, 그리고 보건복지위원회 위원님 여러분!

식품의약품안전처 소관 법률안을 심사·의결하여 주신 데 대하여 깊이 감사드립니다.

이번 법안 심사는 의약품 허가관리 강화, 수입식품 및 축산물 안전관리 인증 대상 확대, 의료기기 갱신제도 도입 등 식품과 의료제품 분야의 안전관리 기반을 강화할 수 있는 법안들이 심사·의결되어 특별히 많은 의미가 있었다고 생각합니다.

법안심사소위원회의 기동민 위원장님을 비롯한 소위원회 위원님들의 노고에 감사의 말씀을 드립니다. 정부에서도 이번 법안 심사 과정에서 여러 위원님들께서 말씀해 주신 사항을 명심하여 앞으로 추진하는 정책과 법안에 이를 적극적으로 반영하겠습니다.

법안 심사 결과 핵심내용을 간단히 말씀드리겠습니다.

먼저 약사법 개정으로 거짓이나 부정한 방법으로 품목허가 등을 받은 경우 해당 허가 취소와 함께 위반자에 대해 벌칙을 부과할 수 있도록 하고 임상시험 책임자에 대한 제재조치를 명확히 할 수 있도록 규정을 정비하였습니다. 이를 통해 의약품 허가 및 임상시험 안전관리를 더욱 강화

자료 번호 67

자료 제목 문제기업에 대한 2020 주총 대응 활동 돌입 선포

자료 유형 시민단체 성명서

생 산 자 공공운수노조 국민연금지부·공적연금강화국민행동·민변 민생경제위원회·민주노총·참여연대 경제금융센터

생성 연도 2020년 3월 16일

정 부 문재인 정부

비 고 –

주요 내용

이 문서는 낙후된 기업지배구조 개선을 위해 국민연금의 적극적 주주활동을 촉구하는 시민사회단체들의 공동성명서이다. 2018년 국민연금이 「국민연금기금 수탁자 책임에 관한 원칙(스튜어드십 코드) 도입방안」을 의결했지만, 2019년에야 적극적 주주활동 가이드라인을 마련하는 등 소극적으로 대응해 온 점을 지적한다. 대부분의 상장기업들이 정기 주주총회를 여는 3월에 공공운수노조 국민연금지부와 민변 민생경제위원회, 민주노총, 참여연대 경제금융센터, 공적연금강화국민행동은 본 성명서에서 회사 가치를 훼손할 우려가 있는 기업들의 기업지배구조 개선을 이끌어내는 역할을 국민연금이 수행해야 한다고 촉구하고 있다. 하지만 이들 단체들이 2020년 정기 주주총회에서 부결되어야 한다고 판단한 기업 세 곳의 회장 연임 건에 대해 국민연금이 수탁자책임전문위원회 결정에 따라 반대했음에도 불구하고 그들은 모두 재선임되었다.

공공운수노조 국민연금지부·공적연금강화국민행동·
민변 민생경제위원회·민주노총·참여연대 경제금융센터

수 신 각 언론사 경제부·사회부
발 신 참여연대 경제금융센터 (담당 : 이지우 간사 02-723-5052 efrt@pspd.org)
제 목 [공동성명] 문제기업에 대한 2020 주총 대응 활동 돌입 선포
날 짜 2020. 03. 16. (총 3 쪽)

공 동 성 명

문제기업에 대한 2020 주총 대응 활동 돌입 선포

낙후된 기업지배구조 개선 위한 국민연금의 적극적 주주활동 촉구
조현준, 조원태, 손태승 등 횡령 및 경영책임 해태 이사 연임 안돼
효성·한진칼 주총 당일 문제 안건 반대 및 부결 촉구 예정

---

1. 2020. 3. 13.부터 약 2주간은 주주총회 집중기간으로 상장회사 대부분의 정기주주총회가 열린다. 노동시민사회단체는 2018년 「국민연금기금 수탁자 책임에 관한 원칙(스튜어드십 코드)」 도입 후 상장회사의 주요주주인 국민연금이 낙후된 기업지배구조 개선에 나서 국민 노후자금의 충실한 수탁자로서 의무를 다할 것을 촉구하는 활동을 지속해왔다. 2019년 대한항공 주주총회에서는 소액주주들에게 의결권을 위임받아 횡령·배임 등으로 회사가치를 훼손한 이사의 연임 저지를 위한 활동을 펼쳤고, 국민연금 역시 반대 의결권을 행사한 끝에 조양호 전 한진그룹 회장 연임 안건이 부결되었다. 또한 국민연금은 2019년 한진칼 주주총회에서 비록 부결되었으나, '배임, 횡령죄로 금고 이상의 형선고를 받은 이사를 해임'하는 내용의 정관 변경 주주제안을 진행한 바 있다. 그러나 국민연금의 적극적 주주권 행사는 사실상 시작도 하지 못했다는 평가를 받고 있다. 대표적 부적격 이사인 이해욱 대림산업 회장 등이 최근 이사 연임을 포기하기는 했지만 아직도 법령상 위반 및 업무해태로 업무를 수행하기에 부적절한 이들이 기업의 이사 자리를 꿰차고 있는 것이 현실이다. 이에 노동시민사회단체는 2020년 정기주주총회 집중기간 동안 회사가치 훼손이 우려되는 문제기업들의 기업지배구조 개선을 촉구하는 활동에 돌입할 것을 선포한다.

2. 각 기업의 2020년 정기주주총회 상정 안건 중 부결되어야 하는 것은 ▲효성의 조현준 회장, ▲한진칼의 조원태 회장, ▲우리금융지주의 손태승 회장 이사 연임 안건이

3-1

대표적이다. 조현준 회장은 2012년 회삿돈 횡령 혐의로 사법당국의 심판을 받았음에도 2019년 9월 횡령·배임 혐의로 1심에서 징역 2년을 선고받는 등 반성의 기미 없이 유사행위를 지속했다. 조원태 회장은 연차수당 244억 원 및 직원 3천 명에 대한 생리휴가 미지급 등 근로기준법 위반 혐의로 2019년 4월 검찰 송치된 바 있다. 또한 2012년부터 대한항공 및 한진칼 등의 이사로 재직하면서 조양호 전 회장의 각종 횡령·배임 행위를 사실상 방치하는 등 이사의 감시·감독 의무를 해태하여 그 자격에 심각하게 미달한다고 볼 수 있다. 우리은행은 해외금리연계 파생결합상품(DLF) 불완전판매로 2020년 3월 197.1억 원의 과태료 부과 및 6개월 간 일부 업무 정지 결정이 내려졌으며 경영책임자인 손태승 회장(우리은행장 겸직) 또한 3년간 금융권 취업이 제한되는 "문책경고(상당)" 징계를 받아 이사의 자격을 상실한 바 있다. 이러한 자격 상실 이사의 연임에 대해 노동시민사회단체가 지속적으로 반대 입장을 밝혀왔음에도 **이번 주주총회에서 해당 이사들의 연임 안건이 상정된 것에 대해 심각한 유감**을 표한다. 결격 사유 이사의 연임 안건 상정에 대해 찬성한 재직 이사들 또한 그 자격을 상실했으며, 향후 이에 대한 책임을 져야 할 것이다. 뿐만 아니라 노동시민사회단체는 **국민연금을 비롯한 연기금 투자자들이 횡령·배임 등 범죄 및 경영책임자로서의 의무 해태로 회사와 주주가치에 손해를 끼친 이들 이사들의 연임 안건에 반대할 것을 촉구**한다.

3. 한편, 대림그룹의 이해욱 회장의 경우 대림그룹 호텔 브랜드 상표권을 개인회사에 넘기고, 계열사에 고율의 상표권 수수료를 내도록 한 사익편취 혐의로 불구속기소 되어 노동시민사회단체가 이사 연임 반대를 지속적으로 촉구해왔다. 이에 2020. 3. 12. 대림산업은 이사회 중심 전문경영인 체제 강화를 선언하며 이해욱 회장의 사내이사 연임 안건을 정기주총에 상정하지 않기로 했다. 뿐만 아니라 K스포츠재단에 70억원의 뇌물을 준 혐의로 2019년 징역 2년6개월, 집행유예 4년의 대법원 판결이 확정된 신동빈 롯데그룹 회장은 호텔롯데, 롯데건설, 롯데쇼핑, 롯데칠성음료 등의 등기 이사직에서 사임했다. 회사 자산을 사익편취하고, 뇌물을 공여하여 국정을 농단한 자격미달 이사의 직위 포기 선언은 마땅하고 당연한 일이다. 회사에 손해를 끼치거나 혹은 그러한 행위를 방치·묵과하는 등 이사의 의무를 해태한 조현준 회장, 조원태 회장, 손태승 회장은 각성하고 이사 연임 시도를 중단해야 한다.

4. 많은 재벌대기업의 이사회는 회사와 총수일가의 이해관계가 일치하지 않는 사안에 대해서, 선관주의 및 충실의무를 방기한 채 회사가 아닌 총수일가의 이익을 위해 거수기처럼 의사결정을 해왔다. 공정거래위원회의 「2019년 대기업집단 지배구조 현황 발표」에 따르면, 공시대상기업집단 이사회 안건 중 사외이사 반대 등으로 원안대로 통과되지 않은 건은 전체 안건 6,722건 중 24건(0.36%)에 불과했으며, 안건

3-2

중 대규모 내부거래 관련 755건이 모두 원안 가결되기도 했다. 또한 소수 주주권을 보장하기 위한 상법상 제도가 부실하여 주주총회가 기업 경영의 실질적인 결정기구가 아닌 형식적 기구로 작동하고 있다. 이에 노동시민사회단체는 국민연금이 적극적 주주권을 행사하여 이사회 등 기업의 지배구조 개선에 앞장설 것을 촉구한다. 스튜어드십 코드는 2018년 진작에 도입되었음에도 보건복지부와 국민연금공단은 2019년 말에서야 적극적 주주활동 가이드라인을 통과시키는 등 소극적 태도로 일관해왔다. 2020년 초 국민연금법 시행령 개정 이후 새로 꾸려진 수탁자책임전문위원회(이하 "수탁위")는 그동안 부실했던 주주활동을 만회하기 위해 심도있는 논의를 거쳐 문제있는 이사의 연임 안건에 반대 의결권을 행사해야 한다. 특히 최근 수탁위가 논의 끝에 위탁운용사 한진칼 지분에 대한 의결권을 직접 행사하기로 결정한 이상, 조원태 회장의 이사 연임 안건에는 반드시 반대해야 한다. 또한 3월 정기주주총회가 끝나더라도 지속적으로 기업의 문제 행위들을 모니터링하여 비공개 대화를 진행하고, 중점관리대상 기업으로 선정하여 관리해야 한다. 수탁위 구성이 늦어져 이번 년도에는 실행하지 못했지만, 2021년 주주총회부터는 사외이사 후보 추천 및 독립적 이사회 구성을 위한 정관 변경 주주제안 등을 진행해야 한다. 한편, 국민연금은 이사들의 업무해태로 주주가치에 심대한 해악을 끼친 삼성물산과 효성 등에 대한 주주 대표소송 및 손해배상소송에 나서야 할 것이다.

5. 영국, 미국, 일본, 캐나다, 스웨덴, 네덜란드 등 대표적 자본주의 국가의 연기금들은 스튜어드십 코드를 도입하여 기업 가치 향상을 위해 적극적인 주주활동을 수행하고 있다. 이러한 전세계적 추세에서 한국 기업 또한 자유로울 수 없다. 총수일가가 적은 지분으로 전근대적 권력을 휘두르고, 총수 이익을 위해 경영결정이 내려지는 불투명한 의사결정 시스템은 당연히 개선 요구에 처할 수 밖에 없다. 기업들이 나서서 자격 미달인 동일인 등 특수관계인의 이사 임명을 지양하고, 이사회 내 사외이사 중심으로 구성된 주주권익 및 준법감시 등 담당 위원회를 설치해야 한다. 기실 지배구조 개선을 위해서는 기업의 자발적인 노력이 가장 확실하고 효율적인 방법임에도 일부 기업들은 구시대적 경영의 틀을 벗어나지 못하고 문제있는 이사들의 연임 안건 등을 당당히 상정했다. 노동시민사회단체는 이러한 기업들의 구태를 비판하며, 다시 한번 국민연금 등 연기금 주주의 적극적 역할을 촉구한다. 또한 2020. 3. 20. 효성과 2020. 3. 27. 한진칼 주주총회 개최 전 현장에서 각 기업별 주주총회 안건의 문제점을 지적하고, 지배구조 개선을 촉구하는 입장을 밝힐 예정이다. 끝.

3-3

자료 번호 68

자료 제목 2020년 국민연금통계연보

자료 유형 통계집

생 산 자 국민연금공단

생성 연도 2021년 7월

정 부 문재인 정부

비 고 –

주요 내용

이 문서는 국민연금공단에서 발간한 2020년『국민연금통계연보』이다. 앞선 시기 통계연보와 비교할 때 통계 항목이 많아졌는데, 통계표의 경우 가입자현황, 징수현황, 급여현황, 심사청구현황, 기금현황의 다섯 장으로 구분하여 100여 개에 이르는 통계항목을 표로 보여준다. 1988년 첫『국민연금통계연보』가 발간된 이후 매해 발간되었고, 해당 통계연보 자료는 1988~1997년까지는 국민연금전문도서관에 종이책으로 보관되어 있고, 1998년 자료부터는 홈페이지에서 확인 가능하다. 국민연금공단은 통계월보도 발간해 오고 있는데 1998년 9월 통계부터 매달 국민연금 가입자, 수급자, 연금기금의 세 장으로 구분하여 30개 정도에 이르는 통계를 홈페이지에서 확인할 수 있다.

1 사업장 및 가입자 현황 Number of Workplaces & Insured Persons

1 2020년도 가입자 현황 Number of Insured Persons as of Dec. 31. 2020

단위 : 명 (persons)

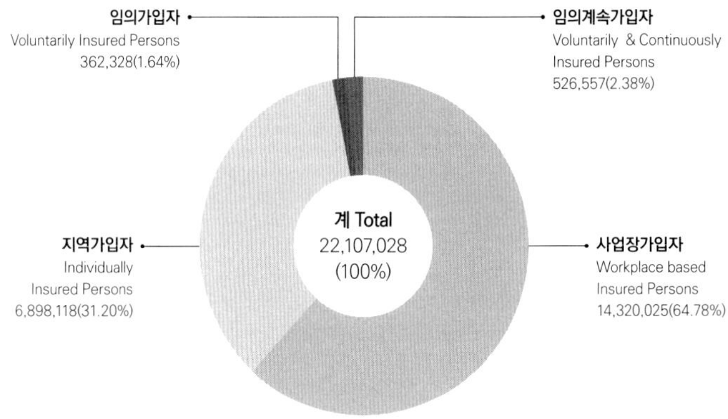

2 연도별 가입자 현황 Number of Insured Persons by Year

단위 : 천명 (thousand persons)
단위 : 천개소 (thousand estab)

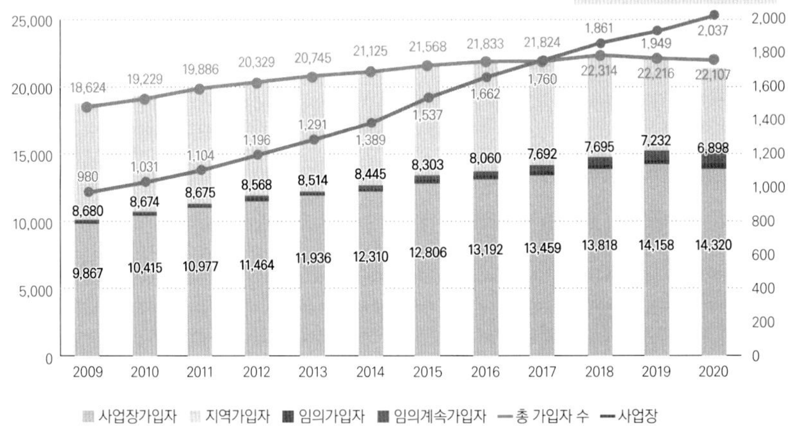

※ 지역가입자 중에서 납부예외자를 포함하였음.
Note : The Insured Persons Exempted from Contribution Payment among the Individually Insured Persons are included.

2

1. 종별가입자

Number of Insured Persons

단위 : 개소, 명

구분 Category		총가입자수 Total Insured Persons	사업장가입자 Workplace-based Insured Persons	
			사업장 Workplaces	가입자 Insured Persons
1988	계 Total	**4,432,695**	58,583	4,431,039
	남 Men	**3,076,928**		3,075,813
	여 Women	**1,355,767**		1,355,226
1995	계 Total	**7,496,623**	152,463	5,541,966
	남 Men	**5,538,987**		4,027,112
	여 Women	**1,957,636**		1,514,854
1999	계 Total	**16,261,889**	186,106	5,238,149
	남 Men	**11,539,149**		3,829,591
	여 Women	**4,722,740**		1,408,558
2011	계 Total	**19,885,911**	1,103,570	10,976,501
	남 Men	**11,769,499**		6,826,308
	여 Women	**8,116,412**		4,150,193
2012	계 Total	**20,329,060**	1,196,427	11,464,198
	남 Men	**11,824,156**		7,032,157
	여 Women	**8,504,904**		4,432,041
2013	계 Total	**20,744,780**	1,290,557	11,935,759
	남 Men	**11,947,691**		7,265,517
	여 Women	**8,797,089**		4,670,242
2014	계 Total	**21,125,135**	1,389,472	12,309,856
	남 Men	**12,046,242**		7,424,710
	여 Women	**9,078,893**		4,885,146
2015	계 Total	**21,568,354**	1,537,250	12,805,852
	남 Men	**12,158,087**		7,648,482
	여 Women	**9,410,267**		5,157,370
2016	계 Total	**21,832,524**	1,661,502	13,192,436
	남 Men	**12,195,190**		7,814,334
	여 Women	**9,637,334**		5,378,102
2017	계 Total	**21,824,172**	1,760,279	13,459,240
	남 Men	**12,145,339**		7,904,465
	여 Women	**9,678,833**		5,554,775
2018	계 Total	**22,313,869**	1,860,527	13,817,963
	남 Men	**12,347,796**		8,060,328
	여 Women	**9,966,073**		5,757,635
2019	계 Total	**22,216,229**	1,949,286	14,157,574
	남 Men	**12,213,081**		8,228,605
	여 Women	**10,003,148**		5,928,969
2020	**계 Total**	**22,107,028**	**2,037,009**	**14,320,025**
	남 Men	**12,099,463**		**8,306,903**
	여 Women	**10,007,565**		**6,013,122**

현 황

by Type of Coverage

In each, persons

지 역 가 입 자 Individually Insured Persons		임 의 가 입 자 Voluntarily Insured Persons	임의계속가입자 Voluntarily & Continuously Insured Persons
소 득 신 고 자 Insured Persons paying Contribution	납 부 예 외 자 Insured Persons Exempted from Contribution Payment		
0	0	1,370	286
0	0	854	261
0	0	516	25
1,650,958	239,229	48,710	15,760
1,290,719	173,281	34,554	13,321
360,239	65,948	14,156	2,439
5,309,735	5,512,567	32,868	168,570
4,035,692	3,561,274	4,977	107,615
1,274,043	1,951,293	27,891	60,955
3,775,873	4,899,557	171,134	62,846
2,179,663	2,714,760	29,713	19,055
1,596,210	2,184,797	141,421	43,791
3,903,217	4,665,179	207,890	88,576
2,179,069	2,556,121	32,682	24,127
1,724,148	2,109,058	175,208	64,449
3,938,993	4,575,441	177,569	117,018
2,149,149	2,470,993	28,507	33,525
1,789,844	2,104,448	149,062	83,493
3,873,696	4,571,014	202,536	168,033
2,075,183	2,459,714	32,300	54,335
1,798,513	2,111,300	170,236	113,698
3,791,244	4,511,565	240,582	219,111
1,987,269	2,417,150	37,813	67,373
1,803,975	2,094,415	202,769	151,738
3,886,930	4,173,269	296,757	283,132
2,002,392	2,243,080	45,944	89,440
1,884,538	1,930,189	250,813	193,692
3,865,800	3,826,117	327,723	345,292
1,965,910	2,115,579	48,895	110,490
1,899,890	1,710,538	278,828	234,802
3,993,598	3,701,287	330,422	470,599
2,010,844	2,057,605	49,660	169,359
1,982,754	1,643,682	280,762	301,240
3,955,403	3,276,660	328,727	497,865
1,961,281	1,805,442	48,918	168,835
1,994,122	1,471,218	279,809	329,030
3,800,104	**3,098,014**	**362,328**	**526,557**
1,858,173	**1,710,251**	**53,938**	**170,198**
1,941,931	**1,387,763**	**308,390**	**356,359**

결론

지금까지 국민연금제도가 시작된 경위와 발전과정을 확인할 수 있는 자료들을 훑어보았다. 원자료의 일부를 제시하고 '자료 제목', '자료 유형', '생산자', '생성 연도', '정부'를 기본 정보로 정리했다. 주로 역사적 자료를 다루었는데 주무부처 보도자료, 국무회의록, 국회 회의록, 정당 자료, 논문, 연구보고서, 노동·시민단체 성명서와 논평, 이익단체 사업보고서, 신문 기사 등 다양한 자료를 제시했다. 더불어 통계연보를 국민연금 시행 원년, 전 국민 국민연금 시행 연도, 가장 최근 통계까지 주요 해를 중심으로 다루고 통계월보도 덧붙여 소개했다.

국민연금제도를 포함한 사회보험제도는 전문용어와 경제학적 계산을 요하는 까닭에 결과적으로 그 중요도에 비해 시민사회에서의 논의나 학문적 연구를 위한 접근이 그리 용이하지 않다. 일목요연하게 정리한다고 해도 내용이 방대해질 수밖에 없는 분야이다. 자료집은 이런 체계적인 정리를 제공하지는 않지만 원자료를 보면서 관련 정보를 다양하게 얻을 수 있다는 이점이 있다.

그뿐 아니라 국민연금제도의 발전 과정을 확인할 수 있는 자료가 적지 않음에도 불구하고 관련 자료와 설명을 한자리에 모아두기는 쉬운 일이 아니었던 듯하다. 이로 인해 연구자와 정책입안자들이 관련 기초 자료를 검색하는 데 많은 시간을 소요하는바, 자료 생산자와 자료의 종류 및 주요 자료의 내용을 보여주는 연구에 대한 수요가 존재해 왔다. 향후 양질의 원자료와 심도 있는 설명이 더해진 자료집들이 계속 발간된다면 연구자와 정책입안자, 그리고 이 분야를 알고자 하는 입문자들에게 유익할 것으로 여겨진다.

국민연금제도는 저출산·고령화로 인한 인구구성 변화, 노동인구 축소와 기술 발전으로 인한 노동시장 구조 변화로 제도적 중요성이 더욱 커지고 있다. 고령인구의 소득보장책으로 정년을 넘어 노동연수 연장이 필요하다고 하지만 결국에는 공적연금의 몫이 있기 마련이다. 그런데 우리나라 국민연금은 자식 세대가 부모 세대를 부양하는 구조로 설계되어 있다. 명백히 예견된 기금 적자와 기금 고갈 소식을 듣고 있다 보면 언론에서도 이야기하듯 '세대 간 연대'가 성사될지 '세대 간 착취'로 끝나고 말지 분별하기 쉽지 않다.

근래에는 기본소득 논쟁이 본격화하면서 기존 사회보험 중심의 복지국가를 더 발전시켜 나가야 한다는 진영과 기본소득을 서서히 어떤 규모, 어떤 방식으로든 정책화해 보아야 한다는 진영이 논쟁을 벌이고 있다. 양쪽이 제시하는 해결책이 다를 뿐 고민하는 문제는 크게 다르지 않다. 요점은 바로 급변하는 경제사회적 현실을 반영한 소득보장정책으로 가장 적절한 것은 무엇인가이다. 그 기저에는 이보다 근본적인 문제 제기도 깔려 있다. 어떤 방식이 더 공정한가, 더 평등한 사회를 만들 수 있는가 하는 것이다. 새로운 제도를 상상하기 위해서도 지금까지 복지국가의 근간이 되어온 복지제도를 이해하는 것은 중요하다. 국민연금제도의 도입과 발전을 이해하는 것이 향후 전개될 다양한 소득보장대책을 논의하는 데 필요한 과정이라 여겨진다.

경제사회노동위원회. 2019.「제4차 국민연금개혁과 노후소득보장 특별위원회 전체회의 결과」.

국민연금공단. 2021.『2020년 제33호 국민연금 통계연보』.

___________.「국민연금, 고난의 역사」. https://www.npsonair.kr/expert_institution/1092 (검색일: 2021. 8. 16.).

국민연금사편찬위원회(편). 2015.『(실록) 국민의 연금』. 서울: 국민연금공단 국민연금연구원.

국민연금연구원. 연구원 발간물. https://institute.nps.or.kr/jsppage/research/resources/resources_20.jsp (검색일: 2021. 8. 12.).

국회입법조사처. 2020.「국민연금제도의 사각지대 현황과 입법화 동향」.『NARS 현안분석』, 제163호, 1-14.

권문일. 1989.「1960년대의 사회보험」. (하상락 편).『한국사회복지사론』, 467-513. 서울: 박영사.

규제정보포털. https://www.better.go.kr/fz/intro/RrcOrgn02.jsp (검색일: 2021. 8. 13.).

김민호. 2019. 10. 4.「부자 농어민에 '연금 보험료 지원' 중단 검토」.『한국일보』. https://www.hankookilbo.com/News/Read/201910031217035771 (검색일: 2021. 8. 16.)

김세균. 2002.「1987년 이후의 한국노동운동」.『한국정치연구』, 11(1), 197-244.

김용하·석재은. 1999.「국민연금제도 전개의 한국적 특징과 지속가능성」.『한국사회복지학회』, 37, 89-118.

박구재. 2004. 10. 12.「정부 국민연금 2兆 이자손실 안갚아」.『경향신문』. https://m.khan.co.kr/politics/politics-general/article/200410121744531/amp (검색일: 2021. 8. 6.).

박영삼. 2016. 8. 12.「사회보험도 없는 비정규직 499만, 그들은 누구인가?」.『한겨레』. https://www.hani.co.kr/arti/economy/economy_general/768280.html (검색일: 2021. 8. 13.).

박이택·이헌창. 2015.「1973년 국민복지연금법과 1986년 국민연금법은 왜 제정되었는가?: 인구학적 보너스에 대한 대응이라는 시점」.『응용통계연구』, 28(4), 781-805.

보건복지부.「국민연금정책」. https://www.mohw.go.kr/react/policy/index.jsp?PAR_MENU_ID=06&MENU_ID=06410102&PAGE=2&topTitle= (검색일: 2021. 8. 16.).

__________. 2021. 5. 11.「[보도설명자료] 국민연금 소득대체율 관련」.

보건복지부 국민연금기금운용위원회. 2021. 2. 24.「[보도자료] 2021년도 제2차 국민연금기금운용위원회 개최(2.24): 최근 10년간 최초로 2년 연속 기금운용 수익금이 보험료 수입금을 초과」.

서현기·현영복. 2006. 8. 17.「사회보험 징수 일원화에 공단 노조 반발」.『한국경제』. https://www.hankyung.com/society/article/2006081799498 (검색일: 2021. 8. 13.).

선담은. 2020. 7. 8.「전국민 고용보험제 추진, 사회보험료 징수 국세청으로 일원화해야」.『한겨레』. https://www.hani.co.kr/arti/society/labor/952864.html (검색일: 2021. 8. 13.).

양재진. 2008.「한국 복지정책 60년: 발전주의 복지체제의 형성과 전환의 필요성」.『한국행정학보』, 42(2), 327-349.

오건호. 2007.「보건복지위 통과 국민연금 관련법안의 문제점과 향후 과제」.『월간 노동리뷰』, 2007년 1월호(통권 제25호), 108-111.

윤석명. 2012.「국민연금 납부율 제고를 위한 취약계층 보험료 지원방안」.『보건복지포럼』, 제185호, 15-24.

윤홍식. 2018.「박정희 정권시기 한국 복지체제: 반공개발국가, 복지국가의 기능적 등가물」.『한국사회정책』, 25(1), 195-229.

이용욱. 2015. 5. 4.「박 대통령 "국민연금 명목소득 대체율 인상은 국민 부담"」.『경향신문』. https://www.khan.co.kr/politics/assembly/article/201505041119321 (검색일: 2021. 8. 13.).

장민지. 2018.「통일주체국민회의 대의원의 선거와 활동」.『한국민족운동사연구』, 96, 345-394.

전광석. 2018.「1963년 사회보장 3법에 관한 연구」.『저스티스』, 164, 199-226.

정재형. 2010.「경제개발 5개년 계획」. KDI 경제정보센터. https://eiec.kdi.re.kr/material/clickView.do?click_yymm=201512&cidx=1143 (검색일: 2021. 8. 12.).

조기원·구슬기·나진구. 2009.「제2차 국민연금개혁(2003-2007)의 정책결정과정 분석: 정책네트워크 이론을 중심으로」.『사회보장연구』, 25(4), 217-244.

최인이. 2011.「한국노총과 민주노총의 조직과 운동전략 비교: 양대 노총의 제도적 매개역할(1997~2005)을 중심으로」.『기억과 전망』, 2011 여름호, 통권 24호, 79-128.

한신실·주수정·신성희. 2015.「한국 다층노후소득보장체계 구축양태의 경험적 검토」.『한국사회복지학』, 67(1), 215-237.

홍찬선. 1995. 3. 23.「국내거주 외국인 국민연금가입 의무화... 정부, 오는 7월부터」.『한국경제』. https://www.hankyung.com/news/article/1995032201501 (검색일: 2021. 8. 6.).

황석만. 2006.「1960년부터 1987년까지의 한국노총의 역사」.『노동저널』, 2006-10월호, 44-46.

황정욱·김재홍. 2006. 8. 16.「'국민·건강·고용·산재' 4대 사회보험 징수 통합 추진」.『한겨레』. https://www.hani.co.kr/arti/society/rights/149681.html (검색일: 2021. 8. 6.).

Kwon, S. M., & Holliday, I. 2007. The Korean welfare state: a paradox of expansion in an era of globalisation and economic crisis. *International Journal of Social Welfare*, *16*, 242-248.

자료 번호	생산 연도	자료 제목	자료 유형
1	1963. 11. 5.	사회보장에관한법률(법률 제1437호)	법률
2	1964.	퇴직금제도 관련 정책건의 및 입법활동	노동단체 건의
3	1970. 4.	인내와 예지로 복지사회를…	대통령 치사(致辭)
4	1973. 9. 21.	얼마나 내고 얼마나 받나	신문 기사
5	1973. 11. 9.	연금법안 전면반대, 신민(新民) 사회보장 거리멀어	신문 기사
6	1973. 12. 24.	「국민복지연금법」 공포법률	법률
7	1974. 1. 14.	국민생활의안정을위한대통령긴급조치	대통령긴급조치
8	1974. 12.	국민복지연금의 발자취	주무부처 보고서
9	1974.	국민복지연금제의 보류연장에 관한 의견	이익단체 의견서
10	1975.	Social Security in Korea: An Approach to Socio-Economic Development	정부출연연구기관 보고서
11	1977. 9.	사회복지정책의 한국적 방향	정부 간행물
12	1979.	국민연금제의 개선촉구	이익단체 건의서
13	1981. 4. 10.	복지사회의 과제와 정책방향	이익단체 발간자료
14	1984. 9. 14.	국민복지연금 빠르면 87년부터 시행, 월급 7%선 부담	신문 기사
15	1984, 1985.	국민복지연금제의 문제점과 발전방향(상, 중, 하)	이익단체 발간자료
16	1985. 2. 27.~28.	국민연금제도의 개선활동	노동단체 사업보고서
17	1985.	우리의 임금구조와 국민복지연금	학술지 논문
18	1986. 10. 23.	국민연금 정부도 부담해야	신문 기사
19	1986. 12. 17.	제131회 국회 국회본회의 회의록(제20호)	국회 회의록
20	1986. 12. 31.	「국민복지연금법개정법률안」 공포법률	법률
21	1987.	국민연금제도 형성과정과 입법변천에 관한 연구	학술지 논문
22	1988. 10.	제6차 경제사회발전 5개년계획 수정계획(1988~1991)	정부 간행물
23	1988.	국민연금제도의 운용과 개선과제	정부 업무참고자료
24	1989. 9.	1988년 국민연금 통계연보	통계집
25	1991. 3. 4.	국민연금법 시행령 개정(안)에 대한 경영계 의견	이익단체 사업보고서
26	1991. 8. 10.	국민연금법시행령 일부개정(대통령령 제13449호)	법률
27	1991.	국민연금 운용 개선활동	노동조합 사업보고서
28	1992.	1992년도 상반기 국민연금기금 운용결과	주무부처 보도자료
29	1992.	국민연금 관련 활동	노동조합 사업보고서

30	1992.	국민연금제도와 여성의 노후 빈곤	학술지 논문
31	1992.	3층보장체제를 위한 공적연금제도 확대방안: 최저보장 연금모델 제시와 문제점, 관련제도와의 연계분석	학술지 논문
32	1993.	농어민연금 확대적용을 위한 세미나 개최	주무부처 보도자료
33	1994. 8. 30.	제169회 국회(폐회 중) 보건사회위원회 회의록(제7호)	국회 회의록
34	1994. 12.	농어민연금 확대적용방안 및 재정추계에 관한 연구	정부출연연구기관 보고서
35	1994.	참여복지사회를 향한 시민행동	시민단체 행사자료집
36	1995. 4.	국민연금법중개정법률안 제안이유 및 주요골자	법률안
37	1995. 7. 25.	농어민연금 시행현황보고	국무회의록
38	1995. 8. 31.	국민연금 '깡통 계좌' 된다	시사 잡지 기사
39	1995.	국민연금의 민주적 관리 운영	노동단체 발간자료
40	1996. 7. 4.	제180회 국회 보건복지위원회 회의록(제4호)	국회 회의록
41	1997. 4.	국민연금의 소득계층별 후생분석	정부출연연구기관 연구보고서
42	1997.	국민연금제도 개선활동	노동단체 사업보고서
43	1998. 1. 7.	범국민적인 사회보장개혁위원회를 구성해야 한다	시민단체 성명서
44	1998. 5. 15.	재정경제부는 국민연금기금의 투명한 운영방안을 조속히 마련하라	시민단체 성명서
45	1998.	국민연금 10년사	집행기관 연구보고서
46	1999. 2. 13.	"국민 연금(軟禁)하는 국민연금" 불만 폭발	신문 기사
47	1999. 3. 2.	국민연금 확대추진상황 및 문제점 분석	국무회의록
48	1999. 4. 27.	직장인만 손해보는 '졸속연금'	신문 사설
49	1999. 5. 18.	최근의 국민연금 논란에 관한 시민·사회·노동·농민단체의 입장	시민단체 성명서
50	1999. 8. 5.	자영자소득파악위원회 문제 있다	시민단체 성명서
51	2000. 8.	1999년 국민연금 통계연보	통계집
52	2000. 11. 14.	규제개혁위의 비정규직 및 영세사업장 노동자 국민연금 직장가입전환 보류결정은 즉각 철회되어야 한다.	시민단체 논평
53	2003. 11. 5.	정부는 국민연금법 개악기도를 즉각 철회하고 개악을 주도한 관련부처 장관, 관료 등 책임자를 문책하라.	시민단체 성명서
54	2003. 12. 17.	제244회 국회(임시회) 보건복지위원회 회의록(제1호(부록)) (부록 보존 부분)	국회 검토보고서
55	2006. 11. 30.	제262회 국회(정기회) 보건복지위원회 회의록(제10호)	국회 회의록

56	2008. 6. 30.	국민연금기금운용위원회 회의록(2008년도 제4차 회의록)	최고의사결정기구 회의록
57	2009. 1. 12.	제280회 국회(임시회) 법제사법위원회 회의록(제1호)	국회 회의록
58	2009. 4.	국민연금 기금운용 프로세스 현황 분석 및 개선 방향: 자산배분 프로세스를 중심으로	주무부처 산하 연구기관 간행물
59	2009. 5. 21.	국민연금법(법률 제9691호) 개정이유, 개정문	법률
60	2010.	국민연금의 장애연금제도 개선방안 연구	주무부처 산하 연구기관 간행물
61	2013. 10.	제3차 국민연금 재정계산을 바탕으로 한 국민연금 종합운영계획안	주무부처 보고서
62	2015. 5. 5.	국민연금 소득대체율 인상문제는 신중하게 접근하겠다	정당 브리핑
63	2015. 7. 17.	제일모직·삼성물산의 합병 통과에 대한 입장	시민단체 성명서
64	2016. 12. 19.	제347회 국회(임시회) 보건복지위원회 회의록(제1호)	국회 회의록
65	2017. 4. 12.	문재인 대통령 후보, '문재인의 경제비전－사람중심 성장경제'	정당 선거자료
66	2019. 12. 2.	제371회 국회(정기회) 보건복지위원회 회의록(제7호)	국회 회의록
67	2020. 3. 16.	문제기업에 대한 2020 주총 대응 활동 돌입 선포	시민단체 성명서
68	2021. 7.	2020년 국민연금 통계연보	통계집

엮은이

조윤직

미국 인디애나 대학교 행정학 박사
미국 조지아 주립대학교 교수 역임
연세대학교 사회과학연구소장 역임
현 연세대학교 행정학과 교수

손연우

연세대학교 정치학 박사
현 연세대학교 사회과학연구소 전임연구원

자료를 통해서 본 국민연금제도 발전

제도 도입 준비부터 현재까지(1963~2021년)

1판 인쇄 2021년 8월 18일
1판 발행 2021년 8월 30일

엮은이 조윤직·손연우
펴낸이 김영훈
편집인 전영완
펴낸곳 도서출판 문우사
주소 경기도 고양시 일산서구 킨텍스로 255, 일산 디엠시티 스카이뷰 오피스동 1304호
전화 031) 901-6542, 070) 4200-6542 **팩스** 031) 906-6542
홈페이지 www.munu.co.kr **대표메일** moonwoosa@hanmail.net
출판신고번호 제396-2013-000113호

ISBN 979-11-85994-89-5 93350

값 25,000원